我在慈禧身边的两年

德龄公主 著
许海峰 陶林 译

亲历中国

江苏凤凰文艺出版社

图书在版编目（CIP）数据

我在慈禧身边的两年 /（美）德龄著；许海峰，陶林译. — 南京：江苏文艺出版社，2018.1
（"亲历中国"系列）
ISBN 978-7-5399-6897-1

Ⅰ.①我… Ⅱ.①德… ②许… ③陶… Ⅲ.①德龄（约1884～1944）－回忆录②西太后（1835～1908）－生平事迹 Ⅳ.①K837.125.6②K827=52

中国版本图书馆 CIP 数据核字(2013)第 306770 号

书　　名	我在慈禧身边的两年
著　　者	（美）德龄
译　　者	许海峰　陶　林
责任编辑	郝　鹏
出版发行	江苏凤凰文艺出版社
出版社地址	南京市中央路 165 号，邮编：210009
出版社网址	http://www.jswenyi.com
印　　刷	江苏扬中印刷有限公司
开　　本	718×1000 毫米 1/16
印　　张	17
字　　数	280 千字
版　　次	2018 年 1 月第 1 版　2019 年 12 月第 2 次印刷
标准书号	ISBN 978–7–5399–6897–1
定　　价	39.00 元

（江苏凤凰文艺版图书凡印刷、装订错误可随时向承印厂调换）

目　录

序　　言　人在红楼未尽处 ……………………………… 001
原　　序　……………………………………………………… 006
第 一 章　返国 …………………………………………… 001
第 二 章　入宫 …………………………………………… 008
第 三 章　宫戏 …………………………………………… 017
第 四 章　后宫午膳 ……………………………………… 027
第 五 章　会见大使夫人 ………………………………… 034
第 六 章　太后梳妆 ……………………………………… 040
第 七 章　后宫琐事 ……………………………………… 053
第 八 章　宫廷女官 ……………………………………… 068
第 九 章　皇帝 …………………………………………… 078
第 十 章　皇后 …………………………………………… 092
第十一章　换装 …………………………………………… 108
第十二章　太后和康格夫人 ……………………………… 119
第十三章　太后的肖像 …………………………………… 139
第十四章　皇上的生日 …………………………………… 162
第十五章　中秋 …………………………………………… 180

第十六章　颐和园 …………………………………………… 191

第十七章　大殿 ……………………………………………… 206

第十八章　过年 ……………………………………………… 218

第十九章　西苑 ……………………………………………… 229

第二十章　尾声 ……………………………………………… 240

后　　记　天朝末世的侧影 ………………………………… 254

序　言

人在红楼未尽处

陶　林

我曾一度非常醉心于《红楼梦》的研究——那是在我自己的长篇小说《红结忆》前后十年写作的光阴里，一段人生之春的好韶华。以我经验看，青春读红楼，最易让一个内心粗糙的青年，变成一个地道有情的中国人。

《红楼梦》的百转千回、博大精深毋庸讳言，但所有知晓"红楼"的人都知道它有一个遗憾，那就是它并没有属于一个自己的真正结尾。高鹗的续笔让曹雪芹公的旷世杰作有了个勉强能说得过去的"后来怎么了"的结尾。即便如此，众多的读书人眼明心明，终还是不满于高鹗强画的大团圆，难以释怀佳作的有头无尾。

我还记得，罗素先生面对传统哲学关于宇宙论的诘难时，提出一个很大胆的反驳："谁说宇宙必须要有一个开始，要有一个结束？"受之启发，在研读《红楼梦》以及红学相关著作的过程中，我头脑里一直盘旋着这样的一个困惑：《红楼梦》真的那么需要一个结局么？

如果说大荒山里无才补天的顽石到人世繁华的一遭行走是一个开始，那么无论说是延续恩泽，还是家道败尽，都无足以作为一个终了——人间的灯红酒绿、恩怨繁衰，与石头又何干。只缘有了情，石头没有补天之功，却能录天之美。曹雪芹公自石头上抄录了《红楼梦》，要

本书作者裕德龄

记下的,是一个全息的历史,要对整个中华文明"摄魂"——实际上,他看来的,是当时代的全部人类生活。

在接手组织翻译这部晚清德龄公主的回忆录之前,我丝毫没有意识到,自己即将碰到心中困惑的答案。在粗粗地读完这部德龄公主的回忆录后,我惊奇地发现,它与《红楼梦》居然有着如此强烈的互文性,真让人不得不信冥冥中的文化气数流转,更让人叹服曹雪芹先生的伟大。

这本书的内容很简单,以最为平实的笔调,记述了一位在海外长大的满族贵族少女裕德龄,进入晚清宫廷中,陪伴"老祖宗"——慈禧太后度过的两年光阴。与时下林林总总的清宫小说相比,这部德龄的回忆录是货真价实的后宫实录:太后、皇帝、妃子、王爷、格格、贝勒、太监、女官、外国大使夫人、画师……帝国的战争与动乱,贵族的享乐与困境,权枢的斗争与较量……都是历史上的真人与真事,却并不一定让人觉得距离多么遥远。所以,斟酌再三,把它定题为《我在慈禧身边的两年》。

在这部第一手的后宫实录里,我们可以读到贵有满清天下的慈禧是如何养尊处优,如何享尽天下之福,如何度过乏味漫长的后宫生活,如何起居、吃饭、游玩、游戏、听政、养犬看戏、养花弄草、处理宫内纷争、结交列强之欢心……那后宫的世界,时时看来平淡无奇、时时看来又步步惊心,既充满了温情脉脉的中国式人情味,又到处充满着浓浓的杀机。一切超出了我们的想象,一切又全在我们的意料之中。这是一部历史的正剧,每一章节读起来,都令人兴致盎然。

而说到这部书与《红楼梦》有着强烈的互文性,就是说紫禁城里的世界,与曹雪芹公所描写的那个大观园世界几乎如出一辙。

根据裕德龄的自述,她在宫廷里只呆了短短两载的光阴,担任慈禧的女官,服侍慈禧的起居。这两载的光阴像极了红楼所着力描写的"三春"。随着春夏秋冬的流逝,这位女官忘我地将青春好光阴与这位"贾母"般好享福、也会享受的老佛爷、老祖宗相伴。她们无非就是说说闲话,玩玩棋牌,养花种草,敬神拜佛,游园听戏,度了新年过元宵,度过端午过中秋,全然一派中国人的那么点气息。偶尔,涉及一些外交和国事,但也只是些情绪,仿佛只是享用不尽的好日子的点缀。所谓统治阶层的穷奢极欲,那是一点不假;所谓人情练达皆是文章,宫中一切围绕着一位老佛爷的喜怒哀乐运转,也是一点不假;那些后宫里的太监、宫女、帝王、妃子之间的你死我活、尔虞我诈,更是一点不假。

德龄在紫禁城中的角色,太容易让我联想起红楼中那位游历天下、闯入大观园的薛宝琴。她在西方成长、受教育,回到了本土的宫廷,就像一扇窗子一样,给紫禁城里幽闭的男男女女带来了另一个世界无限惊奇。与慈禧长年相处,也积累了深厚的情感。慈禧一度考虑她的婚配问题,要把她嫁给一个王爷。然而,已经见识了世界的小女子德龄,早已看破浮华,并且心中充满了抗争。最终,她像贾探春那样远嫁海外,甚至嫁给了一个地道的美国人。这也证明了爱情与自由,远比身为王妃的荣华更为珍贵。

这些点点滴滴的细节,在德龄的叙事中,真实得分毫毕现,活脱脱是红楼的宫廷版。而叙事背后,那种空虚、寂寥与刻骨的虚无,也是一点不差,读书入了境,多让人有"浮华一梦"的感触。

细细想来,我也似乎太少见多怪了。由于《红楼梦》是古典小说中最恪守现实主义原则的,那么,它所描绘的大观园与真实的紫禁城,又怎么可能会相去太远;而德龄笔下的紫禁城世界,又如何不和行将一朝倾覆的满清王朝相映成趣?这也就更不难理解,为何我说《红楼梦》或许并不需要一个结局。其实,它是自然有结局的,这个结局在不在《红楼梦》这部小说之中并不重要。

正如巴尔扎克所说的,"小说是一个民族的秘史。"这一点,在"繁华盛世"中所诞生的《红楼梦》中表现得淋漓尽致。这部伟大作品,充满了预言的气质,恰如一颗顽石,硬生生地镶嵌在历史的轨道上,指示着方向。而德龄公主所著的这部回忆录,就是遵照红楼的气息而运的实录。因此,从某种意义上来讲,它就是《红楼梦》的结局之一。它所记录的人与事,都真实且忠实地生活在红楼未尽之处——虽然文采风流不及曹公的万分之一,但作者忠实于历史的态度还是鲜明可感的,令人由衷信赖。

一直以来,很多人努力要为《红楼梦》画上属于自己的句号。读完这部回忆录,我想,此举大可不必了。没有其他原因,历史自身已经给出了优美的终了。曹公自负自己的满腹才华是天运之子,而老天,也就在冥冥之中完成了这位骄子的亡佚之笔。我想,能充当整个《红楼梦》大结局的,没有比1911年前后一整个满清王朝的命运更好的东西了。而这部《我在慈禧身边的两年》,就是历史的明证与天运的作品之一。

非常有幸能够邀请我的友人、青年作家许海峰先生完成这本书的翻译和编整。他完成了整本书的翻译,我仅负责译文的有限润色与修正。我们的英文修为不高,幸好原作者德龄公主也是如此。而许海峰先生对翻译工作的认真,尤其对于准确、晓畅明白的现代汉语译文的刻苦追求,同样值得读者信赖。一切,都是为了保证读者可以放心地通过我们的译笔,探求自己心目中这段历史趣录的答案。是为序。

原　序

　　毫无疑问,德龄公主有着充分的优势和得天独厚的条件完成本书。裕德龄,中国清王朝满族八旗中正白旗贵族裕庚侯爷之女,曾深居清宫两年,担任慈禧太后御前女官,深得太后宠爱,后被慈禧封为郡主衔位,或为其"公主"之谓的来源。

　　裕庚本姓徐,字朝西,汉军正白旗人。祖先本为汉人,后入汉军正白旗。光绪优贡生,初参两广总督英翰幕事,官太仆寺少卿,曾为清王朝授命,出使日本、法国,担任外交使臣。裕庚妻子为法国人,育有二子二女,长子馨龄、次子勋龄、大女儿德龄、二女儿容龄。这些子女均随父母在欧洲生活多年,受过西方教育,精通英、法等语言。

　　裕庚侯爷在清王朝同时期的众多官员中,属于较为进步和开明、具有现代思维的人士之一。他年轻时加入军队,从军期间恰逢太平军之乱、清朝与法国之间的台湾战争,也曾在1895年中日甲午战争期间,担任兵部侍郎,如此等等,度过了其从军生涯。后来,他被清王朝派往日本,任驻日公使,1898年任期满了之后,任职于总理衙门(亦即清王朝的外交部)。1899年,裕庚被任命为驻法国大使,在法国度过了整整四年光阴。

　　在中国那段历史时期,满清朝廷冒历史之大不韪,一味地闭塞和拒绝,茫然地看着外部世界的快速发展,在极端自负又是极度不安中,走向了穷途末路。裕庚凭借一己之力大声疾呼,力挺维新改革,并在德龄进宫伊始,就明确要求其尽最大努力,去影响慈禧太后推动改革维新,进而促进中国的自强与发展。

裕庚在促进中国邮政走向现代模式的改革中，也付出过很多努力。同时，他在促进国家财政体系和海陆军现代化建设方面，也显示了过人的才智和眼光，付出了不懈的努力。遗憾的是，他的努力最终付之东流。裕庚卒于1905年。

裕庚的进步精神和前卫思想，还体现在对子女的教育理念上。当时，他做出了极为大胆的选择，让子女接受外国教育，这种情况几乎是史无前例的。他也因此曾广遭非议，甚至被视为崇洋媚外。他却并未因此改变初衷，去迎合他人的想法，依然将子女带到国外读书，接受新思想的熏陶。

他的孩子们在教会学校接受了早期教育，女儿们随后进入法国的修道院接受教育。本书作者正是在那所修道院完成了学业，实现了从学校到社会的顺利过渡。

裕德龄刚刚回到中国，就被选入皇宫，担任慈禧太后的御前女官。她是个极为有心的女子，担任女官期间，近水楼台先得月，处处留心观察与思考，不断收集本书的素材。

她也因此有充分的时间，近距离观察与评判慈禧太后——那位长期统治中国的独特女性——并以自己的讲述，为公众认识慈禧太后，认识清宫生活，建立了一个全新的视角，她为此倍受称道。

后来，她为去世的父亲守孝百日，从此离开了皇宫。1907年5月21日，她与美国人赛德厄斯C·怀特（Thaddeus C. White）喜结连理。裕德龄跟随丈夫到了美国之后，受朋友们的强烈要求，最终将这段奇特的经历付诸文字，也才有了我们即将欣赏到的视角独特的清代后宫史。在本书中，她以慈禧身边的特殊身份，凭借深切生动的笔触，入木三分地描绘了那位中国最有名女性的生活点滴、宫廷生活的习俗氛围等等。

是为序。

托马斯F·米勒德（Thomas F. Millaed）
1911年7月24日，上海

第一章 返 国

1

1903年1月2日，我的父亲结束了四年的法国大使生活，带着全家人，一等、二等参赞，海军随从及其家眷、仆人等等五十多人，从法国巴黎出发，乘坐"安南"号船只，前往上海。

我们一路颠簸，好不容易到了上海。而欢迎我们到来的，却是一场瓢泼大雨，实在是很糟糕的体验。大雨如注，对我们的行程造成了很大的阻碍，我们一方面要安顿一大群人的住所，一方面又要照看繁杂的随身之物，真是糟糕透顶。

在此种恶劣的条件之下，我们那些随从和仆人们当然是指望不上的，这并非我虚言，故意贬低他们的能力，而是早有以往的旅途经验充分证明。唯一可以依靠的，能让我们的心有着落的，只有我的母亲，她似乎有与生俱来的解决麻烦事的能力。

船只抵达法租界的上海黄浦码头，我们会见了衣装严整神情肃穆的上海道台（上海这个城市的最高行政长官）、地方官和其他府衙的众多官员，欢迎场面非常隆重。

上海道台告诉我父亲，他们已经准备好了"天后宫"，供我们这些人暂居上海之用。我父亲婉言谢绝了。他说船只途经香港的时候，他就已经着人通过电报与此地法租界的侨民饭店联络，衣食住行皆有安排，诸事妥当不劳再费心了。

1895年我父亲出使日本的时候,我们曾在此"天后宫"有过一段不愉快的暂住经历,往事不堪回首,实在不想第二次踏进这同一条河流。虽然嘴上不说,父亲的考虑和安排,我们却无一例外地非常赞同。

"天后宫"风烛残年久已失修,即便金玉其外,亦难免败絮其中。当时有这样约定俗成的规矩,地方官应尽地主之谊,为途经本地的高级官员提供住所,照顾好生活起居。路过本地的高级官员也大可不必拒绝好意,只管安然受用便是。我父亲却总是婉言谢绝地方官的安排,情愿自行解决生活起居问题,以求身心安适不受拘束。

经过了一番奔波和忙乱,我们终于平安抵达侨民饭店。此时正有两封来自紫禁城的电报等着父亲,要求父亲马不停蹄赶往北京城。看似简单的命令其实难如登天,因为在这个季节里,通往天津的水路正逢冰冻,着实令人寸步难行。何况,我父亲年老体弱,疾病缠身,若没有医生悉心照料,实在难以撑得住舟车劳顿。若改道秦皇岛,那么一番乏味枯燥的长途旅行,更会让他体力难支,疲惫不堪。

鉴于这种种主客观困难因素,父亲不得不回电说,困难重重,实在难以即刻成行,恳请等到冰河溶解,便马上乘船北上,赶赴天津。

我们2月22日离开上海,26日顺利抵达天津。同当初抵达上海时一样,受到了当地道台和地方官员的热烈欢迎。

当时表达尊崇的规矩很奇特,从外国归来的当朝高官,船只在中国海岸停靠,上岸后必须照例执行"恭请圣安"的礼仪(即参拜天朝皇帝)。

以当地道台的资历,尚不具备主持"恭请圣安"这等礼仪的资格。好在我们抵达的时候,直隶总督袁世凯恰好身在天津。他安排了一名精明强干的随从与我父亲联络,并筹备好了"恭请圣安"的时间和地点,诸事齐备毋庸赘言。

我父亲与袁世凯恭恭敬敬地穿戴好朝服、朝珠、顶戴花翎,立即赶往专为此类仪式斥资兴建的参拜之地万寿宫。众多职位卑微的官员早已恭候于此。

我们到达的时候,直隶总督袁世凯和一些官员已经先到了。在这座半是宫殿半是庙宇的宏伟建筑殿堂中间,摆放着一只很长的窄几,安放了皇帝和太后的牌位,上书几个大字:"万岁,万岁,万万岁。"

"恭请圣安"仪式开始了,袁世凯立于窄几左侧,其他官员分立殿堂两侧。父亲进入大殿,径自朝前跪拜下去,高声说:"微臣裕庚恭请圣安!"随后询问圣体可好。袁世凯站在旁边代为回答说:"皇帝与太后圣体安康。""恭请圣安"仪式到此结束。

我们一众人等在天津停留了三天,2月29日抵达了北京。我父亲当时身体状况不容乐观,无奈只得告假四个月,在家悉心诊治调养。他的恳求得到了慈禧皇太后的恩准。

2

当初前往巴黎之前,我们本来已经修建好了一处住宅,雕梁画栋美不胜收。很可惜,这处住所于1900年不幸毁于义和拳之乱。为此,我们无端端损失了至少十万两白银。此次入京,我们只得租下了一处住所临时居住,作为权宜之计。

我们从前的那处住宅也并非全新,是购置原本属于某位王爷的一处房产。那处房产虽陈而不旧,依然散发着独特的古典建筑艺术魅力,令我们至今难忘。我们经过精心巧妙的装修和布置,饰以雕镂的硬木纹饰,使它焕发了新的活力,成为一座漂亮的西式风格住宅。我之所以称它为西式风格住宅,仅仅指其拥有西方建筑的外表,比如其中的门窗、曲径、家具等等,而房屋的总体格局和庭院气象,依然保持着不折不扣的中国古典风格。正像北京城的其他中国建筑一般,拥有足足十英亩大小的花园,凸显出可供徜徉其间的闲适田园风格。

如此美妙的安居之所完工之后,我们仅仅居住了四天,就离开北京去了巴黎。这处房产最终毁于无情的战火。失去了这样华丽的居所,失去了耗费巨资和宝贵时间完成的安乐窝,这样残酷的事实,成为所有家庭成员的心头之痛,那种遗憾在心头挥之不去,历久而弥新。话说回来,作为中国高级官员所经受的考验和苦楚,又何止这些呢?那些没有经历过的人永远无法体会，当真是一言难尽啊。

北京的房子都有一种闲适清幽的风格魅力，占地面积亦较为宽广，我们当初的房子也不例外。那套宅院包括十六套平房，大约一百七十五个大小不一的房间，分布在四合院的各个方位。在四合院内，所有房间与房间之间以回廊相连接，足不出宅院，就可以穿梭往来于所有房间。

我的读者们或许会产生这样的疑问：如此众多的房间，哪里能用得完呢？其实也不难理解，试想宅院里除了我们众多家人之外，尚有很多的随从、文员、信使、仆人、马夫和轿夫，这些房间当然都各有去处物尽其用了。

那些房子周围的花园极具中国式风格，设置了小小的池塘，所到之处，莫不是小桥流水，鱼戏莲叶间，莲叶何田田；树上蝉鸣鸟声，清新悦耳；两岸垂柳依依，曲径通幽；两侧繁花似锦，一片胜景，引人入胜。1899年6月，我们准备远赴巴黎之时，宅院里正值满园繁花绿叶，交相映衬，见者无不凝神欣赏交口称赞。当时情景，至今犹在眼前。

而今，我们在北京没有立足之地，真不知道该何去何从。在天津的时候，父亲曾致电他的一位好友，请求为我们寻觅一处住所，好让我们回京后有个安身之处。

那位友人经历了一番周折，为我们找到了一处住所。有意思的是，这个住所很不一般，在京城乃至全国都颇有几分知名度。它是义和拳之乱后，清朝大臣李鸿章和外国列强签订《辛丑条约》的地方，也是李鸿章最后驾鹤西归之所，他的灵魂最后归属地。

中国人的内心充满了迷信意识，他们认为若是有人住进了那所阴气过重的宅院，难免会遭遇意想不到的横祸。正因为这个原因，没有谁敢住在那里，房子闲置了很长时间。我们成为了李鸿章死后第一批住进来的人。尽管有很多好友得知我们的打算后，极力劝阻，我们还是坚持了决定，最终十分舒适地住了进去，一切都相安无事。

当然了，世事难预料，要是考虑到我们家房产遭遇的大火和损失，或许，他们那些关于遇到不幸的说法，倒也并非完全是无稽之谈了。

大火对于我们全家所造成的损失，永远也无法恢复和弥补了，真是令人遗憾和伤感的事情。因为我的父亲是朝廷命官，当然绝不可以监守自盗假公济私来弥补自家的损失，若那样做的话，当真是名节不保了。身为朝廷命官，理应一心为公为民请命，绝不该考虑一己私利，不能抱怨命运与生活。

3

1903年3月1日，庆亲王带着儿子来看望我们，他说慈禧太后想尽快召见我们母女三人。我们被安排在第二天的早晨六点，赶到颐和园的万寿山觐见太后。

我母亲向庆亲王解释说，我们这么多年身在国外，一直都穿戴外国服装，此次仓促而行，竟找不到合适的满族服饰可供穿戴。

庆亲王说自己已经将这些情况禀告了太后，太后认为我们初来乍到不必拘礼，大可以按照自己的喜好和习惯穿外国服装，她恰好也想了解一下外国的着装方式。

为了这次难得的入宫机会，我和妹妹①在选择服装方面，着实费了一番脑

颐和园的万寿山

---

① 裕容龄（1882—1973年），裕德龄的妹妹，中国近现代舞蹈史上第一个学习欧美和日本舞蹈的中国人，也是唯一一个曾亲自向现代舞蹈家鼻祖伊莎多拉·邓肯（Isadora Duncan）学习过舞蹈的中国人。1902年，20岁的裕容龄在巴黎公开登台表演了《希腊舞》《玫瑰与蝴蝶》《奥菲利亚》《水仙女》《西班牙舞》等舞剧，博得了观众的好评，引起了广泛关注。1903年回国后，裕容龄随母亲及姐姐裕德龄进入清朝宫廷，成为慈禧的御前女官，曾获得慈禧亲赐封号"山寿郡主"。1949年新中国成立后，裕容龄被聘为国务院文史馆馆员，著有《清宫琐记》等书。——译者注

筋。妹妹打算穿她那件淡蓝色的天鹅绒礼服，认为那种颜色最适合自己。在我们很小的时候，母亲常常让我们穿同样的服装。这一次，我说自己还是更倾向于穿那件红色的天鹅绒礼服，我觉得慈禧太后应该会更喜欢这种颜色。经过了长时间的家庭讨论，大家最终接受了我的意见。

我们戴上了插着美丽鸟羽的红色帽子，穿上了相同颜色的鞋袜，整体效果与预想的全无二至，非常亮眼。母亲则穿上了浅绿色的天鹅绒礼服，礼服上镶着淡紫色的花边，头戴装饰着白色鸟羽的黑天鹅绒帽。

我们的住所位于北京城中心，距离目的地颐和园万寿山约有三十六华里，唯一的交通工具只有轿子。为此，我们计算了一下时间和路程，最后的结论是：必须凌晨三点出发，才能在六点之前到达。

这是我们平生第一次入宫觐见。庆亲王带来的消息确实很让我们惊喜，当然也正因为此行的重大意义，使得我们也在是否穿着得体、能否准时抵达等问题上，很是费了一番心思。

多少年来，我一直渴望有这样一个机会走入皇宫，亲眼目睹它神秘的威仪与风景。这愿望曾经遥若星辰，可望而不可即，毕竟，我们这些年一直在京城之外，甚至，身居万里之外的异国他乡。

促成我们至今才进宫的另外一个原因至关重要，那就是我和妹妹出生之后，父亲没有将我们的名字记入满洲政府儿童出生登记册。因为这个原因，在从巴黎回到北京之后，慈禧太后才知道，原来裕庚还有两个女儿，这才为最终的召见提供了最大的可能性。

父亲曾说过没有登记我们名字的原因，就是为了避免让慈禧太后知道我们二人的存在，从而失去接受国外优良教育的好机会。按照当时满族风俗，凡是朝廷二品以上官员，其女儿到了十四岁的时候，都必须入宫服侍，有的可能会被选作皇帝的妃子，慈禧太后当年就是这样入宫，之后被咸丰皇帝选中做妃子的。父亲对我们有更大的期望，有更好的安排，所以做出了完全与众不同的选择。

第二天凌晨三点钟，我们出发了，乘坐着轿子匆匆穿行于漆黑的街道。我们乘坐的是四人抬的轿子,轿子的四边各有一名轿夫。徒步行走这样长的距离,很耗费体力,必须有两班轿夫轮流换班才能撑得住。所以,我们的三乘轿子,足足配备了二十四名轿夫。每乘轿子前还有领班轿夫,各有三名骑军护卫,后面还有两名仆人。轿子的后面跟随着三辆大车,供换下的轿夫轮流休息。这样算来,整个队伍共有四十五人、九匹马、三辆大车。

夜色四沉,周围寂静无声,人与车马走在空荡荡的街道上,犹如空谷回响。黑夜沉寂无声,更显出轿夫喝道声的粗粝与马蹄声脚步声的幽远,这种经历真是令人倍感压抑。我的读者大概没有过此类经历,那真是让人很不舒服,有种沉入水底的气闷感觉。

道路上时有石块与坑洼,天又黑,轿夫走在其间必须小心翼翼。轿子颠簸,坐在里面的人必须始终保持笔直坐姿,才能让轿子保持平衡和稳定,时间长了非常难受。这段路如此的漫长无际,好不容易捱到了颐和园,我感觉浑身肌肉僵硬,疲惫不堪。

第二章 入 宫

1

大概走了全程的一半，我们抵达了城门。此时城门已然大开，我们可以畅行无阻。这种情况令大家都很惊讶，因为按照惯例，平时城门都是在晚上七点关闭，除非特殊情况，绝不会在第二天清晨之前打开。我们询问城门守卫为什么会出现这种特殊情况。守卫告诉我们，上头早有命令，让他们早早打开城门，保证我们一行的顺利通过。

经过大门的时候，我看到有一些官员穿着整齐的朝服，站立道路两侧，向我们众人施礼，态度恭敬。

入了城门之后，天地之间依然为无边的夜色所笼罩。我回想自己短暂的人生经历，感觉如今天这样的情况，实在是前所未有，今天的经历实在是太独特了，让人心里久久不能平静。

我暗暗琢磨，现实中的慈禧太后该是个什么样子的人呢？见面之后，她是否会喜欢我呢？我们已经从庆亲王口中得知，太后有意要将我们留在宫中。我琢磨要是真的能这样，我将会尽自己的绵薄之力，去影响太后的思想观念，进而促成中国社会的全面改革。我为自己设想的光明图景感到由衷的欣喜，若是设想能够付诸实践，我定然会竭尽全力。

正当我还沉醉在美好的想象中时，地平线上展露了一缕淡淡的红色晨曦，预示着美好的一天即将在芸芸众生眼前徐徐露出容颜。随着刚刚初露的晨曦越来越明亮，美好的风景在我眼前慢慢清晰起来。颐和园越来越近，我能看到宏伟壮观的红色围墙，在起伏的小山之间蜿蜒向前，环绕在颐和园周围方圆之地。在清晨明亮阳光的照耀下，宫墙与宫殿顶上黄色或者绿色的琉璃瓦光芒绽放，宛如一幅幅亮丽的风景图画。

颐和园中的桥

途中我们经过了一些大小形状各不相同的宝塔，到达了海淀村，距离颐和园只有四华里的路程了。我们被告知再前行一小段，就可以抵达目的地。这消息真是及时雨啊！让人心情大畅。我刚才甚至以为我们永远也到不了了呢。

海淀村风光无限，看上去非常美丽，其中遍布砖头砌成的平房，都十分的整洁、素净，无论外形还是环境，都和中国北方的房屋类型一样。孩子们跑出来簇拥着观望这一大队人与车马。我听见其中的一个对另一个说："这些女子是被选进皇宫里做皇后的。"我听了真是忍不住笑到肚子痛。

走过海淀村不久，我们来到了一处牌楼前（形状像那种拱门）。牌楼是中国古老的建筑形式，它们精雕细琢巧夺天工。从牌楼处看过去，颐和园的宫门已经近在咫尺，大约在我们前面的一百码即到。有几处大门分布在围墙的周围，一个大门在中间，两个小门分居两侧。居中的大门只有在太后出入的时候才可以打开。此时左边的那个小门开着，我们的轿子在那门前停了下来。

在这些门的外面大概五百米的地方，有两处房子。晚上，里面驻扎着镇守颐和园的禁卫军。

刚到颐和园门口，我就看到一些官员在比比画画，兴奋地谈论着什么，有几位此时跑进去大喊："来了！到了！"等我们下了轿子，马上有两位太监迎上来，他们是四品宦官（从他们的顶戴花翎可以看出品级）。他们帽子上的花翎是一种叫做"马鸡"的羽毛，这种禽类产自中国的四川省，它们的羽毛灰黑皆有，比孔雀翎要宽上许多。

在我们下轿之后，那两位太监带着十名小太监，把几匹黄丝帘披挂在轿子上。他们是在太后的授意下这么做的，这对于我们来说，无疑是极大的荣耀。我留意看了看，那些黄丝帘大约十英尺长二十英尺高，两位太监共持一匹。

两名品衔较高的太监站在大门两侧，恭恭敬敬地迎接我们进入。走进大门之后，我们进入了一个足足有三百平方英尺的大庭院，地面以青砖铺就。院内有很多小花坛，还有很多古老的松树柏树，上面挂着形态颜色各异的鸟笼子，里面各色鸟雀鸣声啾啾。

对面是一排红色宫墙，上面也有三个大门，门的左右两侧各有一长排低矮的建筑，各有十二个房间，是作为接待客人之用。我们走在这所大院子里，看到很多身着不同品级朝服的官员来来往往，看上去忙得不可开交，不过仔细观察，他们似乎仅仅是佯装忙碌而已。他们看到了进门的陌生面孔，都停下来默默地望着我们。

2

两位太监引领着我们进入了其中一间会客室。房间大概有二十平方英尺大小，里面摆设着普通的黑色木质桌凳，上面铺着红色的布垫子，三个窗户上悬挂着丝质窗帘。

我们在这个房间等了不到五分钟,便有一位穿着华美服饰的太监走进来,对我们说:"太后有旨,请裕太太和两位姑娘到东宫等候觐见!"华服太监宣完懿旨,陪我们进来的两位太监马上虔诚跪拜,道:"喳!"按照规矩,无论是谁接到太后的圣旨,都要像见到太后亲临一样,诚惶诚恐,跪拜接旨,以示尊重。

然后,他们又领着我们穿过一个左侧边门,进入另一个院子,这个院子和前面的那个大致相同。只有一点点的区别,就是背面坐落着仁寿宫,而且这院子里的建筑规模比前面的大一些。

两位太监领着我们步入东面的房间,这里的陈设布置十分华美,红木家具上的雕饰玲珑有致,考究精美,桌椅上都铺设着蓝色的绸缎,墙上悬挂着相同材质的装饰品。房间的不同位置悬挂着相同尺寸和形状的挂钟,我数了一下,竟然多达十四个。

等了不大一会儿,有两位宫中侍女走过来,告诉我们太后正在梳妆打扮,请我们略微等一等。这所谓的"略微等一等",足足耗费了我们差不多两个半小时。此类"漫长的等待"在中国人的生活中乃是司空见惯,我们早有心理准备,所以并没有为此感到焦急不安。

在这段时间里,有太监往来,为我们送来了牛奶和二十几种不同花样的点心,这些都是太后特别赏赐给我们的。另外,太后还赏赐了我们每人一枚精美的金戒指,中间镶着大个儿的珍珠。

又过了一会儿,宫中太监总管李莲英身着朝服而来。李莲英应该是二品的官衔,头上戴着装饰有孔雀翎的红顶戴。他是宫中唯一有资格使用孔雀翎红顶戴的太监。他是个很丑的老人,脸上满是核桃皮一样的皱纹。但是他颇有风度,很注重礼仪,且注重细节。他说太后马上就会召见我们,让我们等一等。他还为我们带来了太后赏赐的玉戒。

太后在见到我们之前,就这样慷慨地赏赐精美礼物,我们真是又惊又喜,心想她真是位极令人尊重的人,让人倍感亲切,心里暖洋洋的。

李莲英离开之后不久,庆亲王的两个女儿进来了,询问陪同我们的太监,我们会不会说中国话。这真是好玩的想法,她们真是太有意思了，我听了忍不住发笑。

我干脆主动开口，告诉她们，我们虽然会说几种外国语言，但是依然不会忘记中国话。她们大惊小怪地嚷道："啊，多有意思啊，她们的中国话说得和我们一样好啊。"

这下子轮到我们惊讶不已了。真让人难以想象，皇宫中竟然有这样缺乏见识的人。毫无疑问，在皇宫的环境中，她们这些大门不出二门不迈的人，获得知识的渠道是极其有限的。

她们来的目的是告诉我们，太后已经准备好召见我们了。我们毫不迟疑，谢过她们之后，马上起身前往。

这次同前面的过程很相似，我们又穿过了三道门，经过了三重院子，来到了一处金碧辉煌的大殿，里面雕梁画栋，浓墨重彩，宛如琼楼玉宇。很多牛角灯笼挂在大殿的屋檐之下，红色的流苏直垂下来，每个穗子底端各吊着一块美玉。有两间小殿位于正殿两侧，也同样的精雕细琢，挂满了装饰着红流苏白美玉的牛角灯笼。

我们在大殿的门口遇到了一位宫女，她所穿着的服饰和庆亲王的女儿相差无几，相对特殊的一点是，她的头饰正中多出了一只展翅凤凰，衬托出她的高贵典雅与鹤立鸡群。

这位女子面带微笑，走过来和我们握手，使用的竟然是标准时髦的外国礼仪。后来我们得知，这位女子乃是皇后，当今光绪皇帝的妻子。她对我们说："太后命我来迎接你们。"她的语声亲切，举止彬彬有礼，容貌倒不是很出众。

这时，我们听到一个洪亮的声音自大殿传来："请裕太太和两位姑娘立即上殿。"我们马上听命走了进去，看到一位老年女性端坐殿堂中央，身上穿着绣满大朵红色牡丹花的黄色锦缎袍，发冠周围缀满珍珠、玉石和翡翠等物，发冠左侧垂下一条珍珠流苏，中间缀着一只用纯而又纯的翡翠雕刻而成的凤凰。

她的黄锦袍外面罩着一件披肩，我从未见过如此华贵和精美绝伦的东西，这件披肩起码用了三千五百颗左右鸽子蛋那么大的珍珠连缀

慈禧太后

而成,每颗珍珠都是相同的大小与色泽,真正的珠圆玉润。披肩呈现渔网形状,两边缀着玉制装饰,以两块纯玉扣连结。

除此之外,太后的手上还戴着两只珍珠手镯、一只玉手镯、几只宝石戒指。她右手的无名指和小指上,各戴着一只纯金护指,足有三英寸长,左手的两根手指上,戴着同样长短的玉护指。她的鞋子上也装饰着珍珠小流苏,镶嵌着各种造型五颜六色的小块宝石。

看到了我们,太后站起身向我们招手,脸上洋溢着迷人亲切的笑容。她很惊讶我们竟然如此熟稔宫廷礼仪。与我们寒暄之后,她对我母亲说:"裕太太,在教育女儿方面,您可真是很有一套啊,尽管在外国这么多年,她们的中国话说起来竟然和我一样的好啊,您是怎样教育她们如此温润贤淑、彬彬有礼的呢?"

"她们的父亲管教很严,"我母亲回答说,"他首先让她们学习本国的语言,而且她们自己也的确不忘祖训,专心好学。"

"我很高兴,听到她们的父亲能这样照顾好她们,"慈禧太后说,"还能给予她们这么好的教育。"

太后拉着我的手,仔细地端详着我,她亲了亲我的面颊,微笑着对我母亲说:"您的女儿们真是招人喜欢,何不留在宫中陪着我呢。"我们都感到非常高兴,马上对她的恩典表达由衷的谢意。

太后接下来问了我们与巴黎服装有关的很多问题,她希望我们一直保持这样的穿着习惯,因为她常年深居皇宫,极少有机会看到这样的装束。她对我们所穿的"路易十五"款式的高跟鞋,表现了特别浓厚的兴趣。

我们谈得热烈的时候,有一位年轻人一直静静地站在不远处。过了一会儿,太后说:"现在让我来给你们介绍一下当今皇上吧,不过,你们应该称呼他为万岁爷,称呼我为老佛爷。"

皇上腼腆地和我们握了握手。他是一个身高约五英尺七英寸的年轻人,非常瘦弱,高高的额头,眼睛大而明亮,挺直的鼻梁,大大的嘴巴,唇红齿白,形象优雅,气质突出。我们在场的时候,他一直微笑着。但我能够感觉的到,他文雅有礼的微笑背后,总有种掩饰不住的忧郁。

3

这个时候,李莲英过来了,跪在大理石地板上禀告说,太后的轿子已经准备好了,请太后起驾。太后让我们和她一起上早朝。后来得知,在相隔大约两分钟路程的地方,还有一所大殿,太后每天早上都在那里接见各部大臣,这便是早朝。

天气晴朗,阳光明媚,这真是美好的一天。太后的轿子已经等在了外面,这顶轿子精美绝伦,八个身着朝服的太监抬着。李莲英跟在轿子左侧,另一名二品太监跟在右侧。他们与轿子保持着相同的前进速度,分别以手扶持着轿子以保持平稳前行。四名五品太监轿前开道,十二名六品太监跟在轿子后面。

轿子旁边的每位太监手里都拿着东西,比如太后的衣服、鞋子、手帕、梳子、刷子、粉盒、大小不一的镜子、香水、别针、黑色和红色墨水、黄色的纸、香烟、水烟,最后一位太监手持太后的那只包裹了黄缎的凳子。

另外，还有两位嬷嬷（皇宫内部老年女性仆人）和四名宫女也拿着东西。皇帝走在左边，年轻的皇后和宫女们则跟在右边。这个前进的队伍看上去应该非常有趣，日常用品一应俱全，会让人感觉好像是哪个贵族女子的梳妆室自己长了腿脚，跑到外面来了。

朝堂大概有两百英尺长，一百五十英尺宽，堂内左侧摆放着一张铺着黄绸缎的长桌子。慈禧太后下了轿子步入朝堂，登上这张宝座面见各部大臣。皇帝坐在左边一张小一些的椅子上。各部大臣隔着宝座，齐刷刷跪在太后对面的地上，个个屏息凝神，庄严肃穆。

慈禧太后身穿百蝶服，衣摆之下可见鞋子，鞋子上镶满珠宝

在朝堂的尽头，有一座大约二十英尺长、八十英尺宽的大大的"坛"，环绕着大约二英尺高的护栏，护栏精雕细琢非常华美。护栏的前面有两条通道，与六级台阶相连接，同时设置了两扇门，很窄小，一次只能容纳一个人通过。坛的最里侧还布置了一个小小屏风。太后的宝座正是在坛的正中间位置，紧挨着御座的后面，安设了一个很壮观的木质大屏风，二十英尺长、十英尺高的样子，上面雕刻着各类图文，精美绝伦夺人耳目，我以前从未见过这样精美的木刻。

坛上的各类物品陈设和整个朝堂大殿一样，大部分为紫檀木质，无一不雕刻着栩栩如生的凤凰和高贵典雅的牡丹图案。太后的宝座左右两侧，各竖起一柄孔雀翎做扇叶、以乌檀木为柄的大型銮扇。朝堂大殿内的所有陈设物品，都铺着明黄色的天鹅绒垫子。

太后准备登上宝座的时候，曾吩咐我们几个人和皇后、宫女们一起，躲到屏风后面。站在那个地方，太后和各部大臣们之间的谈话声清晰可闻。我的读者朋友们不久之后便会了解到，我是多么好地利用了这个"有利地形"，了解早朝上君臣们共同商讨的各类信息。

第三章　宫　戏

1

这一天的皇宫生活很丰富,给我留下了鲜明独特的印象。

对于那些信息封闭、见闻狭窄的宫中女子来说,我们简直是太奇特的存在了。她们一连串的问题雪片一样飞向我们,等待我们的回答,问题无非是关于外国的生活方式与风俗习惯等等。

我很快就发现,这些宫中女子和其他任何国家的女人们一样,对自身认知经验之外的东西都充满了好奇感,也特别喜欢闲聊。

庆亲王那个相貌出众的四女儿(宫中称"四格格")是一个年轻的寡妇,她问我:"你是在法国出生和接受教育的么?我听别人说,凡是有人到了外国,喝了那里的水,就会很快完全忘记自己的国家。你是通过学习通晓了那里的语言,还是喝了那里的水才最终学会的呢?"

我不禁哑然失笑,干脆不做回答,而是向四格格提起自己曾经在巴黎见过她的哥哥,也就是载振贝勒。那个时候,载振贝勒途经巴黎前往伦敦,去参加爱德华国王的加冕典礼。当时我的父亲也收到了一份加冕典礼的特别邀请,我们本可以顺道和载振贝勒一同前往的,但是因为父亲要处理云南问题——那个问题当然更加紧迫——无奈只好放弃行程。

四格格追问我:"啊,英国也是有国王的么?我原以为我们的皇太后是全世界唯一的女皇呢。"她的姐姐,也就是皇后的弟媳妇,是一位非常聪慧、娴淑温柔的女子,一直站在一边微笑着,凝神倾听妹妹那些大惊小怪又很可笑的问题。

听到了四格格这些幼稚的问题,年轻的皇后说道:"你多么无知啊。据我所知,每个国家都有每个国家的执政者,有的国家是共和政体,比如美利坚合众国,就是对我们比较友好的共和政体国家之一。很遗憾,我们那么多平民百姓到了他们的国家,让他们认为我们的国家都是这等平常之辈呢。我特别希望能有一些满族正宗的皇族贵胄过去,让他们也见识见识我们的高贵风度。"过了一会儿,她告诉我自己正在阅读介绍外国历史的书籍,当然,都是翻译成中文的。她看上去满腹诗书,颇有见识,非常与众不同。

2

待到退朝了,百官散去,太后令我们从屏风后面出来,陪着她一起去看戏。她说,这样晴空万里的好天气,真该出来走一走。我们于是开始步行,保持在太后身后不远的距离,这是宫廷内部严格的日常规矩,任何人都无可逾越。

一路上,太后兴致很高,时不时指指不同的地方不同的东西给我们看,那些都是她特别喜欢的。因为步行位置的原因,她必须不断回头和我们说话,最后她干脆让我们和她并行。我后来得知,能与太后并行,这在宫中是很大的恩典了,太后平时极少这样对待别人。

太后和很多普通人一样,也有自己的宠物和个人爱好,比如养些花草树木、狗儿或者马儿,诸如此类不胜枚举。有一条狗儿特别得到太后的喜爱,算是她最得意的宠物了。这条小狗一直跟在太后左右,几乎形影不离,是我见过的最温顺乖巧的动物。因为实在想不出合适的名字来称呼这条狗,太后觉得它毛色油亮顺滑,特别漂亮,就干脆叫它"水獭"。

在距离朝堂不远的地方,我们进入了一处大院子。院子内部的四边,各有两只大花篮,高约十五英尺,以茂密的紫藤经过精心修剪后自

慈禧太后早朝之后前往戏院；她的左边是隆裕皇后。她的爱犬"水獭"卧在脚下。左一为太监二总管崔玉贵，右一为太监大总管李莲英

然长成，精巧而美丽，令人叹为观止。很显然，太后非常喜欢这些简约却不简单的花篮，总是在繁花似锦的时候，自得地展示给大家欣赏。

通过了这个大院子，我们又穿过一条环绕着假山的曲径，花了很短的时间，一直走到宫廷戏院。

那戏院真是超乎常人想象，它沿着露天庭院的四边因势而建，每边都彼此分开并各有不同。戏院共有五层，一二两层的舞台完全敞开，一个在另一个之上，上面三层用作储藏室和张幕之用。其中第一层比较普通，第二层建的像一座庙宇，主要用于演出太后最喜爱的神仙题材戏剧。

戏台的两侧各有一排低矮建筑，由同样狭长的走廊连着，是王公大臣们获得恩典，陪同太后看戏的所在。戏台的正对面是一排宽敞的建筑物，包括三个大屋子，是慈禧太后看戏的地方。这大型观戏台的地基高于地面约十英寸，和戏台保持在同一水平线上。

观戏台前面设置了很大的玻璃窗子，夏天的时候可以撤去玻璃，换上蓝色的纱帘。三间房子的其中两间作为起居室，剩下的最右边那间,作为太后的卧室,前面摆放了一张很大的床榻,太后可根据自己的心情,坐卧舒展两相宜。这一天,她带着我们正是进入了这间屋子。

我后来得知太后经常来这间屋子,看一会儿戏剧,然后开始午睡。她可以睡得很踏实,戏剧现场的吵闹声一点儿都打扰不到她。如果我的某些读者有机会来到中国宫廷戏院,亲身体验一下,就会真切地感受到,在那种喧闹的锣鼓声演唱声中,若还能一如既往沉稳入梦,该是一件多么不容易的事情啊。

3

我们走进房间坐定,戏曲便开场了。那出戏名为《蟠桃会》,所谓仙界的蟠桃盛宴,传说在每年农历的三月初三举行。

第一幕拉开,只见一位身着黄色僧袍、左边肩膀披着红色袈裟的僧人,驾着祥云从天而降,邀请各路神仙同赴蟠桃盛会。看到那名演员轻巧敏捷地在棉花做成的祥云上腾挪翻滚,我真是惊奇万分。

舞台上的布景在不断地移动变换,加上其他的一些奇怪好玩的东西,真是多姿多彩,非常有意思,让人感到兴致盎然。我想这戏院的管理者应该在训练演员方面下了很多苦功夫,演员才能不借助任何器械,徒手做出这些令人咋舌的高难度动作。

在僧人降临的同时,一座宝塔自舞台中间徐徐升起,宝塔中有一位菩萨手持香炉,高声吟诵佛经。随后有四座小型宝塔从舞台的四个角落升起,每一座中间都同样有一位诵经的菩萨。第一位神僧降临地面,和其他几位菩萨走出宝塔,共同环绕舞台中央,吟诵不止。那五座宝塔转瞬间便消失无踪了。戏台上的佛僧不断增加,最后比肩围成一个圆圈,绕场走动,齐声吟诵佛经,场面蔚为壮观。

过了些时候,戏台上升起一座大莲花,以粉红色的丝绸制成,带着两片绿色的大荷叶。绿叶和荷花花瓣渐次张开,我看见一位美丽的女菩萨(观世音菩萨),身着白色的丝绸衣装,戴着白色的头巾,立于莲花中间。莲叶打开之后,又出现一对金童玉女,分侍观世音菩萨两边。待到莲花完全打开,观世音菩萨渐渐升起,莲花渐渐合拢,最后观世音菩萨站在了合起的莲花尖顶。童女站立于右侧的荷叶,手捧玉净瓶与柳条。据传说,只要观世音菩萨以柳条蘸起玉净瓶中的甘露洒到死去的人身上,可保起死回生。这对金童玉女是观世音菩萨的侍者。

最后,观世音菩萨与侍者从花叶上走下来,加入了那些佛僧中间。这时,天宫的王母娘娘降临了,那是一位面目慈祥、体态端庄的老年女性,满头银发,从头至脚的黄色衣装,身后跟随着很多侍从。王母娘娘登上位于戏台中央的宝座,说道:"现在,宴会开始吧。"戏剧第一幕到此结束了。

第二幕紧接着开始了,戏台中央是王母娘娘的盛宴桌子,上面摆放着蟠桃和各种美酒。四名侍者在桌边打点。忽然,一只蜜蜂飞过来,在侍者的鼻孔边撒下了一些粉末,侍者马上沉沉睡去了。蜜蜂变成了一只大猴子,一阵风卷残云,几乎吃掉了所有的蟠桃,喝尽了全部的美酒,临了,还裹走了剩下的东西。如此大快朵颐之后,猴子偷偷溜走了。

宫廷仙乐响起,王母娘娘带着那些佛僧、菩萨、侍从走进来。王母娘娘看到桌上的蟠桃与美酒都已不翼而飞了,赶紧叫醒那四名侍者,询问为什么他们睡着了,那些蟠桃与美酒都到哪里去了。侍者均禀告说不知道是怎么回事,他们在等待王母娘娘和宾客的时候,莫名其妙就睡着了。

其中一名宾客建议,不如先查查到底这里发生过什么事情。于是,王母娘娘派了两名侍从到守门的卫兵那里了解情况,询问这段时间究竟有谁出入过这个地方。

没等前去打听的侍从回来,先有守门的卫兵来禀告王母娘娘,刚刚有一只醉醺醺的猴子,扛着一个大包裹出门去了。王母娘娘得知这个消息,马上派出天兵天将和几名菩萨,一同去寻找那只胆大妄为的猴子。

那只猴子本是由一块大石头所生，住在一座大山洞里。它有腾云驾雾的神奇本领，王母娘娘想召它进入天庭看守御果园。待到天兵天将等一众到了那座山上，看见猴子正与其他同类大摆盛宴，分享从天上偷来的珍味。

天兵天将马上向猴王宣战。猴王前去迎战，天兵天将根本不是它的对手。它拔下一撮毫毛，变成了很多小猴子，各个手持铁棒抵抗前来侵扰的天兵天将。猴王的那只铁棒更是非同寻常，乃是东海龙王送给它的，可根据意念随意变形，小到像绣花针，大到如擎天柱。

与天兵天将一众同来的有一位神仙，名叫二郎神。他长着三只眼睛，法力最为高强。二郎神有一条凶猛异常的神犬，他放出神犬，扑倒了猴王，将猴王擒到天庭。

王母娘娘命令将猴王交给道家之神太上老君处置，太上老君把猴王放进自己的炼丹炉中大火焚烧。炼丹炉中烈火熊熊燃烧，太上老君把猴王扔进去，严加看管防止猴子逃出。炼了很长时间，太上老君觉得应该烧化了，便心下懈怠，放松了看管。

然而，猴子并没有被烧死，它趁着太上老君离开的短暂时间，动用法力逃出了炼丹炉，顺便偷拿了太上老君装在葫芦里的丹药，逃回山洞去了。猴子深知太上老君的金丹法力无边，任何人吃了都可以长生不老。猴王吃了一颗，觉得味道很好，就把余下的赏给了小猴子们。太上老君回到宫中，发现猴子逃走丹药被偷，立即禀告王母娘娘。第二幕到此结束了。

第三幕开场，天兵天将和菩萨再次来到凡间，聚集在猴王的洞口，向猴王宣战。猴王大喊："好哇，还敢再来？"它大声嘲笑那些天兵天将的无能。他们开始打了起来，天兵天将还是占不到任何便宜。甚至连二郎神的哮天犬都奈何猴王不得。天兵天将一众最终败北，无奈丢盔弃甲返回天庭，向王母娘娘禀报战况，说那猴子委实法力无边，兵将无法将其捉住。

这次王母娘娘下令召来了一位小神，大概十五岁的样子，名字叫做哪吒。哪吒年纪虽小，却法力无边。他是莲花化成，莲花为骨，莲叶为血肉，所以能够随心所欲，百般变化，十分神勇。王母娘娘命令哪吒赶往花果山，将那猴子擒上天庭严加处置。

哪吒来到花果山，猴王见了他，大喊："什么？一个小毛孩子也敢来挑战？若是你真觉得可以打赢我，尽管放马过来！"哪吒马上变作了一位三头六臂的巨人，猴王见此，立即也跟着变作三头六臂。哪吒见状，又变作更大的巨人，追赶着去捉那猴子。猴子化作一支宝剑，将巨人拦腰斩为两截。哪吒又变成熊熊烈火去焚烧猴王。猴王变成大水，冲熄了烈火。哪吒见不敌猴王，马上变作一只凶猛异常的狮子，谁知猴王变成了一只大网，罩住了狮子。哪吒见实在没有办法取胜，只好垂头丧气地返回天庭，向王母娘娘禀告，说那猴子当真是法力无穷无尽，自己亦是难以取胜。

王母娘娘万般无奈，只得请来众神之神如来佛祖，还有普济苍生的观世音菩萨，下界擒那妖猴。

如来佛祖与观世音菩萨来到花果山，那猴王出来一见，乃是众神之神、法力无边的如来驾到，顿时诚惶诚恐，不敢再说半个不字。如来佛祖伸手指指猴子，猴子马上跪拜地上。如来对猴子说："跟我走吧。"然后以法力把猴子压在了一座山下，告诉它说，除非它一心向善，否则不会放它出来。

如来对猴子说道："有朝一日，我会放你出山，要你保卫一位圣僧前往西天求取真经。西行路上一路艰难险阻，你将遇到无数考验，历经无数磨难。如果你能保卫圣僧取到真经，你将脱去愚顽之性，洗去从前罪孽，修成真身正果，从此永驻天庭，过上极乐永生的生活。"

这场戏剧到此结束了，非常的有意思，我从头到尾保持了很高的兴致观看。整出戏剧排演得十分巧妙和逼真。我真是奇怪，宫廷的太监怎么能演得这样精彩。太后告诉我们，整个场景的布置与绘制都是太监们亲力亲为，她自己也尽量地为太监们指导排演，才达到了这样的效果。

4

　　这里的剧院与一般常见的中国剧院有明显不同，安装了可供升降的幕布。慈禧太后并没有看见过外国的剧院，我真想不通她怎么会有这样先进的设计思维。

　　太后还经常阅读宗教类书籍和神话故事，然后亲自写进戏剧并排演，并对完满的演出效果深感自豪。

左起：瑾妃，德龄，慈禧，容龄，容龄之母，隆裕皇后

　　慈禧太后安坐谈笑，我们站在一边凝神倾听。太后问我们能不能看懂戏剧的故事情节，我们回答说看得懂，她非常高兴。过了一会儿，她热情地说："哎呀，我光顾着和你们说话了，把午膳的事情都忘记了。你们肚子饿了吧？你们身在外国的时候，有机会吃到中国饭菜么？想不想家？要是我离开自己的国家这么久，肯定会想家的。当然了，在异国他乡居住那么久，也并非是你们的问题，是我派裕庚到法国巴黎去的。我对此一点都不感到遗憾。现在你们可以让我面上有光了，我为你们感到自豪，我也可以把你们展示给外国人，对他们说咱们满族的女子也能说外国话了。"

在太后说话的当口,我看见一些太监摆上了三张大桌子,每张桌子上都铺着漂亮洁白的桌布。还有一些太监捧着食盒在庭院里站立等候。那些食盒和盘子均为木质,涂着黄色的漆,比较大,足以容纳四只小碗两只大碗的饭食菜肴。

等到桌子摆放齐全,庭院里的太监们在院子的小通道处站作两排,将手中的托盘一个接着一个地传递过来,一直传递到房间里,再由四个衣装华美的太监一件一件摆上桌子。

很明显,太后并不喜欢在一个固定的地方用膳,而是到了哪个喜欢的地方,就在哪里用膳。我还注意到,那些碗无一例外的是凸显尊贵的金黄色,上面盖着银质盖子。有的上面描绘着绿色的龙,有的则雕刻着"寿"字。

菜肴摆放完毕,我暗暗数了数,差不多有一百五十种不同的菜肴,列成了长排,一排是大的碗,一排是小的碟子,然后又是一排大碗,又是一排小的碟子,就这样一排又一排。

在菜肴的行列不断延伸的时候,两位宫女走进了这间卧室,每个人手里拿着一只大食盒。我感到非常惊讶,想不到宫女竟然要做这类事情,若是我们进了宫,是不是也要做这些事情呢?尽管餐盒显得很是沉重,但是并不妨碍她们以优雅的姿势捧着。

太后面前摆放了两张小桌子,宫女打开食盒,拿出了一个又一个精致的碟子,分别装着各式甜点,糖莲子,西瓜子,各色口味的核桃,切片的时令水果等等。这些碟子很快摆放停当。

太后告诉我们,相对于肉食类菜肴而言,她更喜欢这些甜点。她赏赐了我们一些甜点,让我们随便吃,如同在自己家里一般,不要拘束也不要客气。我们谢过她的恩赐,开始认真品味起来,吃得津津有味。

我发现慈禧太后食欲很好,她从不同的盘子里吃了不少东西,真难以相信她待会儿还要吃午餐。吃完了之后,两位宫女走进来收拾了碗筷。慈禧太后告诉我们,每次她吃完了,都把剩下的菜肴赏赐给这些宫女。

一位太监端进来一杯茶,茶杯由洁白无瑕的美玉制成,茶托和杯盖都是黄金制就,极尽华美。接下来,又有一位太监走进来,手里托着一只银质托盘,上面放着两只白玉杯盏,和前面装茶的那只完全一样,我看到其中一只装着金银花,另一只装着玫瑰花瓣。另外,这位太监还备着一双金筷子。两位太监跪在太后面前,举起托盘,保证手中物品太后伸手可及。

太后拿开杯盖,夹了几朵金银花放进杯子里。她一边饮茶,一边对我们讲着,她本人非常喜欢这种金银花,放到茶里一起慢慢品尝,可以品味到淡淡的甜香味儿。

转眼间,太后又说道:"你们也尝尝我的这种茶吧,看看是不是也会喜欢。"她命一位太监拿来相同的一杯茶,并亲自泡进了金银花,看着我们慢慢品尝。这是我品尝过的最为可口的茶,加入了金银花之后,散发出一种非常特别的、细腻的甜香味道。

第四章　后宫午膳

1

喝完茶之后,太后让我们跟着她到了另外的一个房间,那里面午膳的桌子都已经准备完妥。我暗想,太后刚刚就已经吃了不少,不知道午膳还能不能吃得下。

不过,答案很快就摆在面前了。太后一走进屋子,就命令女官和太监们将所有餐具的盖子统统拿去。她坐在了上位,让我们站立于桌子下首位置。太后告诉我们:"本来呢,按照以往的习惯,在看完戏之后,皇上是要与我一起共进午膳的,不过他的性格是比较害羞的类型,和你们又只是初相识,就不来参加午膳了。我真希望他以后能够克服羞涩。今天,你们三位就陪我共进午餐吧。"

如前所述,我们当然知道这是非常大的恩典了,就一起跪下来磕头谢恩。所谓的磕头谢恩,就是弯腰曲背将自己的脑袋碰到地面上,这个动作一开始让我们非常的疲倦和眩晕,后来才慢慢适应下来。

我们开始共进午膳,太后命太监为我们分发了碟子,并且为我们准备了银质的筷子、勺子等等。她说:"我很抱歉,要让你们站着吃饭,但是无论如何,我不能坏了祖宗立下的规矩。哪怕是皇后在我面前吃饭,也必须是站立的。其实我也知道,若是外国人知道我让宫廷女子们站着吃饭,一定会笑话我们是野蛮人。我当然不希望他们把我们所有的宫廷礼仪都看在眼里。以后你们会慢慢看到我在外国人面前表演得多

慈禧冬景照

么辛苦,我当然也有自己的考虑,就是万万不能让他们全部了解宫廷规矩。"

太后和我母亲说话的时候,我一直目不转睛地观察她。她刚才在卧室里吃了那么多的甜食、干果之类,现在竟然又吃了很多食物菜肴,食量之大,食欲之强,食速之快,令人咋舌,我看了之后觉得非常惊讶。

说到菜肴,牛肉在宫中被列为禁食之列,因为中国的传统思想观念认为,屠宰或者食用这类为人们的生活作出巨大贡献的动物,那可是罪孽深重的,死后都要下地狱。宫中的菜肴主要包括猪肉、羊肉和野味、鸡鸭鹅等家禽和蔬菜等等。

这顿午膳我们吃到了以十种不同方式烹制的猪肉,包括肉丸、切肉——切肉分为红白两个种类,其中红的那种切肉是用特殊的豆酱烧制而成,色泽红润,香气扑鼻,吃上去味道好极了。另外,还有竹笋炒肉丝、樱桃烧肉块和洋葱炒肉片。洋葱炒肉片这道菜很为太后所喜爱,不得不承认,吃过之后,我感觉这道菜确实非常的美味。另外,还有以猪肉、鸡蛋和蘑菇做馅料,经过煎炸而成的饼;还有猪肉卷心菜、萝卜烩菜等等。那些鸡和羊肉类的菜肴也都以不同方式烹制而成。

比较显眼的还有桌子中间摆放的一个大碗,和其他的碗一样也是金黄色，口径足有二英尺大小。这只大碗里面装着清新的鱼翅煲，卧着一只鸡和一只鸭。鱼翅在中国属于备受好评的贵重食品，寻常百姓家是见也没有机会见到的。

除此之外，桌子上还有烤鸡、拆骨鸡和烤鸭。鸡和鸭体内都填充了松枝，放在烤炉上烘烤完成之后，散发出松油的清香之气，色香味俱佳，令人食欲大开。

还有一道菜是慈禧太后非常喜欢吃的，做法就是将猪肉皮切成小小的方块儿加以烘烤，猪皮焦黄脆嫩，微微卷曲，像卤好的腊肉那种色泽和形式，吃上去香味扑鼻，外脆里嫩，口味极其富有层次感。

值得一提的是，满族人的生活习惯也很独特，平时很少吃米饭，酷爱吃种类繁多的面食。我们在宫中一天，吃到了各种各样不同做法的面食，比如烤制的、蒸制的、油煎的等等，一些加了糖，一些则加入了盐和胡椒，还有一种加入了甜美的馅料。这些面食还被做成各种各样的形状，都是用不同的模具做成不同的充满想象力的形状，比如龙、蝴蝶、花儿等等，美观又有趣。我们还吃到了各种各样不同的泡菜，这些也是慈禧太后非常喜爱吃的东西。还有一些嵌在蛋糕中和浸在糖汁中的红豆糕、绿豆糕，林林总总，不一而足，让人看都看不过来，吃更是吃不过来了，每样饭菜尝一口，片刻之间，人就很饱了。

吃饭的时候，尽管太后反复邀请我们多吃一点，我吃得依然不多，因为我一直把注意力放在观察太后的一举一动和倾听她的言语上了。除了我上面一一提到的食品之外，我们还吃到了各种各样的粥，有些是用甜玉米熬制的，有些是黄色的小米粥（看上去像鸟食）。太后告诉我们说，在吃了肉类菜肴之后，应该把这些粥都吃完，那样更加利于养胃养生，我们对她的话深信不疑。

2

我们享用完午膳之后，太后站起身对我们说："你们一同到我的休息室去吧，让皇后和宫女们进来吃饭，她们总是在我吃完之后才吃的。"

大家便跟随太后向外走去，我有意识地站在了两扇门之间，看到了皇后和宫女们走了进来，团团围在桌子周围，异常安静地吃了起来。按照宫廷礼仪，她们是不允许坐下来用餐的。

这个时段戏剧依然在上演，演的还是一个神仙故事，但是在我看来，远不如第一个戏剧那样的吸引人。太后慵懒地斜躺在那种大床上，太监为她献上了茶。太后命太监也给我们呈上茶。

我的读者们可以想象，受到慈禧太后这样特殊的关照，我是多么的欣喜和自豪啊。在中国，人们把君主看作是至高无上权威，她的话语便是不可更改和怀疑的法律，是金口玉言。人们在和君主对话的时候，必须恭恭敬敬，甚至不允许抬头望上一眼，以显示对权威的无上尊崇。我想我们受到的礼遇真是非同寻常。

以前有人告诉我说，太后是个脾气暴烈的人。但是当我近距离耳闻目睹，却发现她是如此的和蔼可亲、高贵优雅，对待我们几乎如慈母般的温柔亲切。亲身经历了这些，如此大的反差，让我不得不重新审视以往所听到的一切，那些认识应该都是道听途说，都是错误和偏颇的，根本不足为凭不足为信。通过这一天下来的感受，我甚至认为太后是世界上最为温柔可亲的女性。

太后躺在床上休息了半晌，然后对我们说，我们是时候返回家中了，别走得太晚。她赏赐了我们八大盒水果和

慈禧和德龄容龄母女三人，冬日走下牡丹山

糕点,让我们不必客气,尽管带回家享用。

她对我母亲说:"你回去告诉裕庚,希望他服用了从我这里带过去的药物,能够早点好起来。还有,把这几盒水果和糕点带给他品尝,算是我的一点儿心意。"

我暗想,从法国巴黎回国之后,父亲的病越来越重,怕是享用不了这些糕点和水果了。即便这些糕点和水果对父亲的身体健康没有什么好处,他也一定会感谢太后的恩典的。

我的读者们应该已经知道了,在接受太后恩赐的时候,为表达感激之情,我们都应该磕头谢恩。当太后下令赏赐我们水果和糕点的时候,我们马上磕头谢恩。

在我们准备离开的时候,太后和我母亲说,她非常喜欢我们这两个小姑娘,希望我们能担任宫廷女官,留在宫中陪伴她。这依然是太后的恩典,我们再次磕头谢恩。

太后询问我们的意见,问我们什么时候可以进宫。她还说,我们进宫的时候,只要稍微带几件随身的衣服和日常用品就可以了,她会着人为我们准备好一切所需。太后希望我们能够两天之内进宫。

3

在我们离开之前,太后还着人带我们看了一下为我们专门预备的房子。那处房子位于太后寝宫的右侧,共有三大间屋子。太后的这处私人寝宫名为"乐寿宫",建立在湖岸边,其中有很多很多的房间,每一间都各有用场,安排妥当,无一闲置。这里是太后最喜欢的所在之一。在乐寿宫,她安享了人生中很多阅读、休息的愉悦时光。兴之所至,太后还会在湖中泛舟,体验自由自在的放松感觉。

看完房子之后,我们告别了太后、皇后和宫女们,经过了一段漫长乏味的路途,回到了家中。经过了这纷繁多彩的一天,我们都感觉非常疲惫,但是十分开心。

刚进入家门,我们就惊奇地看到,几位宫中太监已经等在那里了。

他们带来了太后赏赐我们的东西：每人四匹黄色宫廷锦缎。我们再一次对太后的赏赐表示谢恩。我们把这些锦缎放置在屋子中间的桌子上，对着它们磕头谢恩，如见老佛爷真容般虔诚无比。礼毕，我们请太监们带给太后我们十二分的感激之情。

按照常规，我们应该赏给上门的太监一些礼物或者是赏金，我们给了他们每人十两白银，聊表谢意。

后来我们才发现，太监们每次奉旨外出办事，无论到了哪里，得到了什么赏赐，受到了什么礼遇，都要向太后详细禀告。太后也时常会问这些太监们一些问题，比如，主人的房子有多大，主人对待太监们是否友善等等。这些太监们也都特别健谈，等到我后来入宫，他们纷纷向我描述起太后对我们初次进宫的种种评价。

说起来，我们在父亲身体状态每况愈下的时候，放弃对他的照料，进宫去做女官服侍太后，这其实并不合时宜。我们的母亲对此也很是忧虑，但是既然是太后懿旨，那么无法可想，唯有奉旨前往。于是，在三天之后，我们早早便进了宫。

我们进宫的第一天异常的忙碌，先到太后面前谢恩，感谢她赏赐我们的礼物。太后说她今天会很忙，要会见俄国驻中国大使的夫人勃兰康女士。

勃兰康女士带来了俄国沙皇送给太后的一张全家福。太后问起我懂不懂俄语，我说自己不懂，不过据我所知，大部分俄国人都说法语，她看上去对我的回答很满意。她说："其实你可以说自己懂得俄语的，反正我也听不懂。"说这话的时候，她有意无意地看了看旁边的宫女。我推测可能是有人曾经欺骗过她，她或许也因此对我刚才的诚实回答表示赞赏。不久之后，我的猜测得到了证实，以前一位御前女官骗太后说自己懂得外国话，到了时候却连一个字都不会说，结果被太后驱逐出宫了。

除了会见俄国大使夫人之外，这天还有一个很重要的活动：太后侄女德裕的订婚典礼将隆重举行。依照满族风俗习惯，订婚仪式的规矩是由两位皇室的女眷亲自到准新娘的家中,按照传统规矩完成一整套礼仪。未来新娘则盘腿坐在自己的床上,闭着眼睛,静静等候两位女眷的到来。

女眷们进入新娘的卧房,把一只大约一英尺半长的玉如意放到新娘的膝上(如意,在中国代表"祝君万事顺心"之意),然后把两只绣花锦囊挂到她衣服的纽扣上,每只锦囊里装着一枚金币。另外,还把两只刻有"大喜"二字的金戒指戴在新娘的手指上。

整个仪式绝对的庄严静穆,明晰而简洁。礼仪结束之后,两位宫廷女眷回到宫中,将仪式过程及完成情况向太后如实禀告。整件事情到此圆满结束。

第五章 会见大使夫人

1

事先没有人告诉我们那一天太后要会见俄国大使夫人。我们向太后禀告说要先回房间换了衣服再来,以适应这样的场合。我们当时穿的衣服很朴素,又是那种很短的款式,不适宜接见外宾的正式场合。

慈禧太后和公使夫人们合影

一般的情况下,因为宫中没有铺着地毯,地面上又是青砖裸露,我们长长的天鹅绒礼服裙摆总是很容易弄脏。另外,那些笨手笨脚的太监亦步亦趋的时候,也总是会不小心踩到我们的裙摆。我们就根据实际情况，自作主张地固定了穿着习惯，平时非重大活动场合只穿短装。

听到我们的换装请求，太后却不以为然，她说："为什么一定要换衣服呢？我就感觉不到你们那礼服在地板上拖着长长的尾巴有什么好看，那天你们第一次进宫，我看到那长尾巴就觉得好笑得很，只是没有说出来罢了。"

我正要解释换装的原因所在，太后又说："不必说了，我知道的，你们要换装是因为觉得礼服更适合这样庄重的场合，对么？"我们马上点头称是。太后这才点头恩准："那速去速回，马上换上你们美丽的长尾巴礼服吧。"我们马上去换衣服。

我和妹妹换上了粉红色的绉纱礼服裙，镶着布鲁塞尔式样的花边，系着相同颜色的透明薄纱腰束。我的母亲穿上了灰色的绉纱礼服裙，镶着黑牡丹花边，淡蓝色的暗花绸腰束。我们忙不迭地做着这一切，太后很快派太监来问我们是否已经准备就绪。

太后看到换装之后的我们，大声笑着说道："哎呀，看看这三位长了长尾巴的仙女吧！"接着，她饶有兴致地问我们："你们走路的时候还要一直提着半边长裙，难道不觉得累么？这身衣服倒也很漂亮，我就是看不习惯这条长尾巴，觉得这个大可不必保留。我弄不清楚外国人看见我让你们这样穿着会作何感想，不过我几乎可以确定，他们不会喜欢这样的安排。我这样安排是有我的想法的，我想让他们知道，我们对于外国的服饰也是有些研究的。我以前确实未曾看到哪个外国女子有你们穿着这样好看的。我觉得外国人真的没有咱们富裕，看他们佩戴的珠宝首饰都很少。我听人说，世界上没有哪个国家的君主有我这么多珠宝首饰的，更何况，我的珠宝首饰还在越聚越多。"

我们匆匆忙忙地准备着，迎接勃兰康夫人的到来。大约在十一点钟左右，她到来了。接见的程序如下，先由我妹妹在前面院子的会客室里接待她，然后再引导她到仁寿殿觐见太后。慈禧太后登上了她宏伟的宝座，皇后坐在太后左手边，我站在太后的右侧，等待着为她做翻译。

太后身着透明缎面的黄色绣袍，金丝滚边，镶着金黄色的穗带，绣着大朵的蜀葵和一个汉字"寿",衣服和纽扣上缀着很多雀蛋大小的珍珠,手上戴了不少的手镯、戒指和金护指,发型梳成的款式和平时一般无二。

很快,勃兰康夫人进入了大殿。我妹妹领着她登上殿下台阶,勃兰康夫人站定了,恭恭敬敬地向太后行了礼。我迎上前去,把勃兰康夫人引至太后面前。太后与勃兰康夫人握了握手,勃兰康夫人呈上了沙皇赠给太后的全家福照片。

太后随即说了一段话,表达了对沙皇及其皇后赠送礼物的谢意。勃兰康夫人不会说英语,我便用法语把太后的这段话翻译给她听。

会见仪式结束之后,太后命我将勃兰康夫人带到皇上那里。皇上站起身,与勃兰康夫人握了握手,亲切问候沙皇陛下和王后的身体状况是否安好。

慈禧太后站像

2

这些官方仪式结束之后,慈禧太后走下她的宝座,领着勃兰康夫人去了她的寝宫,那是她众多寝宫中的一个。来到寝宫之后,众人按照宫中规矩分别或立或坐,自成体统丝毫不乱。太后命人为勃兰康夫人赐坐,并和对方亲切地交谈了大概十分钟,这期间一直是我在充当翻译。后来,太后又命我带着勃兰康夫人去见皇后。

这里要再次提及满族的严密礼仪,在满人的规矩里,婆婆与媳妇之间的礼节尤其严格，在整个儿接待过程中，皇后一直站在大殿屏风的后面，寸步不离，大气不喘，直到结束之后，我到那儿去找她出来。从大殿出来之后，我们就去了宴会厅，在那儿，一桌丰盛的满族特色浓郁的宫廷午餐已经准备妥当。

讲述到这里，我有必要和读者们解释一下满人用餐方式和汉人的不同。汉人用餐时，一次性将所有的菜盘放在餐桌的中央，每位用餐者使用筷子从餐盘中夹取自己想吃的食物菜肴。满族人的用餐习惯则大为不同，他们分别使用各自的碗碟和其他餐具，和一些西方国家的用餐习惯差不多。对这样的用餐习惯和方式，慈禧太后很感自豪，她认为这样的习惯更利于节省时间，也更加的清洁卫生。

宫里的食物总是非常精美和洁净，招待外国客人的时候当然更是如此。一般情况下，在这种场合，我们还会用上各种各样精美的餐具，宛如"葡萄美酒夜光杯"的效果，以衬托席上鱼翅、燕窝及其他众多菜肴色香味的精妙之处。

那个早上，太后吩咐下人们一定要将餐桌布置妥当，精心收拾安置，尽可能漂亮得体，万不可让外国人挑出毛病来。有了这样的要求，仆从们当然尽心尽力。我们入席的时候，餐桌确实布置得得当漂亮，让人倍感舒服。除了平时常用的餐具之外，每个座位面前另外摆放着一式描绘着金龙图案的菜肴清单，小寿桃形状的银质碟子中装满了杏仁和瓜子，在筷子之外还准备了刀叉。

按照约定俗成的规矩，太后和皇上向来不与客人同席就餐。这次陪勃兰康夫人用餐的，也依然是宫内格格与几位女官。

所谓酒过三巡菜过五味，用餐过半的时候，一位太监匆匆而来，告知说太后要我立即去见她。我心里像十五个吊桶打水——七上八下，不知道是不是自己做错了什么事情，或者只是太监传错了话，这样子张冠李戴的情况在宫中并不鲜见。来不及多想，我便已经到了太后面前，见到她满面笑容，我心里一块沉甸甸的大石头才落了地。

太后高兴地对我说，以往来到宫中的女子，大多性情普通，举止不当甚至言行粗俗,从没有一位如勃兰康夫人这样既体面又谦和懂礼的女士。太后说:"别人认为咱们国人见识浅薄,所以瞧不起我们。其实,我早就发现,他们自以为教育优良,举止文明,其实在我看来,咱们这些被他们认作的野蛮人,倒是比他们文明礼貌得多呢。"

以往,大凡有外国女子来到宫里,太后都能以温和有礼的态度对待之,不管那些女子举止多么不得当。而等到她们离开之后,太后则会与我们评论一番哪个人举止优哪个人言行劣。

太后说完这些之后,给了我一块温润晶莹的翡翠,让我代为送给勃兰康夫人。勃兰康夫人收到了礼物,显得非常高兴,表示要亲自向慈禧太后谢恩,我就带着她再次来到宫里。

我们午餐过后,勃兰康夫人告诉我们,今天皇宫能够给予她如此规模的午餐,如此盛情的招待和太后的热情关照,凡此种种,令她深感荣幸与喜悦。我送她到大殿前的院子里,她的轿子已经安置妥当,等在那里了。她乘坐轿子离开了皇宫。

3

太后有一个规矩或者说是习惯,每当皇宫的客人全部被送走之后,我们必须回到她面前,向她报告与之有关的一切信息,尤其是那些一般人不会注意到的细节。

我猜想,慈禧太后应该也和其他女性差不多,喜欢茶余饭后的闲聊,这在太后很多生活细节中都可以看得出来。这一次,太后问起大使夫人说了些什么内容,是否喜欢自己赐予的翡翠,当时说了什么什么表情,怎样评价今天的午餐饭菜等等细节问题。

太后非常赞赏我的翻译能力,能够把她的意思翻译得那样好,她说:"在你之前,我还没有发现谁能像你翻译得这样好,虽然我不懂外国话,我还是能够看出来,你说得非常流畅。你是怎么学得这样好的呢?我以后要让你常伴我左右了。有时候,一些外国女士带着自己的翻译过来,翻译所说的中国话,我都很难听得明白,只能靠暗自猜测来完成交流过程。特别是像那个康博夫人带来的翻译那样,翻译的错误百出不知所云,我就更加听不懂了。希望在我的有生之年,你能够一直陪在我的身边,我将来会为你安排一门婚事,当然了,现在还不能够具体告诉你。"

听了太后的一席话,我内心很是高兴,没想到我在这么短的时间里,就赢得了中国这位至高无上之人的喜爱。不过,太后所提到的婚姻之事又让我有些郁结,我尚未考虑过这个问题呢。后来我把这个想法告诉了母亲,她劝解我不用担心,到时候,我可以婉拒太后的好意,就完全没问题了。我的心里才安定下来。

我们将勃兰康夫人的情况叙述完毕,太后恩准我们可以休息了。今天我们起床很早,又忙忙碌碌了一整天,难免都比较疲劳。太后表示今天不再需要我们为她做些什么了。我们按照宫廷礼数道了晚安,纷纷退去。

第六章 太后梳妆

1

如前所述,我们所居住的房子格局,包含四个大的房间和一个门厅。母亲、妹妹和我三个人各住一个房间,剩下的一间给陪侍的丫鬟住。

太后派了一位太监服侍我们,这位太监告诉我们说,太后还派了四个小太监为我们服务,要是他们不听话,我们可以告诉他,他马上严加处置。这位大太监告诉我们他姓李,但是这里姓李的太监太多了,包括那位太监总管李莲英,所以我们根本分不清楚谁和谁,只做耳旁之风,吹过就算。

那天辞别了太后,我们花了一些时间往回走,才到达我们住的地方。陪侍的李公公指着右边的一栋建筑物告诉我们,那是太后自己的宫殿,也正是我们刚刚离开的地方。我很感到费解的是,望山跑死马,看上去很近的宫殿,怎么走起来这么远。

我忍不住向李公公问起这种情况的缘由。李公公告诉我们,我们居住的那所小建筑位于皇帝宫殿的左手边,从这处建筑到慈禧太后宫殿的道路,已经被太后下令隔断,禁止通行,究其原因,不知道为什么,李公公不愿意明说。

李公公还说:"请看这所房子,本该面朝东的,实际上却是面朝湖水。"我观察了一番,感觉湖上风景俊秀,令人心旷神怡,便告诉公公说,

慈禧太后寝宫卧室

其实我更喜欢房子朝向湖。李公公微微一笑，说道："等到您慢慢融入这个地方，便会慢慢了解到它神秘莫测的一面了。"他的欲言又止让我好奇又惊讶，我却也懒得细细询问。

李公公又介绍说，皇上的宫殿即在我们住所的后面，是和太后宫殿几乎一样的大规模建筑群。他指点给我们看那边的风景，我们看到了庭院内伸出屋檐的树枝。

接下来，李公公又指着皇帝宫殿后面的一座大而矮的、同样拥有一个大庭院的建筑告诉我们，那里是皇后的宫殿。皇后宫殿两侧各有一处建筑，李公公介绍说，左边的那一处，是瑾妃的寝宫。皇帝与皇后的两座宫殿之间，原本有道路可以互相往来，后来太后老佛爷下令封去那条道路，从此皇帝与皇后若要互相来往交流，就必须要通过太后的宫殿不可了。

我心里暗暗揣度，这大概是太后掌握他们生活状态和私下里动向的一种简便实用的方式。这些情况对于我来说，除了新奇感觉之外，不知道究竟意味着什么，也不知道该作何评论。

我听够了这些稀奇古怪让人心神不宁的故事，便主动说道，我已经累了，想要回去休息，对他进行礼貌的暗示。李公公当然理解我的弦外之音，马上拜别离去。

　　我进入了自己的房间，经过细心观察，发现屋子里的乌檀木家具装饰品都铺盖着红色绸缎，窗子上也悬挂着红色的丝绸窗帘，窗帘上面装饰着长长的板条隔栅。房间各种陈设大气而美观，让人心情为之畅快。每个卧室的陈设均如此类，正面的窗子下面，以青砖沿着墙壁内侧砌成炕（床），炕上铺着相同材质的光滑木板。炕是这里一种很独特实用的居室设置，以砖砌成，正面的中间有一个小小的洞口，冬天的时候，在这个洞口投入木柴生火，将整个炕的砖烤热，暖烘烘又能保持热量，防寒保暖，很是舒适。白天的时候，炕上放着一张小桌子以供使用，摆放文房四宝或者其他物品，晚上睡觉的时候方才移去。

　　我们到了这里不久，几位太监送来了我们的晚餐，端端正正地摆放在厅堂中央的大桌子上面。太监说这些食物是太后吩咐了送来的，太后让我们不要拘束，像在自己家里一样。

　　我们累了一天，浑身酸痛，四肢无力，没有什么食欲，随便吃了一点而已。在准备休息的时候，李公公过来了，告诉我们说，明天凌晨五点钟便要起床，不可以再晚。我让李公公明天凌晨五点钟的时候，过来敲敲窗户，提醒我们起床。

2

　　处理完这些事情之后，我们上了床，一时间思绪纷纷，无法马上入睡。我们谈起了今天发生的事情，都感到驳杂而有趣。我们就这样有一句没一句地聊着，慢慢地进入了梦乡。

　　夜晚短暂，好像才刚刚入眠，便听到了有人敲打窗户。我迷迷糊糊地问是谁，李公公的声音传进来，告诉我们该起床了。

　　我一个激灵清醒过来，立即准备起身。起床之后，我打开窗子向外看去，天刚刚破晓，遥远的天际，深红色的晨曦微光映照在坦荡如砥、静如处子的湖面上，一切都是那么的静谧和幽美，美不胜收，令人心旷神怡。一段距离之外，是慈禧太后的所谓牡丹山的所在。唯有牡丹真国色,此花开尽更无花。牡丹盛开,让清晨的景色更加楚楚动人。

顾不上再细细欣赏美景,我急匆匆穿戴洗漱完毕,立即和别人一起,乘着轿子赶往太后寝宫。

皇后正坐在走廊里,我向她施礼请安。皇帝的瑾妃也在走廊里,但是我们本已知晓,不必向她请安,她在宫中并没有那么高的身份。还有几位我们不认识的年轻宫女待在那里候命,皇后把我介绍给了她们。

端康皇太后(光绪皇帝的瑾妃)与众太监

这几个人都是满族大臣的女儿。我留意看了看,其中有几位尤显出众,看上去美丽聪慧,伶俐动人。皇后告诉我说,这十位女官还没有被准许见到太后呢,目前正在做的是认真学习宫廷礼仪,等候太后懿旨。这些女官都穿着一式得体的满族服饰,式样与花色与皇后的大致相同。

渐渐熟识,我和这些女官们聊了一会儿,便跟着皇后进入内宫,迎面碰见了四格格(即庆亲王的四女儿)和一位年仅二十四岁的、被称作"元大奶奶"的寡妇,她是慈禧太后的侄女儿。她们两位也正为服侍慈禧太后做着准备。

皇后令我们马上到太后的寝宫,伺候老佛爷穿衣梳妆打扮。我们马上过去,见到了太后,齐刷刷跪拜请安道:"老佛爷吉祥。"太后还慵懒地在床上待着,她微笑着问我们昨天晚上睡得可好。我们都做了肯定的回答,并聊到房间很舒适等闲话。

这些不过是表面的客套,其实我心里在想,昨晚睡的好倒是好,就是太短了,还没睡个半觉呢。毕竟我们是头一天进宫忙碌,对新见的人、事、物和规矩都不太适应,又是前后往来地跑了一整天,累得脚疼腰酸。

太后接着询问我们是否吃过早饭了,我们回答说还没有。她便责备李公公不应该忘记及时把早餐送到我们的房间。她转而叮嘱我们:"你们在这里初来乍到,但是不要总像外人一般拘谨,若是需要什么,只管大着胆子理所当然地向太监们要便是了,他们不听话,就过来告诉我,我自会命人重重责罚他们。"

随后,太后开始起身穿衣。她原本是穿着睡衣睡眠的,起身之后先是穿起自己的白丝绸袜子,在脚踝的那个地方,以漂亮的丝带系住裤腿与袜脚。

需要和读者朋友说明的一个细节是,慈禧太后每天都和衣而卧,但都是在上床之前换上干净的衣服,天天如此。然后,太后穿上了她粉红色的衬衣,套上一件竹叶刺绣的丝绸短袍,她早上习惯穿着低跟的鞋子,若是穿长袍会不方便行走。

穿戴之后该是梳妆打扮了。太后走到窗子下面的两张长桌子前,那上面摆满了洗漱用具和各式各样琳琅满目的化妆品,五彩缤纷花样繁多,乍一看令人眼花缭乱。

太后边洗脸梳头边对我母亲说,她不愿意

清代宫廷饰品:翡翠手串

让丫鬟、太监和嬷嬷们碰到自己的床，她觉得那些人都不干净，所以这些事情都由女官来完成。她说着这些，又转身看看小心翼翼站在一边的我和妹妹，说道："你们可不能认为，作为御前女官还要做这些事情是跌份儿的啊，反过来想想看，我这把年纪足可以做你们的祖母了。你们这些小姑娘为我做这些琐事，也不能算是有失身份了吧。而且，轮到你们做的时候，你们可以安排和看着别人去做就行了，不需要亲自动手的。"

太后对我们说道："德龄对我的帮助很大，我很是喜欢，现在我封你为宫廷一等女官。你平时不用做太多事情，一般在外国人到来的时候做好安排，并且为我做做翻译就行了。其他的时候呢，不需要你做什么杂活粗活儿，为我照看那些珠宝首饰就行。容龄则可以选择有兴趣的事情做做即可，也不要太多动手。我把你们俩和四格格、元大奶奶四个人放在一处，一起在宫中服侍我吧。你们也不必对她们俩过于生疏客气，她们若是不待见你们，就对我说。"

这么短时间内能受到如此待遇，我心里非常高兴。当然，我不能过于表露欣喜之情，并且按照情理，我应该谦让客套一番。我先对太后的恩典表达了十二分的谢意，然后表示，自己才疏学浅又涉世无多，若是不能胜任，恐怕辜负了老佛爷的一片慈爱之情、关怀之意，心里实在不能承受这样的结果。恳请老佛爷容我做一个普通的御前女官，我已然倍感荣幸，今后将更加勤修苦练不断学习尽心尽力，诚心一片只为服侍好老佛爷。

太后没等我说完，就赶紧笑着制止："好啦好啦，别再说这样的话了，你倒是很谦逊谨慎，由此看来，你当真是个聪明伶俐的人，一点也不妄自尊大，我没有看错你。看到你这样，我很高兴，你虽然在国外这么多年，还是保留了满族女子知书达理的良好品性，这样很好。"

太后很喜欢揶揄逗笑，她和我开玩笑说，要是发现我做得不够好，就会责罚我，还会另外找人取代我。她既然都已经这样说了，我就不再拒绝，坦然接受了她的恩典。

3

随后,我走到太后房间的窗前,认真观察该如何收拾整理。作为我今后的职责之一,我发现这项工作其实很简单。首先,每天早上等太后起床之后,太监会把她的被褥拿到庭院里晾晒。然后,用小刷子把精美的雕花木床清理干净,垫上一层毛毡,铺上三层厚厚的黄色绸缎垫子,再铺上几条熟丝制作的、不同颜色的床单,上面都绣着精美的金龙和蓝色的云彩图案。

太后还有很多的枕头,都以精美绝伦的刺绣作装饰,日间夜间都摆放在床上。有一只很特别的枕头,里面装满了茶叶。这只特殊的枕头是太后平日里常用的,据说枕着茶叶枕头睡觉,有明目醒脑的效用。

除了这些之外,太后还有一只形状很独特的枕头,里面填满了各类干花,大约有十二英寸长,中间有一个三英寸见方的小洞。枕着这个枕头睡觉,耳朵贴在小洞处,能够敏感地听到任何细小的声音。我估计有了这只枕头,无论是谁如何悄无声息地走近太后,依然会为她所察觉。

最后,在绣花床单上面,叠放着六条颜色各异的被子,有淡紫色、淡蓝色、粉红色、绿色和紫罗兰色。在太后床的顶部,设置着雕刻了精美花纹的木制框架,悬挂着精美的绣花白绡罗帐,还悬挂着很多小小的香囊,均以薄丝制就,填满了名贵的香料,浓烈的香气在床上和周围缭绕回环,异常强烈,一般人可能会因为不适应而被熏得头晕目眩。太后不但很适应,而且尤其喜欢浓烈奇异的麝香,在很多地方都用到它。

我们花了十五分钟左右的时间,收拾好了太后的床。我回转身,看到一位太监正在全神贯注地为太后梳头,于是马上垂首缄口,安安静静地站在旁边观看。

太后年纪大了,却有着与年龄反差很大的头发,乌黑柔软,如黑色的天鹅绒一般质感分明。太后的头发被从额头正中间分开,低低地拢在耳后,再绕上头顶盘出一个紧紧的发髻,最后梳成一种名为"大滚簪"的纯正满族发式,以很长的两枚簪子别住定型。

太后的习惯是先梳头后洗脸,在梳妆方面,她像个年轻女孩一样挑剔和不容易满足,若是太监不能让她满意,她会毫不犹豫地换掉他。她备了很多很多散发着浓郁香气的瓶子和香皂。洗完脸之后,她用柔软的毛巾轻轻擦干面部,再轻轻喷上一点儿蜂蜜和花瓣混合制作而成的花露水,又扑上粉红色的浓香粉饼。

结束了复杂漫长的梳妆过程,太后转身对我说道:"我知道,你看到我这样一把年纪的人,还有心思花费这么长的时间和精力来梳妆打扮,一定觉得很有意思。不过我也承认,我实在是很喜欢打扮自己,我也很喜欢看到姑娘们把自己打扮得大方得体花枝招展的。每次看见小姑娘们打扮得漂漂亮亮,我心中总是欢喜不尽,感觉好像是自己又回到了年轻时代一样。"

我奉承太后说,老佛爷看上去依然年轻美丽气质端方雍容华贵,就算是我们这些姑娘,也仅仅有幸一窥凤颜,却难以望其项背,更不敢存有攀比之心。太后听了之后很是高兴,可苦了我这个第一女官,我不得不大费心思地观察太后的爱憎好恶,每时每刻留心她喜欢什么不喜欢什么。

接下来,太后带我到了另一个房间,给我看她收藏和喜爱的那些珠宝首饰。房间的三面墙上都是从地面直到屋顶的木架子,放置着成堆的乌檀木盒子,每个盒子里都装着珠宝首饰。盒子上都贴上了小小的黄色纸条,注明了里面珠宝首饰的名称。

太后指着右边木架子上的首饰盒,对我说道:"这里是我最为心爱的首饰,是每天都要佩戴的,你要记得时常检查核对,万万不可丢失或者损坏。其余的那些是我在特殊场合佩戴的首饰。这个屋子里面,大约有三千盒首饰。还有一些珠宝首饰,我妥善保存在别的房间,等我空闲的时间带你去看看。"她想了想又说:"挺可惜的,你不会读写汉字,不然的话,我可以直接着人给你开一张清单,你可以按照清单来一一检查盘点。"

听了她的这些话我大为讶异,实在搞不清楚到底是谁告诉她我不会汉文的。我很想弄清楚这一点,但是又不能直接问太后,就变通了一下,告诉太后说,虽然我没有多少学问,不过也学习过一段时间汉字,若是太后能让人给我开个清单,我可以尝试着读读看。

太后说道:"那真是太有趣了,我想不起来是哪个人了,在你第一天进宫的时候,就告诉我说,你完全不能读写汉字。"太后边说边环顾房间。

通过她这样细微的动作,我判断太后是能够记得起谁这样说过的,只是不愿意告诉我而已。太后说:"要是下午有空儿,我和你一道核对清单。现在,你把第一排架子上的那五只首饰盒拿给我吧。"

我把指定的五只首饰盒拿到她房中,放在了桌子上。太后打开第一只盒子,里面装着一朵用珊瑚和翡翠制成的牡丹,样式生动独特,品相完美,花瓣微微抖动,宛若真的花瓣在风中舞动。牡丹那珊瑚的花瓣由极其纤细的铜丝连缀而成,片片叶子晶莹剔透,均以无瑕美玉制成。

清代宫廷饰品:银镀金嵌珠簪子

太后把这朵牡丹花插在右侧的头发里,顺手又打开另一只首饰盒,取出一支以相同工艺手法制作而成的玉蝴蝶。我后来得知,这种巧妙的制作方法是太后自己的创意发明,具体操作方法是这样的,先根据造型需要，将翡翠玉石雕刻成花瓣的形状，尾端钻出细细的小孔，以细铜丝连缀成完整的花朵，当真是神思妙想，巧夺天工，难得太后能够琢磨得出来，足见其心思细密。

另外两只盒子里，装着不同造型和花纹的手镯与戒指：一对镶着珍珠的金手镯；另一对手镯以美玉作为装点，末端垂吊着金手链串住的玉石。其余的盒子里装满了各种各样的珍珠项链，华贵珍奇，美轮美奂，我一眼看上去就再也舍不得移开目光，真是喜爱得不得了。

太后拿出其中梅花状的一条链子，造型也是相当别致，分别是每五颗小珍珠围着一颗大珍珠串绕成一朵梅花，如此等等，很多条这样的珍珠梅花汇集，集中起来串成一条长长的项链。太后把这串梅花链挂在外衣的纽扣上。

这当儿，一位御前女官拿来几件宫袍请太后挑选。太后看了一看说道，这几件都不合适，再去多拿些来。在我看来，那些宫袍都非常漂亮，颜色鲜亮脱俗，刺绣精巧别致，太后却完全没有看在眼里。

转眼之间，那位女官又送来几件宫袍，太后选择了海绿色底子、绣着白鹤的那件。

太后穿上了那件宫袍，对着镜子前后左右照了一番，取下了头上的翡翠蝴蝶，对我说："你注意到了吧？我特别在意这些细节，比如说这个翡翠蝴蝶的绿色太深，又和袍子的底子顺色，会盖过袍子的颜色，影响整个儿的效果。你把这翡翠蝴蝶放回去，帮我把三十五号首饰盒的那只珍珠白鹤拿过来。"

我到了珠宝库房，很快地找到了三十五号盒子，拿过去呈给太后。太后打开盒子，取出一只镶满了珍珠的银质鹤，鹤的喙是以珊瑚雕刻而成。鹤身的珍珠镶嵌极密且错落有致，十分精巧，若不是离得很近仔细地查看，根本看不到它里面的纯银底子。这只首饰工艺精湛，生动华美，珍珠均颗粒圆整、光泽透明，完美无瑕。

太后戴上了这只珍珠银鹤，更衬托得她气质雍容高贵。她又在宫袍外面套上了一件中意的紫红色绣着鹤的短马甲。她拿的手帕和穿的鞋子上也同样都绣着鹳鸟。等到她穿戴整齐，从头到脚，看上去整个儿一个"鹳夫人"。

4

太后穿戴完毕之后，光绪皇帝也来到此间。他穿戴着宫廷正装，其朝服与大臣们的一模一样，唯一不同的是没有顶戴花翎。皇上走到太后面前跪下，毕恭毕敬地说道："皇阿玛（父亲）吉祥。"

皇上称太后为父亲，甚至错乱了性别，读者也许觉得想不通。事实上，在实际生活中，慈禧太后一直希望自己是个男人，她为此严格要求我们每一个人，制定了称呼标准，把她作为男性来称呼，大概是要在生活中给自己形成"身为威仪男性"的假象。亲爱的读者们会慢慢知道，这不过是慈禧太后很多怪异癖好中的一项而已。

我搞不清楚应不应该在这种场合向皇帝行礼，也没人告诉我该怎么去做。不过我想，多礼总比失礼好，尊重总胜于无礼。宫廷礼仪的讲究里，在太后面前，我们是不可以向别人行礼的，我只有默默等待着皇上或太后两人中有一人离开。

过了一会儿，光绪皇上走出去了，我看准时机，赶忙跟着他来到庭院，向他毕恭毕敬地行了大礼。正在我行礼的时候，太后走了出来，她用一种特别的目光看了我一眼，眼神里包含着不确定的意思，似乎对我的举动很不以为然，却出于某种考虑，欲言又止。这种隐而不表的意思让我感到非常不安，都说礼多人不怪，看来即使在最讲究礼数的清朝宫廷，多礼也未必见得就是好事。

等我自庭院返回屋子，只见一个小太监把几只黄色的匣子放在了左边的桌子上。慈禧太后端坐在那把被称为宝座的大椅子上面，等待着小太监的准备工作。小太监将匣子依次打开，从里面拿出一份一份的黄色封袋递送到太后手中。太后用象牙制成的裁纸刀裁开封袋，一份份取出里面的奏折，慢慢浏览内容。这些奏折都是各部各省上报言事的奏章。

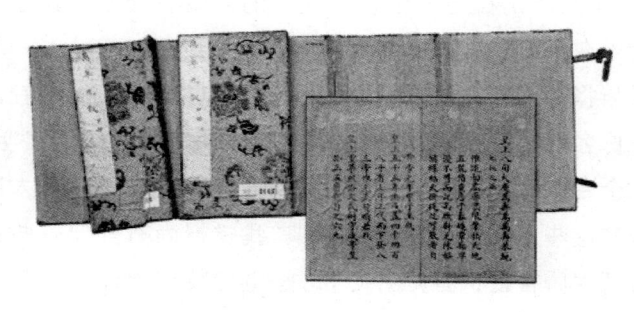

清宫奏折

　　光绪皇帝也再次回到屋子,站在桌子一边,依旧沉默不语。太后一一读完了那些奏章,再一一转手递给皇上。自始至终,我一言不发,屏气凝神站在太后的身后。没用多大工夫,皇上就把那些奏章读完了,读完之后,他把奏折又一一放回那些匣子。在整个览阅奏章的过程中,屋子里面除了各人的呼吸之外,安静得绣花针掉到地上都听得清。

　　这个时候,太监总管李莲英走了进来,跪在地上禀报说太后的轿子已经预备好了,请太后起身。太后马上站起身向外走去,我立即紧跟上前,扶着她的手一步一步走下台阶,登上了轿子。

　　皇上、皇后和御前女官一众人等,一个接着一个,按照各自的地位次序鱼贯而出。那些太监、嬷嬷和丫鬟们,也像我第一天进宫所见到的那样,各司其职,拿着种种东西碎足快步紧随其后。进入了皇宫大殿之后,我们这些女官们全都快速躲到了大屏风的背面,一连串的行动之后,早朝开始了。

　　我对早朝究竟是怎么回事充满了好奇,想趁此机会仔细观察一番,听听他们都在谈论些什么。可是围在一处的宫女们总在窃窃私语,不容我清静半刻。最后,我总算找到个机会,趁着她们七嘴八舌地和我妹妹说话的时候,我一个人悄无声息地溜到一个角落,单独坐下来,凝神倾听太后与众位大臣谈论的内容。

　　早朝刚刚开始的时候,大臣们也在互相耳语,各类声音语调混合在一起,我听不清楚他们都在说些什么。不过还好,我顺着屏风的缝隙看过去，看到了太后正在与一位将军模样的人谈着什么。我还注意到几位军机大臣在军机处首领庆亲王的带领下鱼贯而入。

　　太后与将军谈论完毕，转而和庆亲王商议官员任免事宜。庆亲王准备了一份名单，呈送给太后。太后从头至尾查看了一遍名字，从中挑选出了几个名字。庆亲王又推荐了其他的几个人，并建议太后："虽然被推上来的这些人受到了太后的恩典，我觉得尚有其他一些人更适合这些职位。"太后答道："好吧好吧，这些事情就交给你办理吧。"太后又问皇帝："皇上觉得这样可以么？"皇上回答："好。"

　　经过了这些内容，早朝就结束了。各部大臣和军机大臣们依次退下，我们这才都从屏风后面走出来，来到了太后面前。太后说今儿很想外面走走，呼吸呼吸新鲜空气。马上就有几个训练有素的小丫鬟取来了太后的镜子，放到桌子上。太后取下了她沉重的头饰，只留下简单普通的发髻。

　　太后想换几样珠花装饰，我打开一位太监随身带着的首饰匣，从里面拿出几朵高雅别致的珠花递给太后。太后从中选择了一支，插在发髻的一边，又挑了一支玉蜻蜓，插在发髻的另一边。她说自己很喜欢这几支独特的小小珠花，每次卸下沉重的头饰就会换上它们，轻便又美观。

　　此刻的我离太后如此之近，捧着太后卸下来的头饰，却有些不知所措了，不知该把它们放在哪儿，我并没有准备装首饰的盒子。谁又能够事先想到，太后还有早朝之后换头饰的习惯呢？我一时不免有些内心惶恐，也不清楚太后见到我这样手足无措，会怎样教训我。

　　幸运的是，此时一个小太监捧着太后的首饰匣子走了过来。我顿时长舒一口气，心里一块大石头落地，赶紧把手里的宝贝头饰放到匣子里面。

第七章 后宫琐事

1

第一天服侍太后,我不熟悉太后到底喜欢什么,喜欢我怎么样去做,有什么讲究,有多少忌讳,所以觉得费心费力。也没有谁主动告诉我这些经验,我只有依靠自己的细心,去贴近地观察,好歹搞清楚了一些状况。

我把那些换下的头饰放进珠宝匣子之后,再次陷入进退两难的境地,不知道是应该送回珠宝库房,还是等着太后的具体旨意。我看了看太后,她正在和我的母亲说着话儿,我等了一会儿,委实没有机会插话。于是,我干脆冒了一次险,自作主张地把匣子送回了珠宝房。

我往回走的时候,在庭院里遇见已经换了装的太后。此时的她换上了低跟儿的鞋子,人一下子显得矮了很多。太后刚换上的袍子以深蓝色绉丝制成,没有刺绣,只是装饰着桃红色的镶边,看上去依然很出众。

太后看到了我,问道:"你刚刚去了哪里?"我回答说去把老佛爷的首饰放回库房了。她说道:"我换下来的东西,就应该马上送回原处,不过我今天早上忘了告诉你这些了。是不是有谁告诉过你这些?"

我回答说,没有谁告诉过我这些事儿。我只是觉得,既然这些贵重的首饰太后用完了,太监们还要拿着四处走动,磕磕碰碰怕不太合适,还是小心地保存在珠宝房更为放心妥当。

她盯着我的脸看了片刻,说道:"我能够看得出,那些姑娘们什么都没有叮嘱你。很高兴,你能很好地处理这些事情,让我觉得像有人专门教过你一样。以后有什么不明白的,只管大胆过来问我好了,不要去和那些低劣的家伙们计较什么。"

我再次捕捉到了太后的细微反应,就在心里暗暗猜测,应该是有什么人猜忌我了。我暗下决心,以后凡事都要靠自己决定,以自己的方式去处理。我知道太后喜欢我,遇到异常事情,她肯定会帮助我摆脱困境的。

太后走了一小段路,笑着对我说道:"看看我,现在舒服很多了吧?我打算走上长长的一段路,到那个小山的顶上去。山顶上有一处好地方,我保证你肯定会喜欢的。来,我们一起走过去吧。"

皇上已经回到自己的宫中去了,太监总管也不知道去了哪里。我们一道走着,太后说说笑笑兴致很高,仿佛世界上根本不存在什么烦恼,更不存在什么国家大事日常琐事需要去处理。

颐和园长廊

通过这些小细节来看,我分析太后应该是豁达开朗的性格。太后回头看了一看,说道:"你看看吧,多少人跟着来了。"我回头望去,伺候太后早朝的那一大批人都跟了上来。

我们通过了西面的大庭院,走到了湖前面的一条大而长的游廊,蜿蜒曲折,精美华丽,长到一眼望不到头。这游廊首尾衔接,处处可见雕刻图案,设计理念独具匠心。

游廊顶上,每隔一段距离,就有一盏电灯从上面悬挂下来。

若是这些电灯在夜晚悉数亮起,与湖光山色交相辉映,那肯定是美不胜收的景观了。

慈禧太后走得很快,我们不得不加快脚步才能跟得上她的速度。太监和宫女们一顺溜儿地跟在右侧,仅有一位太监被准许紧跟我们身后。这位太监一直端着一把黄色绸缎包裹的凳子。这只凳子和太后的狗儿"水獭"一样,总是跟随太后左右。太后外出散步走累了的时候,会坐在凳子上休息一会儿。

我们走了很长的一段路,我已经感觉疲劳了,看看太后,她那么大的年纪了,竟完全没有显出疲劳之态,还是保持着快速前行的步伐。她边走边问起我,喜欢不喜欢居住在皇宫,和她待在一起开心不开心等问题。我回答她,能进入宫中服侍太后,这是我多年来的梦想,现在得到老佛爷的恩宠得以实现,我着实是欣喜若狂,实在是太满意了。

又过了一阵子,总算走到了石舫所在的那个地方,我真是累坏了,又不敢声张。慈禧太后真是我见过的最有活力的老年人了。换个角度想想也就不奇怪了,她能成功统治一个东方大国这么多年,足见其非凡能耐。

2

这座石舫华丽宏伟,精雕细琢,气势不凡。里面却大都损毁,与外面景象反差强烈。太后指了指石舫各处,对我们说道:"看看这些窗户上的彩色玻璃,还有那些好看的彩绘,在庚子年间,被那些强闯进来的洋鬼子强盗们毁坏殆尽。我早已决定不再修整这个地方,由它去吧,放在这里可以一直提醒咱们,万不可忘记洋人们给咱们上的耻辱的一课。"

我们在石舫前站了几分钟,太监端着那把"举世瞩目"的凳子到了跟前,伺候太后坐在上面休息。我们说话的时候,有两艘雕梁画栋的大船慢慢靠近了,后面还跟着几艘小船。船越来越近,我看到这些尾随的小船也无不精美耐看,仿佛天然木材雕刻的浮塔。这些轻盈的"浮塔"

颐和园清宴舫

上悬挂着红色的、镶着丝边的薄纱窗帘。

太后说道:"那些船来了,我们坐船到湖西面去用午膳吧。"说完站起身来,向湖边走去,两位太监一左一右,搀扶着她。太后登上了船,我们大家也跟随进入。

大船里面空间合理地安置了一些雕花的黑檀木家具,放着蓝色缎面靠垫。窗子两侧各摆放着一只花瓶,插满了美丽芬芳的鲜花。在这件起居室的后面,还有两个小客舱。

太后看出了我的好奇,就准许我到客舱里面参观一下。两个小舱其中一间做更衣室,洗漱梳妆用具一应俱全;另外一间放置了两张卧榻和几把小椅子,太后累了的时候可以用来休息。

太后坐在她的御座上,吩咐我们众人坐在船板上。已有太监在船板上铺好了红缎垫子。直接坐在地板上,对于身着中国服装的人是比较容易的,对我们几个穿着法式服装的人来说则不容易了。我坐在那里觉得特别不舒服,却又不敢说出来。

我很想换上轻便的满族服装,那样会舒服多了。可没有太后的恩准,我可不敢有这样的"非分之想",还是忍一忍为妙。太后注意到了我们难受的样子,便委婉地说道:"要是愿意的话,你们可以站起来,欣赏一下后面的这些小船。"

我把脑袋伸出窗外,看见皇后和一些女官在后面的小船上。她们向我打招呼,我也向她们挥手致意。太后看见了,笑着对我说:"我给你一只苹果,你扔给她们吧。"她说着,便从桌子中间的果盘里拿了一只苹果递给我。我拼尽全力抛出去,却没有落到那小船上,直接掉入了湖水中。太后笑着让我再试一次,结果还是没扔到地方。

太后拿起一只苹果抛了过去,苹果不偏不倚朝着另一只小船飞过去了,正好打中一位姑娘的脑袋。我们都畅快地笑了起来,我此刻感到非常开心。

除这几只船外,还有几只敞篷小船,一只载满了太监,一只载满了丫鬟、嬷嬷,其余的小船载着待用的午餐。

湖上景色很美,湖水在阳光下碧波荡漾水光粼粼。我忍不住对太后说,这湖水在阳光下的颜色,让我想起了大海。

1903年,慈禧太后在紫禁城西苑旁荷花湖的一条游船上,容龄和庆亲王的四格格陪侍

太后说道:"你游历过那么多的地方,还在想着大海。你以后不要再到国外去了,就呆在这里陪着我吧。我满心希望你能喜欢在这里的湖光山色中行舟,不要再去那波涛汹涌的大海了。"

我赶紧表示自己很喜欢服侍太后的生活方式。这些话是真心的,我真的很喜欢这里美丽的风景,晴朗的天气,明媚的阳光,还有太后的慈爱、温馨慈祥如母亲般的温婉话语。我真是越来越爱戴这位太后了,这种感情在与日俱增。我太喜欢这里的生活了，甚至已将巴黎的繁华胜景，都远远地抛在脑后了。

最后，我们驶到了湖的另一处地方，这里宛如溪流，非常狭窄，宽度仅容一条船通过。此处两岸遍植垂柳，风吹柔枝，光影斑驳，让我想起了自己读过的中国神话故事里的奇幻场景。

这时候，我看见丫鬟、嬷嬷和太监们捧着食盒在两岸走着。此刻只有两只船在继续行进，皇后的那只和我们所乘的这只。太后说道："再过片刻，我们就能到那边的山脚下了。"

3

我们靠近了湖岸，上面已经备好了一顶黄色轿子和几顶红色轿子。我们上了岸，走近那些轿子。太后坐进了她的轿子，我发现并不是早上使用的那一顶。这是一顶小一些的黄色轿子，两位太监抬着黄色的轿杠，挎着黄色的轿绳，轿子的四个角各有一位太监扶着以防摇晃。

太监抬起轿子的时候，慈禧太后说道："裕太太啊，今天呢，我特准你和你的女儿们乘上红轿。换做一般人，我可是不会这样对待的啊。"

皇后对我们示意了一下，我们立刻明白了，她是在暗示我们磕头谢恩，我们马上叩头感谢隆恩，并跪在那里直到太后登上轿子。

我们找到自己乘坐的轿子时，发现站立轿旁等候的太监，竟然是专门伺候我们的那几个。我还注意到，一顶轿子的杆上写着我的名字，我很惊讶，问起是怎么回事。太监告诉我说，太后昨天晚上就已经这么安排好了。

这样子登山真是很有趣，我看到太后的轿子走在最前面，皇后的轿子在后面紧跟着。从后面朝上望去，我觉得这种攀登方式很是危险，后面的轿夫必须将轿杆高高举过头顶，才能保持轿子的平衡，真是太让人紧张了。我觉得很害怕，心惊肉跳地想，要是他们一脚踏空，滚下山去，我们可就彻底完了。

我小声对走在轿子旁边的一位太监说，我们的生命可都掌握在轿夫手上，真害怕万一轿夫们摔倒，那可就麻烦了。这位太监让我朝后面看看，我看了一下，大吃一惊，原来抬着我们的轿夫竟然也正将轿杆高高举过头顶，而我却一点儿也没有感觉到，这真让人惊奇。

那太监让我放宽心，说轿夫们都是经过了专门训练，这样抬轿上山早已驾轻就熟，完全不会出现任何问题。听了他的话，我心里才稍稍平定了一些。其他女官们的轿子依次跟在后面缓缓上山。很多太监、丫鬟们步行紧随其后，也都小心在意，步步谨防我们滑下山去。

感觉真是经过了漫长的一段时间，我们终于抵达了山顶。我们搀扶着太后稳稳当当下了轿子，跟着她一起步入了一处亭子。我之前从未见过如此漂亮华美的建筑物。这座名为清富阁的亭子，在我看来，也算得上是整座颐和园内最"一览众山小"的顶峰之作。

清富阁只有两间房子，四面墙上各设窗户，像是一处观光台，到了此处的人可以毫无遮挡地俯瞰各处风景。那仅有的两间屋子里，大的一间是太后享用午膳的地方，小的一间是化妆室。我发现皇宫内，无论是哪里，只要是太后会到的地方，总会设有化妆室。

太后领着我们四处走动，饶有兴趣地指着那些散布各处的花花草草给大家看，还介绍着那些花草的名称和讲究。

一个小太监过来禀告，说太后的点心已经准备停当。这是我当班的第一天，按照规矩，我连忙走出去准备，看到在两只黄色的大盒子里面，装满了各式各样的点心和水果，与我前面提到过的一般无二。我每次端两盘摆放在太后面前的方桌上面，一共端了九趟。

太后还在和我母亲谈论着和花花草草有关的闲话儿。我注意到，太后一边聊天儿，一边在留意观察我的一举一动。我小心翼翼地把盘子放在桌子上面，根据对上次用餐过程的细心观察，我暗暗记住了太后喜欢吃的几种点心水果，这一次便有意识地将那几种放在靠近太后的地方。

看了半晌，太后笑了起来，对我说道："你做的很好啊，你是怎么知道这些是我爱吃的，知道放在离我近的地方？是谁指点过你的呢？"我回答太后说，从没有谁告诉过我这些，是我昨天服侍老祖宗用膳的时候留意到的。（注：这里有必要说明的是，之所以对着太后称呼老祖宗，是因为根据满族风俗习惯，对话的时候，为表尊重，应将上级、长辈或者父母的名字以第三人称的形式说出来，而非直称"你"、"我"。）

太后说道："看得出来，你是处处都很用心。（在中国，人们在描述"思考"的时候，以"心"来代替西方人话语中的"脑"。）不像我身边这些人，一个个像无头鸟一样。"

说毕，太后就快速地吃起了点心，还给了我一些蜜饯，并允许我在她的面前吃，不用回避。我当然没忘记马上谢恩，在我看来，礼多人不怪。太后告诉我："我再赏赐你小小东西的时候，你不必磕头了，只须说一句'谢老祖宗赏赐'，便可以了。"

过了一会儿，太后吃完了点心，吩咐我将盘子撤走。她说："今天轮到你当班，这些东西就都是你的了。你拿去到走廊里慢慢吃吧。我吃不完这些，剩下了这么多。你要是喜欢吃的话呢，可以让服侍你的太监为你送到住处去。"

我把小碟子放进了食盒，拿到走廊里，在桌子上摆放齐整，请皇后一起吃。我不清楚这样做是不是得当，但是我想自己并没有什么恶意，就试着邀请一下吧。皇后说好啊好啊，也吃了一些。

我刚刚拿起一块点心放进嘴里，就听到太后在叫着我的名字。我赶紧走了进去。太后正坐在餐桌边准备用午膳，她对我说道："昨天，那位勃兰康夫人还说了些别的什么话没有？她真的还满意么？在你看来，你觉得那些外国人真的是尊重我的么？其实我不那么想啊，我觉得可能正相反，他们根本忘不了光绪二十年的时候那场义和拳之乱。我不介意承认，当时我很好地遵守了祖上传承的规矩，做过的那些都是最好的处理方式。我想不出有什么必要采用那些洋人的方式，也想不出那样做会有什么益处。你有没有听到一些外国女人评论我是个凶神恶煞的老太婆？"

她在吃饭的时候端端地把我叫过来，竟然是问这些不相干的问题，我实在是很惊讶。太后看上去却是神情凝重,很显然,她正为这些突如其来的想法深深困扰着、纠结着。

我十分肯定地告诉太后,只听到过有人说她好,没有人说过她坏。外国人在我面前所说到的,都是太后多么的和蔼可亲,气质优雅等等。我的话让太后高兴了一些,她笑了一下说道:"当然了,他们在你面前,也只好这样说了。让你听到自己的主子是完美无缺的,你心里自然也会高兴。其实到底怎样,我心里何尝不通通透透。我本可以不用过多忧虑,可我实在不能容忍中国老是陷入如此贫弱的境地。虽然啊,身边的人都准备了一套好的说辞在宽慰我,说什么几乎所有的国家都对中国非常友善,我知道事实上未必如此。我希望我们能有一天强盛起来,不再受洋人那些窝囊气。"

说这些话的时候,太后神色严峻。我对这个话题没有心理准备,不知道该说些什么好,只有尽量去宽慰她说,国家强盛的那一天即将到来,我们都在热切期盼着呢。我想为她提出一些建议,但是看见她正忿忿不平的样子,只得欲言又止。我思忖,还是不要在这种场合提什么建议,还是另寻良机吧。

看到太后这个样子,我为她感到遗憾。如果可以的话,我愿意拿出世界上所有东西来支持她、帮助她,我可以告诉她普通民众对她的看法,让她了解真实情况,这些真实情况是没有任何人敢告诉她的。然而,某些不确定的情况昭示着我,现在必须保持沉默。太后和我说话的时候,我一直在想着建议的事情,最后终于得出了结论,那就是:现在还远远不是进谏的成熟时机,若强行建议,肯定会适得其反。

有了这样的交谈过程,我对太后的尊敬之心更加炽烈。我将会更加地谨小慎微,绝不冒犯太后,有朝一日实现我诚心进谏的愿望。我打算首先彻底地了解太后,进而尝试影响她推进中国的改革。

太后用膳的时候,我一直站着伺候。此时,太后站立起来,将她的餐巾递给了我(餐巾以一码见方的丝绸制成,编制得色彩缤纷)。餐巾的一个角儿略微小一些,镶嵌着一只金色蝴蝶,蝴蝶背后设置了一只挂钩，以便挂在太后的衣领上。太后说："你们一定都饿了。把皇后和其他人叫来用餐吧，这桌子上的东西你们随便吃，尽量多吃一些吧。"

我真的已经饿坏了。读者可以想象，我从早上五点直到现在，只吃过些许早餐，还走了这么多的路，忙碌了这么半天。太后在桌子旁坐下来用膳的时候，就已经是中午了。她独自享受了好一顿饕餮大餐，还吃得那样慢腾腾的，我站在那里和她谈话的时候，简直感觉她永远也吃不完这顿饭了。

慈禧太后游湖照

皇后站在桌子一头，其他人本应分别站立桌子两侧，但是我们都不想靠前站，便纷纷站立在桌子的另外一端。食物和我们昨天的大致相同。

太后在化妆室里洗好了手和脸，走了出来。她更换了一件袍子，朴素无华，却也别有一种韵味。这件袍子以粉红色和灰色的生丝编织而成，每当太后移动脚步，袍子上的色彩便不断变幻着。

太后走出来说道："我看看你们吃饭吧。为什么你们都站在桌子那一头呢？好菜都在这边的啊。都过来吧，挨在皇后旁边吃吧。"

我们都顺从地从桌子的一头走到了另一头。太后站在我的旁边，让我尝尝一碟熏鱼味道怎么样，那也正是她爱吃的一道菜。太后对我说:"好好吃,别客气,就像在自己家里一样。你要明白,在这一群人里面,你要做最好的,要出类拔萃。当然了,谁对你不公或者不好,你可以过来告诉我。"

太后说完便出去了,说是要出去走一走。我注意到有几位女官面露不悦之色,显然是对太后如此关照我而感到不平。我知道她们对我有些嫉妒,不过我一点儿也不在乎。

我们很快用完了午餐。因为对宫中规矩和环境依然生疏,我不知道应该怎么去做,这种时候要不要陪着太后同行,就只好跟着皇后。自从看出有些女官对我存有嫉妒之心,我便愈加事事小心,时时在意,防止自己做事出错,惹得她们笑话。我可不能给她们取笑我的机会。

我听到太后正在训斥照看花园的太监,责骂他们太过懒惰,没能及时剪去那些花木的冗枝。我们走近太后身边。她对我们说道:"你们看看,无论什么事情我都要亲自过问不可,如若不然,我的这些花木都要被毁掉了。这些奴才真是靠不住,真想不出他们能做好什么事情。他们本应见天四处走动细心观察,剪掉枯萎的枝条,收拾好落叶。我看他们真是几天不受罚,心里不舒服,等不迭地要挨板子了。"她笑着又说,"他们想着挨板子,我可不能让他们失望啊。"

我思忖着,这些人难道是傻瓜不成,巴巴地无事生非,想着挨板子?只是不知道谁来执行处罚呢?太后对我说道:"你见过那种处罚场面没有?"我回答说亲眼看过的,那是在我年纪很小的时候,在沙市看见过犯人在衙门里挨板子。太后说:"那可不算什么,那些囚犯还没有我们这儿的太监一半坏呢。这些太监们犯了错,理所当然应受到更重的惩罚。"

4

太后觉得我应该学学掷骰子,她总是凑不到足够的人来玩这个游戏。我们回到了她前面用午膳的那个房间。房间里有一只大方桌子,还有一把太后的御座,都朝着南面。南是太后最为得意的方位。太后坐在御座上,对我说道:"让我来教你怎么玩这个游戏。以你的汉语水平,能够看懂这张地图么?"

我看到桌子上放着一张与桌面等大的地图,绘制得色彩缤纷。地图中央写着游戏的玩法说明。说明是这样讲的:这个游戏的名字叫做"八仙过海"。所谓的"八仙",指的是中国古老传说中的几位神仙,分别是吕洞宾、张果老、铁拐李、韩湘子、蓝采和、曹国舅和汉钟离七位男仙,还有何仙姑,唯一的一位女仙。

这张地图正是中华帝国全图,标明了不同省份的名称。这里有八片圆形象牙牌,长约一英寸半,厚约四分之一英寸。每片象牙牌上面都刻着一位神仙的名字。这种游戏可以八个人玩,也可以四个人玩——八个人玩的时候,每人一片象牙牌,四个人玩就每人两片。

地图的中间摆放着一只瓷碗,每个游戏参与者往碗里掷六颗骰子,然后比较点数多少。举个例子来说,有四个人参与游戏的话,其中一个人往瓷碗里掷出六颗骰子,然后计算骰子总的点数。他可能得到的最大点数之和是三十六点,若能掷出这个最大点数,牌子上所注明的神仙便可以去杭州城欣赏美丽的风光。若是代表吕洞宾的人掷出了三十六点,便把吕洞宾的象牙牌放在地图上的杭州那里。同样的道理,若是四个人玩,这个人就再为自己手中的另一位神仙掷一次骰子,同样的道理,若是八个人玩,则只为一位神仙掷点数即可。

不同的骰子点数代表地图上不同的省份,点数的等级依次如下:六颗骰子点数全相同,六颗中有一对至三对点数相同,最小的是双数的一二三点。若是哪位神仙不走运,碰到了双数的一二三点,就不得不出局了。总而言之,第一个游遍全国回到皇宫的"神仙",便是最后的赢家。

我把地图上的说明文字一句一句读给太后听,太后似乎非常高兴,她说:"真想不到你竟然能读得这样流畅。这个游戏是我自己的发明。我很费神地教过三位女官学过这个游戏,从教会她们认识这些汉字开始。她们学了太长时间,没等她们学会,我就完全失去了耐心。我想,你现在应该知道怎么玩了吧。"听太后说出女官们竟然这般无知,我真是万分惊讶。我本以为她们都是很有学问的,以至于我不敢在她们面前班门弄斧,随便显示我的中国文化知识。

随后,我们开始玩这个游戏。太后的运气相当不错,她手中的两位神仙总是遥居我们之前。一位女官对我说道:"你将会惊奇地看到,老祖宗总是赢家。"

太后听了,忍不住笑着对我说:"你追不上我的神仙的。你是第一次玩这个游戏,只要你的任何一个神仙赢过我的任何一个,我就赏赐你一个好礼物,速速朝前赶吧。"

我想我是赢不了她了,她的神仙把我的远远撇在身后。她告诉我说,可以把想要的点数喊出来,我喊了,可是每每事与愿违,掷出来的点数总是相差很远。太后被逗得哈哈大笑。

我不清楚这游戏玩了多长时间。我们计算了一下,排在第二的是我的一个神仙。太后对我说:"我早知道你赢不了我,也没有谁能赢得了我。看在你仅次于我的份儿上,我还是要赏赐礼物给你。"

这么说着,她命一位丫鬟去拿几条她的绣花手帕来。丫鬟拿来了几条彩色的手帕,太后问我喜欢什么颜色的。她递给我一条粉红色的和一条浅蓝色的手帕,上面都绣着紫色藤萝。太后说道:"这两条最好,你拿着吧。"我想跪下谢恩,却发现自己的膝盖动弹不得了。我费了半天劲,才勉强跪下去。

太后笑了起来,对我说:"你看你还不习惯站立这么久,腿都僵硬得不能打弯儿了。"尽管我的腿很疼,我想还是不要表露出来为好,于是我告诉太后说,我的膝盖没什么,只是有些僵硬。太后说道:"你到走廊去坐下歇一歇吧。"

我实在太高兴了,赶忙到了走廊里,见到皇后和几位女官正坐在那里。皇后说道:"你站了这么长时间,一定很累了,坐到我这里来歇一歇吧。"我腿疼腰酸,背部发紧。太后坐在自己舒适的御座里,哪里体会得到我们久站之人的痛苦。

5

在皇宫之内还要身着洋服,真是个大问题,总有诸多不便。我盼着太后能让我们换上自己的满族服装。太后每天都要问我不少和洋装有关的问题,她说:"洋装真的不如咱们自己的服装好,要我说的话,那样子紧紧地束住腰身,肯定很不好受。"她虽然那样说,却总也不让我们换去洋装,实在没有办法可想,又不敢言声,我们也只好耐心地等待她的指令了。

皇后从口袋里掏出表来,看了看,说道:"游戏玩了两个多钟头了。"我和她说,我觉得好像时间还要更长一些。正说着,有四位太监用扁担挑来了四只薄木板做成的大圆盒子,放在我们的座位旁边。

一位太监递了一杯茶给我。等我的母亲和妹妹来了,这位太监也分别给她们上了一杯茶。那几位和我们交谈的女官却没有这样的待遇。我看到走廊的那一头也摆放了两只同样的大圆盒子。一个高个子的太监在那里泡茶,泡好后以银质茶托杯盖的黄色瓷杯斟了,端给皇后。同样的,其他女官都没有。

我感到有些不理解,这个时候,坐在旁边的一位女官问我:"你介不介意让王公公(我们的太监头儿)把你们的茶分给我一杯呢?这样我就不用巴巴地跑到长廊那头的小屋子里去拿了。"我惊讶地看了她一眼,我根本还不知道那些都是我们的茶呢。我转而想到,不如就让王公公给她一杯,至于里面的道道儿嘛,留待以后慢慢了解。我宁可把自己的所有都让给别人,也不能在这种情况下显示自己的无知。

我们正说着话儿,太后出来了。我坐的地方正好面对着她的房门,因此第一个看到她。没等太后走近长廊,我便站起身,告诉皇后说,太后出来了。太后对大家说道:"这阵儿差不多三点钟了,我想去歇一歇了,咱们离开这儿吧。"我们马上站成一列,伺候着太后坐上了自己的轿子。随后,我们各自也坐进了自己的轿子。

这一次,轿子的速度要快得多了。在进入太后的院子之前,我们就纷纷下轿,走近太后的轿子,站成一列,伺候太后下轿。太后进了自己的卧室,我们也都跟了进去。

一位太监端着一杯开水,另一位太监端着一碗糖,一起走进来。太后用她的金匙,舀了两匙糖放到开水里面,慢慢搅动,优雅地喝下去,她说:"你们知道么,睡前吃一杯糖茶,可以安神定心,有助安眠。我经常这样做,发现效果真的是很不错。"

太后取下了头上的珠花,我马上接过来,小心翼翼地装进匣子,送回了珠宝房。我从珠宝房回来,看见太后已经上了床。她对我们说:"你们都歇着去吧,这里不用你们了。"

第八章　宫廷女官

1

我们得令,都退出了太后的房间。我注意到有两位女官没有一同出来。一位女官对我说:"真是太高兴了,我今天终于能歇一阵子了。我已经在这里连续坐了三个下午了。"我起初没有明白她说的究竟什么意思。只听她又说道:"哦,你轮值的日子还没有到,不知道你有没有接到指令呢。你该知道,每当太后午休的时候,咱们中要有两个人留下来陪着她,并监督那些太监和丫鬟们。"我想这真是我听过的最有趣的事情了,真想知道到底有多少人陪侍在太后的房间里。

皇后说道:"我们还是赶紧抓住机会歇一阵子吧,太后若是醒了,我们就没有这个机会了。"确实如此,我还真说不清楚太后会睡多长时间。

我们便各回房间休息。等在房间里坐定了,我才真正体会到自己强烈的疲惫感。我真的很累,筋疲力尽困乏难耐。我以前真的极少像现在这个样子,早上五点钟便起身,忙忙碌碌一天没有停歇。

这里的一切对我来说都是新奇的。我坐在那里,开始神思心绪游荡巴黎了。多么具有戏剧性的事情啊,在巴黎的时候,我经常是尽情享受夜晚舞会时光,玩到早上五点钟才上床休息。在这里,我却是在这个时间起床。这里的环境对我来说,满是新奇与陌生。

我看着太监们来来回回地忙碌着服侍我们,像一群女仆一般。我对他们说,这里不需要他们了。我希望他们能够暂时退下去,让我躺下来休息片刻。可他们还是在送茶或是送来各式点心，并殷勤地问我还有没有其他需要。

我正准备换一件舒适的衣服，一位太监走进来禀告说："有客来访。"两位女官和一位十六七岁的姑娘一起走了进来。我初进宫的那个早上见过这个姑娘一面，当时正在忙碌，也没有人向我介绍她的身份。

两位女官说道："我们来看看你，过的是不是安适。"我想她们这么做很有体贴之意，但是她们的相貌实在让我不敢恭维。她们将那位相貌丑陋的姑娘介绍给我，说她的名字叫做长寿。女孩儿长得瘦小单薄，容颜倦怠，面色黯沉，真看不出有多么长寿的迹象和潜质。我不知道她到底是谁。女孩儿对我行了礼，我还了半礼（对着太后、皇上和皇后行礼，我们需要跪在地上；而面对比我们等级低的人，我们只需要在其行礼的时候，笔直站立，等待她行礼完毕，再微弯膝盖还礼，这就是我对长寿的还礼方式。）。

两位女官接着说道："长寿的父亲是宫中的小官儿，所以长寿在宫中也没有什么身份，既算不得御前女官，也算不得丫鬟。"听到她们这么有趣的介绍，我几乎要笑出声来，那么，这位长寿究竟属于什么身份呢。那天早晨，我见到这姑娘和几位女官坐在一处，于是，我也就请她坐下了。

这两位女官询问我觉不觉得很累，喜欢不喜欢太后。我回答她们说，太后是我见过的人里面，最和善不过的了，虽然我进入宫中的时候很短，但是我已经在内心里深深地尊崇太后了。

她们看了一眼长寿，相视而笑，笑得意味深长。看她们笑得那样怪怪的，我心中很是恼火。她们问我："你喜欢住在宫里么？准备留在这里多长时间呢？"我对她们说，在这么短的时间内，太后已然对我这样关照，我准备在宫里久住，竭尽所能服侍好太后，尽绵薄之力，以期为太后有些助益。此外，为君王和国家尽忠尽职，也是我辈的本分。

她们笑着说道："我们真是同情你啊，为你感到遗憾。在这个地方，无论你怎样的辛勤劳苦，也得不到任何承认和赏识的。要是你按照方才所说去做的话,你将受到众人菲薄。"

我都不知道她们在说些什么,或者是有意隐晦地暗示些什么意思。我觉得她们说得怪里怪气,就想赶紧结束这个话题。这样想着,我立即转变话题内容,化被动为主动,问起她们的头发谁梳的,鞋子谁做的等等。她们回答说这些事情都是丫鬟们做的。

长寿开口对两位女官说道:"把宫里的那些事儿都告诉她吧,相信她听了之后,会彻底改变想法的。"我实在是不喜欢这个长寿姑娘,尤其对她的长相没有丝毫好印象:个子矮小,身体单薄,头小如拳,牙尖唇薄。她笑的时候,当真是皮笑肉不笑,只闻难听的声音,看不到脸上有任何表情。

我只想和她们扯一些闲篇儿,让她们没有机会传播流言蜚语,搬弄是非。她们却都很是狡猾,发现我在想尽办法牵引她们的话头儿,就干脆说道:"让我们把一切事情都告诉你吧,不过是天知地知你知我知,万不可泄露出去为好。我们都很喜欢你,才想给你一些忠告,帮助你在陷入麻烦的时候,能够自我保护。"我告诉她们,我做事一向时时小心处处谨慎,不会惹上什么麻烦的。

她们再次笑了起来,说道:"那也没什么两样的,太后吹毛求疵,总是能从鸡蛋里面挑出骨头的。"我并不相信她们所说的这些闲话,想要拒绝她们所谓的忠告。不过我转念一想,姑且听听她们到底要说些什么。我不想和别人有什么过节,没有必要因为这些开罪她们,使得大家都尴尬。

这么想着,我对她们说道,像老佛爷这样和蔼可亲、善良宽厚的人,怎么可能去计较我们这些势单力孤的无助姑娘的错儿呢。何况,我们本就是她的人,她要怎样对待我们都是天经地义的啊。

她们说:"你不知道啊,你不清楚这里是多么邪恶的地方,这里的痛苦与折磨是难以想象的。可以肯定的一点是,你现在肯定觉得在太后身边服侍是很幸福的事情,身为御前女官是无比荣耀的。你现在初来乍到,太后对你还不熟悉,对你还有些新奇感,不会怎样难为你,其实,你的苦日子还远没有到来呢。不能否认,太后现在对你很仁慈和善,但是等她对你厌烦了,看她将怎么对待你。"

"我们深谙宫廷生活,早已受够了这里的一切。你肯定也有耳闻,太监总管李莲英狐假虎威,借着太后的威权统治这个宫廷,我们无不畏之如狼似虎。他平日里佯作一副无法左右老祖宗的样子,可谁又不知道呢?怎么样处置一个人,都是李总管和太后一起斟酌的结果啊。所以,倘若我们中有谁犯下了过错,便常常去恳求他解救。李总管总是说自己没有办法说服太后,不敢多说,唯恐言多必失,反受太后责罚。"

"我们都恨透了这帮可恶的太监。大家都看得清清楚楚明明白白,他们现在对你恭恭敬敬,尊重之情溢于言表,唯恐你看不出来。只是因为他们看到你现在很受宠。我们却时常要受到他们蛮横无理的对待,实在是无法忍受啊。"

"老祖宗总是喜怒无常情绪不定,她今天宠着谁,明天可能就弃之如敝履,厌之如荼毒。她心绪不定,恩怨不明。说到李莲英,连我们的皇后主子,都得让他三分,对他恭恭敬敬,礼貌有加。我们更是小心翼翼地对待他了。"

她们叽叽咕咕滔滔不绝讲个没完没了。这个时候,王公公走进来给我们斟了茶。忽然,我听见远处人声纷乱,便问王公公发生了什么事情。女官和长寿也暂停絮叨,留神倾听。一位太监飞奔而来,对我们说道:"老佛爷醒啦!"面前的几位女子马上起身,说着要去伺候太后,快速地离去了。

她们的到来让我感到不快活,真希望她们从没有在我面前出现过,更没有说过那些可怕的话为好。她们说了那么多太后的坏话,让我很是烦闷不悦。我第一天到宫中,便爱上了太后,哪里听得下这些话?我要忘记刚才听到的纷乱话语。

我来不及换衣服,便马上赶到太后房里。太后正在炕上盘腿而坐,面前放着一个小桌子。见我进门,太后笑着问道:"歇息得还好吧?睡着了么?"我回答说自己不困,也没有午睡的习惯。

太后说:"等你到了我这把年纪,你就想睡便能睡着了。现在么,你还年轻,贪玩爱闹。看你一副疲倦的样子,好像到山顶采花,或者长途跋涉过的样子。"我只好支支吾吾地回答道:"是的。"

那两位刚刚还在我面前信口雌黄、说了很多太后坏话的宫女走了进来,忙前忙后地为太后递上洗漱梳妆用品。我看了她们一眼,想到刚才说了那么多太后的不堪之语,现在又如此这般来当面献殷勤,真能做得出来,我都为她们感到羞愧。

2

太后洗了脸,梳了头,一位宫女送来鲜花,有茉莉花和玫瑰花等。太后选了几枝戴在了头上,对我说道:"相比较那些翡翠珍珠,我还是更喜欢鲜花。我很爱看那些自己精心浇灌的花儿慢慢成长。自你来了之后,我总是忙碌,也没有时间去看看我的那些花草。你去告诉他们速速准备晚膳,等会我要去散步。"

我快步走出房间,把太后的命令传达给太监们。一般来讲,正式用膳之前,我们应该先准备一些精美可口的小点心给太后。

此时太后已经穿着停当,坐在大厅里面玩纸牌。太监们照例摆好了桌子,备好了饭菜。太后放下纸牌,开始用膳。她问我:"你喜欢这样的生活方式么?"我回答说,我太喜欢陪着太后了。太后又说:"我经常听人说起巴黎,那里究竟是怎样美丽的地方?你们很享受那里的生活么?现在还有回去的想法么?你们离开家乡三四年,身居异国他乡,一定过得很艰辛。在你们父亲任期届满的时候,接到了宫中的回国旨意,心里应该很高兴吧。"我除了回答"是的",还能说些什么呢?总不能把真实的感受——那种离开巴黎时的难过落寞——通通告诉她吧。

太后又说:"咱们中国什么东西都应有尽有,不过是生活方式上与外国存在些差别罢了。那种'跳舞'是怎么样的呢?我听人说过,两个人手拉着手满屋子转来转去跳来跳去。若真是如此,我觉得可没有什么意思啊。你们曾经和男人一起跳过舞么?他们和我说过,有些白发苍苍的老太婆也会跳舞,真的是那样么?"

我就向她介绍了什么是总统舞会、私人舞会、假面舞会等等。"我可不喜欢那种什么假面舞会",太后说道,"都戴着面具,你根本不知道自己的舞伴是谁啊。"我向她解释说,主办方在发送请帖的时候,总是非常小心谨慎的,那些表现不佳举止粗俗的人是无法进入上层社会圈的。太后说:"我倒是想见识一下舞蹈是怎么个跳法,你能为我表演一小段么?"

我就去找妹妹,她正在和皇后聊得热火朝天。我对她说太后想看看跳舞,我们去表演一下吧。皇后和女官们听到这话,也都表示想欣赏一下。

妹妹说曾在太后的卧室里看到一个大留声机,说不定能找到合适的音乐呢。我觉得这个想法很妙,马上禀告太后。太后说:"哦?你们一定要跟着音乐跳么?"我们差点笑了出来,就告诉她说,有音乐伴奏的话,我们能更好地找到节奏,也能跳出更好的效果。太后命太监将留声机搬到了大厅里,并说:"我用晚膳的时候,你们就跳给我看吧。"

我们翻找出了很多唱片,发现几乎都是中国传统音乐,好不容易才找到了一支华尔兹唱片。播放起音乐,我们开始跳了起来。周围很多人都在看着我们跳舞,我想他们肯定觉得我们发疯了,在屋子里无休无止地转来转去。

我们跳完了舞,看到太后正对着我们笑。她说道:"我是不能这个样子了。你们这样子一圈儿一圈儿地旋转着,会不会头晕目眩?我猜你们的腿一定很累吧。跳得倒是挺不错的,正像中国几百年前的姑娘们跳的那样。我知道跳这种舞蹈确实是很难的,要保持优雅美观的姿态。我总还是觉得女子和男人一起跳舞,到底是不合适的。我看不得男人揽着女孩儿的腰,我还是喜欢女孩儿在一起跳。在中国,可是很讲究男女授受不亲的。洋人可能在这个上面毫不在意,这足以说明他们比咱们开放。我听说外国人都不尊重自己的生身父母,可以打父母,还可以将他们赶出家门,这些都是真的么?"我解释说事实不是这个样子的,传达这个信息的人,对外国人的看法有失偏颇。

太后说道:"这下我大概知道了,可能是外国的普通人里面,偶有这样的情况发生,有些人看到了听说了,就形成了错误的观念,以偏概全,认为外国人都是那个样子对待父母。依我看来,中国的普通百姓中,这样的事情也是有的。"听了太后说的这些,我很想知道,到底是谁在她面前编造出了这么荒谬无稽的谎言,还能让她信以为真。

3

我们吃罢了晚饭,已经五点半了。太后说想在长廊走走。我们便跟着她一道散步。太后把那些花花草草指给我们看,说是她亲自栽培的。太后无论走到何处,必有随从陪侍前呼后拥,与上早朝的时候一样的规模。

经过了大约一刻钟的样子,我们走完了长廊。太后令太监将凳子搬进其中的一间凉亭。凉亭是竹子搭成的,里面的家具陈设也都是以各种形式的竹子制成。

太后在凉亭内坐了下来,有太监奉上了茶水和金银花。太后吩咐也给我们奉上茶来。她说道:"这样子,便是我简单满足的消闲方式了。我偏爱乡下的风景。这里还有很多好的风景,我会慢慢地让你们领略到的。可以肯定的是,你们看过了这里的风景,会对外国的风景有所改变,不会再迷恋那里了。没有哪个国家的景色能和中国相比。很多王宫大臣

裕德龄扶着慈禧太后走下牡丹山回宫

们从国外归来,和我说起外国的风景,无非是粗鄙难看的山和树之类。真的是这个样子么?"我迅速推断出,一定是有人为了取悦太后,故意抑人而扬己。我告诉太后说,我到过很多国家,也欣赏过很多和中国截然不同的美丽风景。

我们谈着谈着,太后觉得有些凉意,便问我:"你们冷不冷?看看你们都有自己的太监,却都在旁边傻站着,不知所谓。以后再出来的时候,要吩咐他们带上你们的衣裳备用。你们穿的洋装肯定不会舒服,不是太暖便是太冷吧。还有,把腰部束缚得那样紧绷绷,真不晓得你们怎么吃得下饭。"

太后起身向自己的宫中踱去,我们都紧紧跟随。到了地方,太后坐在大厅的御座里,玩起了单人纸牌。我们见状纷纷退出来,悄声走到走廊里歇息。

皇后对我说道:"你们觉得很累吧?我猜你们肯定不习惯这个样子,一整天来回忙碌不停,没有片刻休息。你们最好还是早点换上满族服饰,还会舒服一些,举手投足也轻便宽松。你看看你们的长裙子,走起路来,还要时刻用手提起,真是太过麻烦。"

我对她说,我当然很想换了衣服,但是没有太后的旨意,我也不敢擅自更换。皇后说道:"不用费心啊,你不要总在意这个事情。应该过不了多长时间,太后就会吩咐你们换装的。她现在让你们身着巴黎服装,不过是想了解外国女子在不同的场合如何着装而已。她原来只看过一些前来参加游园会的外国女子身上穿的羊毛衫。我们也都以为外国女子远不及我们国家的女子这般奢华,直到前不久会见了勃兰康夫人,这样的想法才有所改变。"

"你还记得太后是怎么和你说的么?她当时说,勃兰康夫人和她见过的女人很不一样,连穿着的衣服都完全不同。当时勃兰康夫人穿着的是一件雪纺连衣裙,装饰着精美的手绘花纹,太后特别的喜欢。"

我们正说着,电灯一下子都亮起来了。我们进了屋子,看看太后有没有什么需要。太后说:"睡觉之前,我们再玩一会儿骰子吧。"我们又玩起了昨天下午玩过的"八仙过海"周游全国的游戏。

我们玩了一个钟头左右,最终还是太后赢了。太后和我说:"你为什么就不能赢一次呢?"我知道她是在开玩笑而已,便说自己的运气不好。她便笑着说道:"明天再来比比看,你把袜子反着穿,博个好彩头。"我为了让她高兴,便答应一定试试看。

我进宫这短短的几天时间,一直在暗暗留心揣摩太后的喜好。我慢慢发现,最能令太后高兴的,莫过于对她事事顺从了。

太后说自己觉得累了,令我们去拿牛奶来。她对我说道:"我想你每晚在我上床之前,到隔壁房间去,在菩萨面前烧香叩头。我希望你不是基督徒,不然的话,你在我心里,就不是完全属于我的人了。现在告诉我,你不是基督徒吧?"

这个问题真是大大出乎我意料之外,这是个很难回答的问题。我不得不本能地自我保护,告诉太后说我和基督教没有任何关系。这样子哄骗太后,我心里有些愧疚,但是这又是没有办法的办法,除此之外别无选择。我还明白,在这种情境下,我必须马上回答她,不能含糊其辞、支支吾吾,否则会被她怀疑。

我极力掩饰慌张情绪,表面若无其事,内心却是波澜起伏。对于欺骗太后这种做法,我深感羞愧。我最早接受的教育便是,不能撒谎,要诚实待人,无愧于心。可这一次呢?当真是没有办法啊。

太后听到我不是基督徒,笑着说:"你值得我称赞,尽管和外国人交往了这么多年,你还是没有接受他们的宗教信仰。恰恰相反,你保持了咱们自己的信仰。继续好好保持吧。我现在很高兴,我曾以为你肯定信仰了外国的神呢。我原以为尽管你不想信仰,洋人还是会想方设法让你信的。嗯,好了,我要睡了。"

我们伺候太后脱了衣服。我像往常一样,收好她摘下的珠宝首饰。她睡觉的时候,还戴着一对玉手镯。太后换好了睡衣,躺进了丝绸被子,吩咐我们:"没事了,你们去吧。"我们向她施了礼,退出了卧室。

大厅外面有六位守夜的太监,站立在冰冷的石头地面,他们将整夜无眠。太后的卧室里面，还有两位太监、两个丫鬟、两个嬷嬷，有的时候，还有两位女官。这些人也同样是整夜不能睡觉。两个丫鬟专司为太后捶腿，嬷嬷看管着丫鬟，太监看管着嬷嬷，女官看管着所有的人，防止他们懈怠或是行为不当。

所有夜值的人都是轮流换班，有时候轮到不可靠的太监，就必须安排两位女官整夜坐在那里监视着。太后最信任的人便是女官。

我向一位守夜的太监打听那些留守的人究竟都做些什么，他告诉了我这些内容，我真是深感惊讶，我从未见识过这样奇怪的安排。

稍后，一位女官告诉我说，按照宫廷的惯例，她们要轮流在太后的卧室里伺候着，早上的时候叫醒太后。明天是我值班，后天则轮到了我妹妹。她边说这些边意味深长地笑着。当时，我不知道她想表达什么意思，到后来我才明白。

我问她，我该采取什么方式叫醒太后呢。她回答说："没有什么特别的方法，要靠你自己的判断了。不过千万要小心，不要惹恼了太后。今天早上是我轮值，我知道太后昨天累了，睡得比较沉。我便比平时大声了些。太后醒来的时候勃然大怒，把我大骂了一通，嫌我叫醒得太晚了。这样的事情经常发生，太后一旦起床晚了，便会责怪我们没有大声喊醒她。话说回来，现在她还不会对你这个样子，因为你是新来的人，等到过了几个月，你就知道其中滋味了。"

这位女官所说的一番话，让我颇有几分担忧。不过，经过这么长时间我对太后的观察，还是不相信她是那种会对尽心做事者大动干戈的人。

第九章　皇　帝

1

第二天早上,我担心会迟到,就比平时起床更早。我匆匆忙忙穿好了衣服,梳洗打扮完毕,赶往太后的寝宫。到了寝宫,只见几位御前女官正坐在走廊里。她们笑着让我一起坐着,说时间还早呢,才刚刚五点钟。她们告诉我,要在五点半钟的时候,叫醒太后。

过了几分钟,皇后也来了。我们向她行礼并道了早安。皇后和我们聊了几分钟,问起若是太后醒了,谁当班在里面伺候着。我告诉皇后是我当班。她命我立即进去伺候。

我蹑手蹑脚地走进去,看见几个丫鬟在旁边站着,一位女官坐在地上。这位女官已经值了整整一晚上的班,困倦不堪。她看到了我,就站起来,对我低声耳语:"你来得正好,我先去换件衣服,洗漱一下。太后醒来之前,你千万不可离开。"

那女官说毕,离开了。我走到太后床前,说道:"老祖宗,五点半了。"太后面朝墙睡着,并不知道是谁在叫她,嘴里兀自说着:"走开,离我远点,让我再歇一会儿。我没让你们五点半叫我,我说的是六点。"说完,又睡去了。

到了六点钟,我再次叫醒太后。太后醒来之后,说道:"太烦人了,真是令人讨厌的东西,怎么叫来叫去的没个完!"她发完脾气,眼睛看了一下周围,说道:"呀,怎么是你呢,谁让你来叫醒我的?"我回话说是一位女官告诉我,说我今天轮到在太后卧室当值的。

"真是有意思,我还没下旨让你当值,谁这么胆大包天,竟敢自作主张乱说?"太后说道,"她们都知道当值不是轻松的事情,欺负你是初来乍到,拿你开心呢。"我默不作声。

一整天,我都尽心尽力伺候太后,却也发现这并不是件容易的事儿。太后特别在意小节,在意到了吹毛求疵的地步。接下来的时间里,我费尽心思去找些新奇好玩的事情来转移她的注意力,避免她因一些事情动怒。

我的读者朋友们一定想象不到,到了晚上十点钟,我回到自己房里的时候,心里是多么的高兴。我又累又困,一到房间便脱了衣服上床睡觉。脑袋碰到枕头便马上沉沉入睡。

我在宫中接下来的生活,如此循环往复。从清晨上朝一直忙到晚上,手脚不停。时间过得飞快,不知不觉过去了十五天。我开始对宫廷生活产生了浓厚的兴趣,这种喜爱的感觉与日俱增。

太后始终对我们和蔼可亲,带着我们游览了颐和园里不同的地方不同的景观。我们还一起走过一座很高的拱桥(名叫玉带桥),去观赏太后位于湖西面的农庄。太后时常带着我们在玉带桥下划船行舟,或是在桥上往来徜徉。玉带桥的桥顶是太后很喜爱的地方,她经常在桥顶长时间停留,坐在她的黄绸缎凳子上,品味香茗,欣赏风景。

太后一般四到五天的样子,会到农庄走上一走。若是能在农园里收获一些蔬菜、稻谷或玉米之类的农作物,她

颐和园玉带桥

会非常高兴。她会在某间庭院里,饶有兴趣地亲自烹饪自己收获的东西。我觉得这个太有趣了,便也饶有兴趣地挽起袖子,帮着太后烹饪。

我们曾经从农庄里取回来一些新鲜的鸡蛋,太后教我们用红茶茶叶制作茶叶蛋。

她煮食所用的炉子非常特别,以黄铜制就,内部镶上灶砖。铜炉没有固定住的烟囱,因此可以方便地搬到任何地方。

太后告诉我们,制作茶叶蛋的时候,首先将鸡蛋煮熟,然后敲碎蛋壳,但不剥去,再加入半杯红茶、盐和香料。她对我说:"我喜欢乡村生活,那里比宫里的生活自然得多。我很乐意看到青年人玩得开心,我也会一起开心。我不喜欢贵妇人,尽管我们也位居其列。我年纪大了,但依旧贪玩。"

在农庄里忙完了,太后会首先尝一尝我们烹制的东西,然后给我们每个人都尝一尝。她问道:"你们不觉得自己烹制的东西,要比御厨烹制得好些么?"我们都异口同声地回答说:"要好得多了。"

我们便是以这类消闲方式,度过漫无边际的宫廷时光。

2

我每天早上都能见到光绪皇帝。在我有空的时候,他总会来问我一些英文单词。我惊奇地发现,皇上懂得的英文单词,竟然还真不少。我感觉他是个很有趣的人,有一双会说话的、情绪丰富的眼睛。

皇帝单独和我们待在一起的时候,像完全变了一个人,很开心,会开玩笑。然而,一旦他面对太后,立即判若两人,显得忧心忡忡又死气沉沉,笨拙而乏味。很多参加过早朝的人,都曾经和我说过,皇上显得有些愚钝,并且过分沉默寡言。

我每天都见到皇上,当然知道事实上他并非如那些人所说。我在宫中有足够长的时间来观察皇上,发现他其实是中国少有的聪明男人。他有足够的通达权变能力和超乎常人的智慧,只是没有机会表现出来而已。

很多人问起我，光绪皇帝有没有胆识和智慧呢？当然了，话说回来，局外人并不清楚宫中的规矩，尤其是孝悌之道是多么的严苛。受到严苛的礼教所限制，光绪皇帝被迫放弃了很多事情。

我曾经和皇帝有过几次长谈，发现他是个有智慧，有耐性的年轻人。他的人生之路并不平坦，内心并不幸福，从童年时代起，他的健康状况就不太好。他告诉我，自己研究的学问不多，却天生热爱此道。他还是个天生的音乐家，能够无师自通地演奏任何乐器。他喜欢钢琴，经常让我教他弹奏。大殿中便有几架漂亮的平台式钢琴。他还极擅欣赏西洋音乐。我曾教过他几支简单的华尔兹舞曲，他很快便能完美地演绎出来。我认为他是个志趣相投的人，一位很好的朋友。他也很信赖我，经常和我谈起自己的烦恼和痛苦。

光绪皇帝画像

我们多次谈论西方文化，我很惊奇地发现，他对每样事物都如此精通。他一再和我谈到期待国家富强的雄心壮志。他爱他的子民，在饥荒时代或是洪涝灾害的时候，他愿意做出任何事情来护佑百姓。他非常在意自己的百姓。

我清楚，有些太监歪曲了皇上的形象——说他如何狠毒等等。进宫之前，我就对这些情况有所耳闻。皇上对太监们还算和蔼，当然也少不得划清主仆之间的等级界线。他向来不允许太监主动对自己说话。他从不听信任何流言蜚语。

我在宫中待了很长时间,深知那些太监们是多么刻薄的人。他们对自己的主子没有丝毫的尊重之心。他们无一例外地来自农村的最底层群体,没有接受过教育,内心没有道德观念,品行不端,甚至彼此之间也没有尊重之情。外界听闻过很多关于太后、光绪皇帝形象的彼此矛盾的信息。我可以向读者们肯定一点,这些都是太监们向其家人传达的闲言碎语,他们毫无顾忌地添油加醋夸大其词,为的不过是让谈话显得新鲜有趣而已。北京城的人们所知晓的与宫廷有关的信息,大多是通过这种歪曲的途径获得的。我在宫中的时间里,也屡屡遇到这样的事情。

3

有一天,在太后午休的时候,我们突然听到一阵恼人的声音。听起来,就像是燃放鞭炮的声音。这种声音出现在宫中就太不寻常了,因为宫中是禁止带进烟花爆竹之类东西的。

太后被吵醒了。在几分钟的时间里,每个人都像见到房子着火一般,浑身战栗着四处乱跑。太后令太监们少安勿躁。但是根本没有人听她的,大家仍然像热锅上的蚂蚁,疯了似的团团乱转,一时间众人大呼小叫,声震屋瓦,乱作一团。

慈禧太后勃然大怒,吩咐我们把黄色包裹递给她。(在此,我有必要解释一下那只特殊的"黄色包裹",它以普通的黄布制成,里面装着各式各样的竹棍,分别用来惩罚太监、丫鬟和嬷嬷。)慈禧太后每天无论走到哪里,都带着这个黄包裹,以备不时之需。我们都知道包裹在哪里,就纷纷过去将里面的竹棍全部拿出来。太后令我们去责罚那些不听话的太监们。

那种场景真是有趣得很,所有的女官和丫鬟人手一根竹棍,努力去分开那些嘈杂混乱的人群。这真是太滑稽的情况了,我忍不住笑了起来,别人也都在笑个不停。太后虽然站在走廊里看着我们,不过距离很远,未必看得真切。场面过于喧闹,她肯定也听不见我们在笑。我们费力地去分开人群,不过实在笑到筋酥骨软,根本没有力气动手打人。

突然间,仿佛得到了什么号令,所有的太监瞬间变得鸦雀无声。原来是太监总管李莲英带着他所有的随从,走了进来。刚才还喧闹异常的太监们都吓坏了,像被施了定身法,愣在原地,呆若木鸡。我们也都止住了笑,拿着竹棍转身走向太后。喧闹声开始的时候,李莲英也在打着盹儿,听见了声音便赶过来了解情况,并准备向太后禀奏。

当时的具体情况好像是这样的:一位小太监捉着了一只乌鸦。乌鸦在中国被视作不祥之鸟。人们因为厌恶太监,就将其比作乌鸦。由此太监们便对乌鸦有了莫名的痛恨。他们经常设置陷阱捕捉乌鸦,然后在乌鸦的脚上缚上大鞭炮,点燃引线之后,放飞那只倒霉的鸟儿。剩下的事情也就自然而然了,那只可怜的乌鸦正自由地飞向无边广阔的天地,鞭炮炸响,鸟儿在高空被炸得粉身碎骨,血肉飞扬。

看起来,太监们玩这套可不是头一回了。我听说他们特别热衷于欣赏这种血淋淋和充满了痛苦的场景。他们经常会在相邀开怀畅饮的时候,进行类似的把戏,并以此为乐。这种残酷的消遣一般都是在宫外进行的,这一天,那只不幸的乌鸦正飞过宫廷院子的上空,爆竹爆炸的瞬间,它刚好飞近了太后休息的宫殿。

听完了李莲英的禀报,慈禧太后勃然大怒,吩咐下去,立即将肇事的小太监拿下,当着自己面儿接受惩罚。李莲英随从中的一位太监掌事,听到命令,即刻将肇事的小太监从人群中揪了出来,李莲英令人将小太监按在地上,两位太监站在他的身体两边,各执一根沉重的竹棍,轮番在他大腿上击打。那个小太监挨了痛打,从头到尾都没有敢呻吟一声。李莲英在旁边数着,等打到了一百下,才喊停手。

随后,李莲英跪在太后面前,脑袋在石阶上磕得砰砰作响,他称自己失职,管教无方,让太监犯下过错,惊扰了太后,实在是难辞其咎,恳请太后责罚。

太后说并不是李总管的过错,令他带犯错的小太监离开。整个过程中,犯错的小太监一直趴在地上,一动都不敢动。有两位太监走过来,每个人抓住小太监一只脚,把他拖出了院子。

我们大气都不敢出,唯恐太后说我们矫情,看到她惩罚别人,故意做出一副多么恐惧的样子,等会又会到外面四处传播流言蜚语,说她是多么残酷无情,专横无礼的人。

面对这样突如其来的事件,竟没有一个人感到惊诧。我后来在宫中每天都能见到这样的事情,也便司空见惯了。刚开始的时候,我很同情这些受到惩罚的人,但是,很快我便改变了这样的观念。

我在宫中亲眼所见第一个受到惩罚的人,是一名丫鬟。她拿慈禧太后的袜子时,因为粗心,错拿了不是一双的两只。太后见到了这种情况,非常生气,便命另一名丫鬟对她掌嘴,左右两侧脸颊各打十巴掌。那名执刑的丫鬟打得不够重,太后认为她们是好朋友,故而违抗命令,不舍得重罚。于是又让那个受罚的丫鬟反过头来惩罚执刑的这位。

我觉得这样的事情委实滑稽无比,差点儿就笑出声来。当然,在那种庄严肃穆的场合,慈禧太后又在生气,是绝不可以笑的,只好拼命忍住。

当天晚上,我问起这两名丫鬟,如此这般互相掌嘴,有什么感觉。我之所以忍不住问这样的问题,并非出于刻薄的心理,而是因为我看到她们在掌嘴完毕,离开太后卧室的时候,马上便轻松地闲谈说笑,如同没事人儿一般。她们回答说这些根本没什么大不了的,早就习以为常了。后来,我也和她们一样,见怪不怪,对此类事情习以为常了。

4

现在提一提这里的丫鬟们,若是论及出身,她们比那些太监们要好一些。她们都是满族八旗子弟的女儿,选进宫中后,要服侍太后满十年,才被准许出宫嫁人。我进宫的第一个月里,见到了这样一位出嫁的丫鬟。太后赏赐了她一小笔钱,大概五百两银子。这是一位特别精明能干的姑娘,在宫中的时候,很是中太后的意,故而很难被恩准出宫。这位姑娘名字叫做秋云,太后赐给了她这个名字,因为她看上去轻灵纤弱,柔美可人。

我和秋云在宫中相处的时间并不长,我很喜欢这位姑娘。她曾经嘱咐我说,不要听信宫中任何流言蜚语,太后曾经对她说过很喜欢我。三月二十日的时候,她离开了居住十年的宫廷。

秋云的离开让我们很伤心,很不舍。直到她离去之后,太后也才更加深切地体会到,自己是多么离不开她。那段日子里,我们真是麻烦重重,感觉做什么都做不好。太后更是觉得没了秋云,凡事都不合心意,她的情绪为此大受影响,经常无故发脾气。

剩下的丫鬟们为此惶惶不安,绞尽脑汁想方设法取悦太后,可都是白费力气,她们根本没有这种能力。没办法,我们只得帮助丫鬟们做一些事情,以免太后更加心绪不安。

然而,事与愿违,太后制止了我们的行动。她说:"你们自己的事情都够忙的了,我不想你们再去帮助丫鬟们,这样做让我不高兴。"她看出了我对她严厉语气的不适应,转而笑着说道:"我心里知道,你们这样做是出于善意,为的是让我不要生气。但是这些奴才们太过狡猾,她们并非做不好事情,只是她们清楚,我会挑选聪明伶俐、手脚勤快的人到卧室来服侍自己,她们不愿意做这样的差事,就故意装笨扮傻,惹得我生气,便会安排她们去做寻常的差事了。太监们更是坏得很,他们也都害怕顶替秋云的位置。我看出他们的花花肠子了,偏偏不让他们称心如意,以后我专找蠢笨的人来伺候我得了,看他们能躲到哪里去。"

听闻太后这一席话,身边的几个丫鬟马上愁云满面。我看到这种情景,又差点儿笑出声来。我当时觉得这些丫鬟们是真的笨拙,而不是懒惰。但是随着和她们打交道的日子越来越长,我才发觉其实事实并非如此。

那些太监们则是完全没有脑子的人,他们缺乏同情心,如行尸走肉一般。他们从早到晚都保持着同一个脾气,同一种状态,那种残忍的脾气和呆笨的状态。无论什么时候，只要是太后有吩咐，他们马上跪地答道："喳。"可一走出房门，他们便茫然四顾，互相打听："刚才，太后吩咐咱们做什么事儿？我可全忘记了。"

有的时候，我们中的谁刚好在场，太监们过后便会来问："能不能告诉我刚才太后吩咐了什么事情？我没有听到啊。"我们便常常笑着对他们揶揄一番。他们肯定是不敢再回去询问太后的，我们当然也没有必要为难他们，因此笑过之后，我们还是会告诉他们。

根据太后的旨意，一位太监的记录员负责将一年内太后发布的指令一一记录在册，因此，宫中每一天的事情都有案可稽。有二十位训练有素的太监专职负责这件事情，他们受过专门的教育，都可算得上是优秀的学者。他们必须回答太后冷不丁提出的关于中国文化的问题。

当然了，在中国历史文化知识方面，太后本人也有很高的造诣。若是哪个人回答不出她的询问，或者是学识不及她本人深厚，她总是为此感到骄傲，并为此不加掩饰地喜形于色。大家也因此而抓住时机奉承太后一番。

太后也喜欢逗乐，她乐得和他们开些玩笑。她也知道御前女官们学问不多，便也常常提出一些问题来考考我们。我们不管知道不知道，都得随便搪塞一些答案，这些答案往往张冠李戴，驴唇不对马嘴，惹得太后大笑不止。

我曾经听人说过，太后不喜欢太聪明的人，却也不能忍受别人太过笨拙。因为这样的原因，在刚进宫的三个礼拜，我心里暗自焦虑不已，不知道该去扮演怎样的角色才算适度。不过这种状况没有持续多久，我很快便掌握了太后的好恶。太后当然是喜欢聪明伶俐的女孩儿的，却不喜欢别人锋芒毕露。我能得到太后的欢心，大抵便是因为这个原因。无论何时和太后在一起，我总是留神观察她的表情，进而揣摩她的心理（当然，并非目不转睛地盯着她，她很讨厌下人这个样子），然后恰如其分地去完成她吩咐的事情，不让她操心任何事情。

我还特别留意到一类细节，不管什么时候，太后想要一样东西，比如烟袋、手帕等物品,她都不会做出明确指令,只是看一眼想要的那件东西,然后再看一眼身边伺候着的人。(屋子里面有一张桌子,太后每天需要的东西,都搁在上面。)

很短的时间里,我便熟悉了太后这种特殊的习惯,不管什么时候,只要看着她的眼睛,我便能清楚地知道她想要的东西,因此我很少出错。这让她非常高兴非常满意。

太后为人意志坚定,精明强干且雷厉风行,对自己所做的事情充满了强烈的自信。偶尔我也会看到她心情糟糕的一面。她感情强烈,性格敏感,但是能以坚强的意志控制好自己的情绪。她也希望别人能和自己保持一致:做一个沉默的执行者,只付诸行动,不付诸语言。她不希望别人掌握自己的心思。

我敢肯定,亲爱的读者们一定会这样想:担任这位中国至高无上统治者的御前女官,该有多么的不容易啊。事实上恰恰相反,我对自己的状况很满意。太后是个很有意思的人,只要处处用心,让她高兴并不是特别困难的事情。

5

四月初,太后因为久旱无雨而心存忧虑。她连续十天早朝后都进行祈祷,祈求天降甘霖,却没有任何结果。那一天,太后一言不发,不与我们任何人交流,我们也保持沉默。我观察到,太监们无一例外地非常恐慌,仿佛有祸事即将降临。我们异常勤劳地工作,早饭午饭都没有吃,所有的女官都饥肠辘辘。

我为太后感到忧心。最后,太后对我们说,大家可以离开了,她想歇一歇。我们这才长舒一口气,赶紧都回到了自己的住所。

我好奇地询问身边的王公公,为什么太后要为天不降雨而忧心忡忡呢?每天都是这样艳阳高照的天气,做什么事情都方便,不是很舒适么?

王公公答道,老佛爷是为天下贫苦百姓担忧呢,这么长时间滴雨不见,地里的庄稼都要旱死了,百姓可不都要饿死了么?那天下会成为什么样子啊。

王公公还提醒我说,自从我进宫直到现在,还没有下过一场雨呢。我掐指一算,我进宫已经两个月零七天,真没想到已经这么长时间。但是从另一方面来说,我又觉得仿佛已经进宫很久,宫里的生活舒适安逸,太后又对我如此慈爱有加,好像早已与她相识多年一样。

那天晚膳太后吃得极少,四周静寂无声,每个人都沉默。皇后让我们尽快吃完,我不知道为什么。回到休息室之后,皇后告诉我,慈禧太后为贫苦可怜的百姓担忧,准备亲自祭祀祈雨,将会下旨在宫中禁食肉类两三天。

那天晚上,太后在休息之前发布了一道懿旨:北京城内,禁止屠杀生猪。这么做是希望以人们禁食肉,不杀生,以一片至诚之心感动上天神灵,广赐甘霖,惠及天下,拯救苍生。

太后又令我们每个人沐浴漱口,保持身体洁净,准备好祈祷上苍。皇上也要亲自前往紫禁城的庙宇,主持祭祀仪式(名为"祭天")。皇上亦须禁食肉类,不与他人对谈。一心一意祈祷上天大发慈悲,普降甘霖,拯救万民于苦难。

光绪皇上佩戴着一块三英寸见方的玉牌,上面雕刻着满汉两种文字的"斋戒"二字,含义相当于前面所说的"祭天",不吃肉,一心祭祀,每天祷告三次。

所有和皇帝同行的太监也都佩戴相同的玉牌,用意是时刻自我提醒,须认真履行自己祭天的承诺。

第二天,太后很早起床,嘱咐我不用为她准备珠宝首饰,她只需朴素穿戴即可。她自己匆匆穿戴完毕。她的早餐也极其简单,只有牛奶和馒头。我们的早餐则是白菜煮饭,加上一点点盐调味,读者朋友可以想象出来,这样的早餐实在是索然寡味。

太后除了发布命令之外,不和我们任何人交谈。我们也都无一例外地保持沉默。她身着一件浅灰色的袍子,没有装饰任何刺绣或是花纹镶边，洁净素雅；穿着灰色的鞋子，使用的当然也是普通的灰色手帕。

我们跟随太后步入大殿，看见一位太监跪在地上，手里捧着一大捆柳条。太后拿了一根细小柳条，插在了头上。皇后也如法炮制，并吩咐我们也都照着做。光绪皇帝拿了一支，插在了自己的帽子上。太后吩咐太监和丫鬟们也一样做了。每个人头上都插着一枝古怪的柳条，这场景真是有趣。

李莲英走进来跪在太后面前，禀告说所有的事情都已经准备妥当，按照吩咐都布置在太后宫殿前面的小亭内。太后说道，大家是去祭祀，理所当然要步行前往。

我们用了短短几分钟时间，穿过了庭院，到了祷告的地方。亭子中央摆着一张大方桌，上面放着几大张黄表纸、一块玉板、一些朱砂粉代替墨水，两把小刷子，是做写字之用。

桌子的两侧，有一对大大的瓷质花瓶，插着两大枝柳条。我们任何人都不允许说话。我特别好奇，为什么每个人的头上都要插上柳条呢？我很想搞清楚。太后的黄缎垫子铺在桌子前面。太后取过一片檀香，放入盛满炭火的香炉。

皇后悄声与我说话，让我去帮助太后燃香。我便走上前去，拿了几片檀香，放在香炉里点燃，如此反复做着，直到太后说够了。

太后在垫子上跪了下来，皇后跪在太后身后，我们也都在皇后身后跪成一排，祈祷起来。早上的时候，皇后就已经教过我如何祷告了，祷告辞是这样的："我等臣民敬仰上天如是，祈求诸位神灵体恤天下臣民，救万民于饥馑。我等臣民甘愿以己之身，代受万民之苦，祈求上天垂怜，普降甘霖，以济天下苍生。"我们诵读祷辞三遍，叩头三遍①。

祈祷仪式结束之后，太后一如既往地去上早朝。早朝的时间比往

---

① 即三叩九拜之礼。三叩九拜：指封建社会进见帝王、祭拜祖先、祭祀时候所行的大礼。"三叩"、"九拜"各有其修真含义，"拜"就是自祭其身，把自己这一百多斤的身体祭献出来；"叩"就是顶礼恭敬。《周礼·春官·太祝》："辨九拜，一曰稽首，二曰顿首，三曰空首，四曰振动，五曰吉拜，六曰凶拜，七曰奇拜，八曰褒拜，九曰肃拜，以享右祭祀。"——译者注

常早了很多。因为要在正午之前赶回紫禁城,光绪皇帝要在那里祈雨。平时皇上无论到哪里做什么,太后总是要跟着的。

早朝结束的时候,大约九点钟。太后吩咐我不必为她拿什么珠宝,她今天不需要这些东西。我便到了珠宝房,把东西都锁好,钥匙放在一个袋子里,封好了,和别的东西一起,交给了一位专事看管的太监妥善保管。

我们把太后喜爱的物品都装起来,其中最重要的还数那些衣服。太后的衣服相当多,根本无法全部装起来带走。因此,众多御前女官之中,那位管理衣服的女官最为忙碌。她要负责挑选好足够太后四五天内更换的衣服。她告诉我说,已经挑选了大概有五十件不同的衣服了。我对她说,太后不过在紫禁城待上个四五天,不必带那么多衣服去吧。她说,多带上一些有备无患,谁也搞不清楚太后每天的想法。皇上的行李则简单多了。

太监们抬来了几只黄色的木箱子,大约长四英尺宽五英尺深一英尺。我们先在箱子里铺上一条很大的黄色绸巾,放进衣服,再盖上一层厚厚的黄布。每个箱子都如法炮制。我们花了两个小时,装完了五十六只箱子。太监们将这些箱子提前运过去了。

皇帝、皇后与一众女官在太后轿子出宫门的时候,齐刷刷跪在地上送行。等轿子从面前过去之后,再各自找到自己的轿子,坐进去一路随行。行进的队伍一如往常那般壮观,太后轿子前面有御林军开道,四位年轻的亲王骑着马走在轿子两侧,四五十名装束齐整的太监骑着马紧跟轿子之后,一路浩荡前行。

皇上和皇后的轿子与太后的轿子一样颜色。嫔妃的轿子是暗黄色,御前女官的轿子则是红色的,都是四人抬的那种。太后她们的则是八人抬轿子。我们的太监也都骑着马,跟在我们的轿子后面。皇上的轿子从青石路上下来的时候,我们的轿子都跟着下来了,我感觉走了很长一段时间。抬头望去,太后的轿子依旧循着原路行进。我们抄了近路,提前赶到万寿寺准备接驾。

我们刚在万寿寺下了轿子，就忙不迭地为太后准备茶水点心。太后的轿子很快到达，我上前扶着她下了轿子，又搀扶着她的右臂缓步登上石阶。太后在御座上坐了下来，我们将一张桌子摆到她的面前，我妹妹为她端来了茶（当时的规矩便是如此，每当太后出行，或者每逢节日，原本太监们做的事情，便由我们来做了）。

　　我们将所有的美味茶点都摆放妥当之后，就出去歇息了。平日里，太后从颐和园回紫禁城，总是习惯在万寿寺停下来歇息。

第十章　皇　后

1

　　一个人坐在轿子里,我心中浮想联翩。在这美好的一天,我却免不了要为整天沉默无语的太后感到担忧。一般的时候,她总是开开心心,兴致高扬地与大家同乐。我还忍不住揣摩那些插在头上的柳条的含义,实在是有些费解。

　　太后和皇上用膳的时候,我悄声走出大殿。皇后和几位宫女坐在院子左边的一间小屋子里面,边喝茶边聊天。她们看见了我,做手势让我过去。

　　皇后对我说道:"现在肯定又累又饿吧?快坐到我这里来喝杯茶吧。"我谢过皇后,并在她身边坐了下来。我们你一句我一句随意地聊起了途中所见所闻所感,没涉及什么实质性内容。皇后说:"咱们还得有一个小时,才到紫禁城。"谈到早上祈雨的事情时,她说我们都应该发自内心地、虔诚地去祈祷。

　　我实在是等不及了,开口问皇后那些柳条究竟代表什么含义。皇后笑着告诉我:"佛教弟子认为,柳枝能带来雨水。所以,根据宫里传承的规矩,举行祈雨仪式的时候都要戴上柳条。"她还告诉我说,从今天起直到雨水到来为止,每天都要举行这种祈祷仪式。

　　正谈着,我们听见太后在院子里说话,知道她已用完午膳,便跟着皇后一起进入院子,和往常一样吃那些剩下的饭菜。虽然吃的饭菜里没有肉食,因为制作精致,却也异常鲜美可口。

午餐结束之后,我们来到院子里,看到太后在来回走动。见到我们来了,她说道:"一直坐着轿子,我的腿都僵硬了。在离开这里之前,我要走动一阵子。你们觉得累么?"我们都说不感觉累,太后便让我们陪着她散步。

有趣的一幕出现了,太后在前,我们在后。这许多人跟在太后身后,在院子里一圈一圈走着。太后回头看看,笑着对我们说:"我们现在像是马儿在绕着马厩转圈了。"这话让我瞬间想起了在国外看过的马戏团里的场景。

李莲英走了进来,跪在地上禀告说,起驾的时候到了。根据路程和队伍行进的速度计算,我们这个时候走,才能保证在太后选定的吉时抵达紫禁城。于是,我们离开了万寿寺。所有的轿子都走的飞快,经过了大概一个小时,我们可以望见宫门了。

我们跟上了皇上的轿子,抄近路赶过去。离得近了,我看到宫门已经大开。皇上和皇后的轿子径直进入大门,我们则必须下轿步行进入。有几顶小轿子已经等在那里了(如前所述,这些小轿子由太监们负责抬着)。

我们到了大殿的院子,皇上和皇后正在那里等着我们。一如往常,皇上跪在最前面,后面是皇后,再往后是我们跪成一排,如此这般恭迎太后进入皇宫。太后进入自己的房间,在那里,太监们已经早早地将一切物事准备就绪,等待她的到来。

我们又分别在下午和黄昏时分,举行了两场祈雨仪式。太后回去休息之后,我们也纷纷回到了自己的住所。太监们早已将居所收拾得井然有序,床铺也都安置铺设妥当。有了这些太监们服侍真是很好,我自己几乎无法完成这些事情。我很是疲倦,感觉四肢僵硬,躺在床上便坠入梦乡,完全不知道睡了多长时间。后来,有人敲窗,我起身拉开窗帘,远远望去发现天空阴沉沉的,乌云密布的样子。

我心里一阵窃喜,心想肯定是要下雨了。太后可以宽心了。我起了床，很快穿戴洗漱完毕，兴冲冲地走了出去。结果令人大失所望，我此时清清楚楚地看到，对面的窗户上清晰地反射着阳光，明晃晃直刺眼睛。

紫禁城里的宫殿年代久远，建筑方式奇特，庭院小而窄，游廊却宽而长。所有的房间光线都很暗，没有电灯，平日里只有点起蜡烛照明。人身处房间内部是无法看到天空的，必须走到院子里仰望，才得见分明。

我起床向窗外遥望的时候，太阳犹未升起，天空仅有微薄的晨曦而已，所以我朦朦胧胧地看了，误以为阴云密布，白白欢喜了一场。

我到了太后的寝宫，发现皇后已经到了那里。她总是第一个到地方，且永远装扮整齐大方，真想象不到她究竟是几点钟起身的。皇后对我说，此刻也并不迟，太后虽然已经醒来，不过尚没有起身。

我走进太后的寝室，与平常一样恭敬地向她道了早安。太后的第一句话便是问我天气情况，没有办法，我不得不如实相告——天上并没有任何要下雨的迹象。

太后听了，神色凝重，半晌不语，随后默默起身，和平常一般穿着洗漱用早餐。她告诉我们，皇上到天坛祈雨去了，今天早上不用上早朝，也没有别的什么重要的事情需要完成，唯有盼望天降甘霖而已。

我们在这里连续祈祷了三天，依然是滴雨未见，真是

隆裕皇后（光绪皇后）

令人大为失望。太后更是沮丧透顶。她吩咐我们每个人每天都要祈祷二十次。每次祈祷,我们都用朱砂和着少许水,在大张的黄表纸上点上一个红点儿,作为本次祈祷的记号。

2

四月初六的早晨,天空阴云密布。我立即跑到太后寝宫,向她报告这天大的好消息,发现原来已有人来报告过了。太后笑着对我说道:"你已不是第一个来禀告这个好消息的人了,我知道,你们都争着想第一个来告诉我,令我心中欢喜,真亏得你们有心了。今儿,我觉得很累,想多躺一会儿,你先去吧,等我准备起床的时候,再让人带信儿给你。"

我退了出来,找到皇后,发现所有的宫女也都在那里了。她们问我有没有注意到下雨了。我们不约而同走出了侍应室,发现不知道什么时候开始,院子的地面上已经湿漉漉的了。不一会儿,雨点越来越密集了。

太后起身了,我们再次进行了祈祷。每个人都掩饰不住的欣喜之情。天遂人愿啊,大雨倾盆而下,片刻不停,整整下了一天。太后心情大悦,独自玩起了骨牌,我站在椅子后面看着她。我看到皇后和宫女们都站在走廊里,太后也注意到了,对我说道:"叫她们都到侍应室里面候着吧,没看见走廊里湿漉漉的么?此处淋湿了身子,可是没有衣裳更换哪。"我走了过去,还没有来得及张口,皇后便告诉我,侍应室里面漏雨进水了。

前面我已经提到了,这座建筑年代久远,建筑方式古老,也没有设置排水沟。太后的寝宫地势较高,有十二级台阶。我们的侍应室位置在太后寝宫的左侧,直接建立在地面上,地基没有丝毫的垫高。下了大雨,总是会流入室内,搞得一团糟糕。太后也无意安排整修,就这么长久地凑合着。

在走廊里闲聊了一阵子,我全身都湿了。太后敲敲寝室的玻璃窗,让我们都进去。在这里有必要解释一下,一般的情况下,我们这些人

(包括皇后在内)没有太后的命令,绝对不可以进入太后寝宫。

那天太后兴致很高,笑着打趣我们说:"看你们的样子,简直就是刚刚从湖里面捞上来的嘛。"皇后当时穿着一件浅蓝色的旗袍,头饰上的红色流苏接连不断地滴下红色水珠,都滴到了旗袍上。太后笑着说道:"看那些姑娘们啊,衣服都淋坏了。"我们说话的时候,太后吩咐我们去更换衣服。

她们下去了之后,我回到太后身边。太后看着我说:"你的衣服也湿了,不过不太看得出来。"我那天穿的是一件制作普通的开士米羊毛连衣裙。太后摸摸我的胳膊说:"你的衣服怎么湿成了这个样子?速速去更换吧。换一件厚一些的。我感觉这些外国衣服还是不够舒适,腰身太过细瘦。这种设计看上去和人身体的比例失调。我觉得你穿上满族服饰会更加漂亮。换下你的巴黎服装,收起来作个纪念吧。我只是想看看外国人的穿着习惯,现在也看够了。下个月这里举行龙舟会,我会命人为你做几件漂亮的旗袍。"

我马上叩头谢过太后的恩典,并告诉她,自己在国外生活了这么多年,一直身着外国服装,确实没有缝制过一件旗袍呢,现在能换上旗袍,心里觉得特别高兴。我们在进宫之前,原本是准备穿上旗袍的,但是得知老佛爷有令,要看看穿洋装的样子。

太后允许我们换上旗袍,我很高兴,这种感觉主要有几个原因。首先,我们一直身着洋装,会被那些宫女们视为外人,无端端的让别人在心里拉远了距离。其次,我知道太后其实并不喜欢洋装,只是图个新鲜。另外,在北京的宫殿里面穿着洋装,总归是感觉不舒服,也多有不便。所以,我们一直感觉还是入乡随俗地穿上满族服装为好。在这里,我们每天都要站立很长时间,要做很多的事情,自然更需要穿着宽松的衣服。

太后令一位太监取来她的一件衣服给我试穿。我便回到了自己的房间,脱下潮湿的衣服,换上了太后的那件。穿上之后发现太后的衣服有些肥大,整体的长度和袖子尺寸倒是非常合体。

太后吩咐一位负责记录的太监记下我的尺寸,以方便为我缝制新衣服。太后说,这样子做出来的衣服肯定合身。她也请太监为我母亲和妹妹量了尺寸,吩咐太监立即为我们制作衣服。

我知道太后现在心情愉悦,乐意赏赐我们这些。她还饶有兴致地告诉我,哪些颜色最适合我,为什么适合我等等。她说我应该穿粉红色和淡蓝色,这样子与人最相配。这两种颜色也正是她最喜欢的。太后还谈到我们的头饰,令太监们一并为我们制作和其他女官相同的头饰。

太后对我说:"我知道你可以穿得上我的鞋子。你进宫那天,我曾经试过你的鞋子,还记得么?我准备选择个良辰吉日,让你重新做回满洲人,"她笑着又说道,"从此告别那些洋装吧。"

太后拿起那本专门记载良辰吉日的皇历,仔细看了一会儿,说道:"这个月的十八日便是个好日子。"李莲英最擅长取悦太后,马上接茬说道,自己这就下令着人安排好所需要的一切。很显然,太后很高兴地安排我们做回满族人。她还给我们讲了该怎么梳头,戴上什么花儿等等事项。这么聊了一阵子,我们便奉命退下了。

雨接连下了三天,中间没有片刻停歇。最后的一天,皇上回去了,所有祭祀仪式随之停止。

太后完全不愿意住在紫禁城,对此我毫不奇怪,因为我也很讨厌这个地方。可以想象,早上起床穿衣,我们必须点着蜡烛照明。哪怕是在外面阳光明媚的正午,房间里也是相当的黑暗。人住在里面,宛如蛰伏山洞之中的蝙蝠,模糊了白昼与黑夜。

雨还是下个不停。终于,太后决定了,不管明天是否下雨,我们都返回颐和园。大家听了,个个都喜形于色。

在紫禁城住到第七天的时候,我们终于返回了颐和园。那天天色灰暗,不过没有下雨。我们和来的时候一样,把所有东西集中起来打包。

经过万寿寺的时候,我们短暂停留用午餐。那天我们终于开斋吃肉了。太后吃得很是开心。太后问我喜欢不喜欢吃不见荤腥的饭菜。

慈禧太后在颐和园仁寿殿前乘车照，右一为太监总管李莲英

我回答说每样菜都做得很精致，尽管都是素食，我还是很喜欢吃的。太后说自己完全不喜欢素食，要不是祈雨必须这样做，她可不高兴光是吃素。

3

四月份，按照太后懿旨，宫中举行了旨在招待各国使节团公使夫人的游园会，也是今年的第一场游园会。太后希望将今年的游园会办得与往年有些变化。她发布命令，在院内设置各类货摊，像集市上或者杂货店中的那些一样。货摊上陈列着古董、刺绣、玉石珠花、花卉等物品。这些东西都是为来宾们准备的礼物。

参加游园会的来宾有：美国公使康格的夫人，美国使馆中文秘书威廉的夫人，西班牙公使的妻子卡瑟夫人和女儿卡瑟小姐，日本公使内田的夫人，日本使馆的几位女士，葡萄牙公使阿美达的夫人，法国公使馆秘书加纳的夫人和其他几位法国官员的夫人，英国公使馆第一秘书的夫人苏珊·汤利，德国公使馆官员及税关官员的夫人们等等。

为了搭配这种场合，太后精心挑选并穿上了一件最漂亮的孔雀蓝长袍,上面绣满了凤凰。那些凤凰刺绣如浮雕般微微凸起。每只凤凰的嘴里含着一条两英寸长的珍珠穗儿。每当太后走动,那些细小的珍珠穗儿随着身体趋势前后晃动,产生了五彩缤纷的美妙效果。太后的头上佩戴着美玉凤冠,鞋子和手帕上也绣着相同的图案,这些和平时并无二致。

我的母亲穿着一件淡紫色的、镶着银色花边儿的丝绸长袍,帽子上插着羽翎,色调与形状均与袍子搭配协调。我和妹妹都穿着浅蓝色的丝绸长袍,镶着爱尔兰式花边,缝制着精美的天鹅绒细带子。我们戴着蓝色的帽子,装饰有大朵的粉红色玫瑰花。所有的女官们也都换上了最别致美丽的服装。这样花枝招展的女子队伍走在大殿里,真是美不胜收光彩夺目。整个宫廷一时间成为缤纷夺目的魅力海洋。

这天早晨,太后心情出奇地好,她对我们说道:"我想知道自己穿上洋装会是什么样子。其实,我的腰还是蛮细的,不过穿这样宽松的衣服显现不出来。我可不想把自己的腰束得那么紧,也不相信这世界上还有什么服装比咱们满族的更好看。"

慈禧太后在大殿里接见众多来宾。身为首席公使的奥匈帝国齐干男爵率来宾和各使馆的翻译们,一起步入大殿,恭恭敬敬地站成一排,觐见中国皇室成员。

裕德龄(右)和妹妹裕容龄(左)洋装照

齐干男爵发表了简短的致辞。翻译官将致辞翻译给庆亲王,庆亲王再传达给光绪皇帝。光绪皇帝以汉语发表了礼貌得体的答辞,由齐干男爵的翻译官翻译过去。随后齐干男爵登上台阶与皇上握了握手,其余的来宾依次施行相同的礼仪。

我站立在太后的右手边,每当有来宾走近,我便大声报出他们的姓名和所代表的公使馆。太后礼节性地与每位来宾讲上几句话,每当看到新面孔,便会问对方来中国多长时间了,是否喜欢中国等等问题。这个过程诸如此类的所有对话,均是由我来为双方翻译。来宾参拜完毕,便主动站到一边,直到仪式全部结束。

按照惯例,各国的翻译官是不参加这种仪式的,不过按照既往的规矩,他们也要等候在大殿里,直到仪式结束,才由庆亲王领着,到别的地方歇息,那儿早已为他们准备好茶点。等他们都离开了大殿,太后从御座上下来,进入了来宾们中间。

正式的仪式到此结束了。太监们搬来了椅子,奉上了茶,客人们可以舒服地坐下了。大家交谈了一小会儿,便换到了餐厅去。太后、皇上、皇后和瑾妃没有一起过去。

太后不在场的情况下,格格(太后的干女儿)就充当了主人的角色,卡瑟夫人、康格夫人分别坐在她的左右两侧。菜肴全是中式的,却也为来宾们预备了刀叉。席间,格格站起来,作了简短的欢迎辞,我负责把欢迎辞翻译成英语和法语。

我们用完了午餐,一起来到了园子里,太后等人正等在那里。一支管乐队演奏着风格独特的西洋乐曲。太后在前头带路,众人在院子里四处闲逛。每当经过不同的货摊,那些太太小姐们常常会停下来,交口称赞上面摆放的琳琅满目的物件儿,随后,那些东西就会以游园纪念品的名义,赠送给她们。

大家来到了园中的一座茶室,坐下来品茶聊天,歇息片刻。随后,太后过来送别来宾。客人们坐上了各自的轿子,相继离开皇宫,踏上了归程。按照惯例,我们禀告太后来宾们的相关情况,包括她们是否过得开心满意、具体说了什么做了什么等等。

太后说道："那些外国女人怎么会有那么大的脚呢？她们的鞋子像船一样大，走起路来别别扭扭，让我实在难有好的印象。我也从来没有见过哪个外国人长着好看的双手。她们的皮肤很白，脸上却也长着一层白毛，你觉得她们漂亮么？"

我回答说，自己在国外的时候，曾经见过一些漂亮的美国人。

太后说道："不管她们有多漂亮，那眼睛却着实难看。我实在不喜欢那种蓝颜色的眼珠儿，一见到就想起了猫儿。"又评头品足了一番之后，太后说："你们一定累了，都退下吧。"我们着实筋疲力尽了，巴不得有个歇息的机会，赶紧行了礼，纷纷退了出来。

4

我们进宫已经有两个多月了，这期间，我一直没有机会见到重病在身的父亲，心里着实关切得很。我们不知道能不能告假回去看望父亲。我每天都能收到父亲的来信，一而再再而三地嘱咐我，要对新生活充满信心，要有勇气应对各种困难，要竭尽所能，尽忠职守，服侍好太后与皇上。

我的母亲问皇后，我们能否恳求老佛爷恩准我们回家一两天。皇后说，请假当然是没有问题的，不过最好选择在本月初八之后，因为那一天有个节会，会特别的忙，那个节骨眼儿上，若我们不在这里尽责帮忙，就不太好了。

每年的四月初八这一天，都照例有个"吃青豆①"的仪式。根据佛教的说法，四月初八这一天将是一个分水岭，决定了谁是好人，死后进入

---

① 农历四月初八是古代的浴佛节，亦称洗佛节、佛诞节和龙华会。这一天，老北京盛行舍豆结缘的习俗。佛教认为人与人之间的相识是前世结下的缘分，即"有缘千里来相会"之意。因为黄豆是圆的，"圆"与"缘"谐音，以"圆"结"缘"，其非凡意义人所共知。浴佛节便由此有了吃豆的习俗，此习俗起于元代，最盛于清代。上至宫廷下至寻常百姓家，都有此风俗。清宫内每年四月初八，都要给大臣、太监以及宫女们发放煮熟的五香黄豆。——译者注

天堂,谁算是坏人,死后堕入阿鼻地狱。在那一天,太后会赏赐自己喜欢的人一盘豆子,一共有八粒,拿到的人将其吃下。

皇后告诉我说,要是在那一天我送一盘豆子给太后,她会非常高兴的,那样子做的寓意是:"我们来生还能再相会。"那一天,我真的这样做了,太后非常高兴。

我们在湖的西面用午餐。太后说起我们第一天入宫的情形,问起我的母亲道:"我想知道裕庚有没有好一些,他什么时候能来宫里呢?他从法国回来之后直到现在,我还没有见过他呢。"(当时,父亲因为身体健康状况不佳,告假三个月)

我母亲回答说,他已经好一些了,只是腿脚依然非常虚弱,不能长时间走路。

太后说道:"哦,我忘记告诉你们了,如果你们打算回去看一看,可以向我告假。我近来太过忙碌,竟忘记了提醒你们。"

我们谢恩之后,趁机回禀太后说,我们很想回家去看望父亲。太后于是吩咐说,我们第二天便可以出宫回家去。她接着问我们打算在家里过多长时间。我们当然知道宫里的规矩,就回答说敬候太后恩准。太后便说:"两三天的样子可以么?"我们赶紧回答说,那实在是再好不过了。

我很奇怪太后为什么主动提起了这件事情,不知道是不是有人告诉了她我们的想法,还是她会什么读心术之类。

那天下午太后离开之后,我去找皇后。皇后一向待人和善,彬彬有礼,对待我们最和气不过。她拉着我坐在身边。太监为我端上了一杯茶。整个房间的陈设和太后的寝宫几乎一样。我仔细观察过了,房间里面的每件物品都相当讲究,显示出主人高雅的审美品位和不俗的眼光。

我们谈论了很长时间,话题都是关于宫内生活的种种。皇后说她很喜欢我们,太后也是如此。我告诉皇后说,太后准许我们回家两三天,真想不到她这样体恤下人。皇后说,其实是有人在太后面前提醒的,因为我们进宫已有两个多月。后来我才得知,是李莲英总管听说我们的想法,在太后面前提议的。

皇后说:"我可以教你们一些小技巧。你们虽然得到了太后的恩准,明天可以离开皇宫回家去。但是,太后并没有提到回家的具体时间。你们不要对别人提及此事,也不可显示出即将回家的兴奋和急迫。不要穿成好像要回家的样子,还是照常做平日里的事情,作出对这件事平常看待的样子。若是太后明天太忙,忘记了让你们回去,也万万不可提醒她。回去之后,为了显示你们在意太后,应该比约定时间早回来一天,这也是宫里的规矩。"

能得到皇后这样的提醒,我非常高兴。我同时又向她请教,我们能否在回来的时候,带一些礼物给老佛爷。皇后说道,那样做当然很好了。

第二天,我们一如既往地伺候着,陪着太后到大殿参加早朝。退朝之后,太后吩咐将当天中午的午膳安排在那处乡村茶室。她所提到的乡村茶室就建在牡丹山上,建筑方式完全是乡村风格的,以稻草和竹子搭建而成,并用竹子做成了所有的家具和室内摆设,材质普通却做工精细,非常新颖,让人耳目一新。窗子上都挂着粉红色的丝绸窗帘,窗棂上刻着一排排的"寿"字和蝴蝶图案。

在这处精致美观的小建筑后面,有一座竹子搭建的凉亭,围着护栏,挂着红灯笼。座椅挨着栏杆,人可以很舒适地坐在上面欣赏风景。此处便算作是女官们的侍应室了。

午餐之后,我们和太后玩骰子,玩了很长时间。这一次总是我赢得多。太后笑着对我说:"你今天运气很好哇。我想你马上要回家去了,心里头高兴,你的神仙们都在保佑你了。"之所以说我的神仙,正如前面介绍过的,这个游戏叫做"八仙过海",每个人手中都有几位神仙。

"依我看,你现在可以动身回家了。"太后说着,回转身问一位太监现在什么时辰了。太监回答说两点半。我们叩头谢恩之后,站在那里静候吩咐。太后说道:"虽然知道你们过上两三天便会回来,但是看到你们要走,我还是觉得有些舍不得,我会很挂念你们的。"

太后又对我母亲说:"你回去告诉裕庚,让他好好休养身体,早点好起来。我让四位太监陪你们一同回去,带一些我的米给裕庚,希望他吃了之后,能够更快地好起来。"听了这些,我们再次叩头谢恩。

太后最后说道:"你们走吧。"我们退出来,看到皇后站在走廊里。我们向她行礼,又和别的宫女们道别之后,回到自己的房里准备动身回家。我们的太监很不错,已经提前把需要用的东西都收拾好了。

我们赏赐了太监十两银子,这是宫中规矩,又赏赐了每名轿夫四两银子。我们到了宫门口,看到轿子已经等在那里了。我们和太监们道了别。奇怪的是,他们竟一反常态地流露出一些关切之情,叮嘱我们早点回到宫里来。太后派来的几位太监见到我们进入轿子,便也都上了马,跟在轿子旁边一路随行。

此时想象在宫中的两个月生活,恍然如梦幻一般。我坐在轿子里,一边是对太后的依依不舍,一边是对父亲的深深思念之情。

经过了两个小时,我们到了家。父亲看上去好了很多,他见到我们也是欣喜异常。四位太监走入客厅,把一只黄袋子放在桌子上,里面是太后赏赐的米。父亲对着黄袋子磕头谢恩。我们赏赐了太监一些小礼物,完成了任务,他们便离开了。

我向父亲描述了我们的宫廷生活,太后如何慈祥友好地对待我们等等情况。父亲问起我能否在有朝一日抓住机会,对太后进行一些积极的影响,促动太后推行改良维新。他还说希望自己能在有生之年看到这一天的到来。

不知道为什么,在那一刻,我觉得自己能够做得到。我毫不犹豫地答应了父亲,表示将竭尽所能做好这件事情。

第二天早上,太后又派了两位太监过来,送来一些食品和水果。他们转达说太后很惦念我们,并让他们问我们是否挂念太后。我们告诉他们,我们实在是非常惦念太后,迫不及待要回到宫中了,我们准备明天就返回。

我们在家里待了不过两天,却有很多人来看我们,让我们一直忙个不停。父亲建议我们第三天凌晨三点钟动身,以便在太后起床之前赶到颐和园。他还交代我们在宫中要一心一意服侍好太后和皇上,不必过多惦念他。

5

我们按照父亲的建议,第二天凌晨三点钟动身,当时天地间一片漆黑,与两个月之前我们离开的时候全无二致。可事实上,对于我们来说,又有了多么大的改变啊!有了这段经历,我觉得自己是世界上最幸福的女子。很多的人,尤其是皇后,都告诉过我,太后非常喜欢我。尽管我也听说,太后平日里并不怎样理会年轻人。

尽管我为此而高兴,但是也注意到一些女官并不喜欢我,她们时常故意不向我透露太后的需求和好恶,让我在很多场合因不知深浅而茫然无措,她们躲在旁边暗暗观察看我笑话。无论什么时候,太后当着我母亲的面夸奖我做事小心谨慎,令她很喜欢,那些宫女总是会彼此心照不宣地相视而笑。

我知道,我很快又将见到这些人了。无论如何,我都将独自一人面对那些人的挑战,并且要取得胜利。我想对太后有所用处,心念集于一处,才不会在意旁边的这些人。

凌晨五点多,我们抵达了颐和园。专职伺候我们的那些太监见到我们返回宫中,个个喜形于色。他们告诉我,太后还没有醒来,我们还有时间回到自己的房里歇息片刻,他们已经准备好了早餐。

我们首先去问候皇后,她正准备去太后那里。皇后见到我们非常高兴,告诉我们说,我们的衣裳已经做好了,她看过了,都做得美观大方,我们穿上一定很好看。

我们都饿坏了,好好地享受了一顿早餐。吃完早餐,我们去见太后。太后此时已经醒来,我们进入她的卧室,照例向她请安,并跪下叩头,感谢老佛爷在我们回家时间里的记挂,赏赐给我们的那么多物品。

太后坐在床上，笑着对我们说："回到宫里，回到了我的身边，你们高兴么？我知道无论哪个在我这里待过的人，总是不愿意离开了。我很高兴见到你们回来。"她又问我母亲："裕庚现在情况怎样？"

母亲回答说，裕庚的身体好多了。太后问及我们在家的这段时间做了些什么，我们是否还记得她为我们选择的换装日子。我们回答说不但记得，而且一直热切盼着那一天早些到来。

此时，有太监搬来了三只大黄箱子，装满了漂亮衣服、鞋子、白色丝绸袜子、手帕、坚果袋，还有头饰等等一整套东西。我们磕头谢恩，表示太后赏赐的每样东西，我们都非常喜欢。

太后命太监把每样东西都拿出来给我们一一看过，并对我们说道："看看吧，我赏给了你们一整套满族正式装束，一串琥珀朝珠，两件绣袍，四件平时替换穿着的普通袍子，两件每逢忌辰（历代皇上或皇后的周年忌）的时候穿着的袍子，一件天蓝色，另一件淡紫色，带着细碎的边饰。另外呢，还有很多的内衣。"

我看了这些非常兴奋，对太后说恨不得立刻就能穿上这些衣服。太后忍不住笑道："你们一定要等到我选择的吉日到了，才可以穿上这些。你们要先学会梳头，这是一件很不容易做的事情，让皇后先教教你们吧。"虽然她让我等一等，但是我知道，看到我们如此兴奋，她是很高兴的。

第一天进宫的时候，太后曾问过我，为什么我的头发是卷卷的。我用纸筒将头发卷起来给她看，告诉她头发就是这样烫出来的。她后来经常用此事开我的玩笑。她告诉我说，要是我们不及时地把头发拉直，等到穿上了满族服饰，所有人都会取笑我们的丑样子。

那天晚上，我坐在走廊里歇息，一位女官走过来对我说道："不知道你穿上满族衣服会不会好看？"我对她说，我只希望看上去自然顺意就好。她说："你在外国生活了这么多年，在我们看来，你就是个外国人。"我对她说："只要太后将我视作自己的人，我便心满意足了，其他的事情就不劳您过问了。"

我知道她们嫉妒我，就干脆离开走廊，径直去找皇后，把她一个人晾在那里。我在侍应室里和皇后聊天的时候，那名女子走了进来，坐在我的旁边，默不作声，自顾自微笑着。

一名丫鬟在附近为太后修剪鲜花，问那位女官为什么一直在笑个不停。皇后看到了也同样发问。她默不作声，还是一直在笑个不停。这个时候，一位太监进来传话，说太后要见我。

后来，我一直想搞清楚那位女官后来和皇后说了些什么，却一直没有机会实现。虽然无关紧要，但是那件事儿依然成了我心中的一个谜，永远也没有机会揭开谜底了。

几天过去了，一切都相安无事。太后一直心情愉快，我也一样。有一天，皇后提醒我们说，是时候为十八号那天的换装仪式做些准备了，保证那天一切顺利，因为时间已经很近，只剩下了两天。

那天晚上伺候太后休息之后，我回到自己的房间戴好新头饰，然后去找皇后。她看了之后评价说非常好看，太后肯定会更喜欢我的满服造型。我告诉皇后，在我小时候去法国之前，一直是穿满服的，理所当然地知道该怎样穿着。为什么那些女孩子都轻视我，把我当做外国人来看待呢？

皇后对我说："那样子对待你，只会显得她们自己的无知，她们就是在嫉妒你，你完全不必放在心上。"

第十一章 换 装

1

第二天，我们比平时起床更早一些，很细心地穿好新衣服。反反复复照着镜子，我完全不敢相信自己的眼睛，在心里问了无数遍，这到底是不是我啊。

尽管我已经很久没穿过这种服装了，看上去效果还是挺不错的。在此之前，大家或许认为我们这样穿会不好看。我们的太监们看到我们这样穿着，个个都显出很高兴的样子。

皇后到太后宫里去，路过我们的住所时，走了进来，等着和我们一道过去。

等我们到了侍应室，许多人都进来看我们，叽叽喳喳评头论足个不停不休，让我们很是不好意思。几乎每个人都说我们这样穿着比穿洋装好

裕德龄清代宫廷装束照

看多了。只有光绪皇帝是个例外,他说道:"在我看来,你们穿巴黎服装要比这样子好看得多。"

我笑着,不置可否。皇帝看着我们,摇了摇头,走进了太后的卧室。

李莲英走了进来,看到我的样子也表现得很是兴奋。他让我们马上去见太后。我告诉他说,那么多的人都围着我们看,好像我们是怪人一样。李莲英说道:"你不知道你们现在看起来有多么漂亮。以后可再也别穿那些洋装了。"

太后见到我们,先是笑得前仰后合,这让我心里有些没有着落,觉得她会不会认为我们这样穿不自然。太后随后说道:"真不敢相信你们和原来的女子是同一个人,你们自己快来照照镜子吧。"她指了指房间里的一面大镜子,"看看你们的变化多么明显,我现在感觉你们都是我的人了。我还要为你们做更多的衣服。"

此时,李莲英提醒了一句,二十号就是立夏了。按照风俗,到了那一天,每个人都要取下金簪,换上玉簪。

慈禧太后说道:"嗯,李总管,很高兴你提醒我这件事情。我都已经让她们换穿满服了,自然也应该每人赏赐一支玉簪。"李莲英得令出去,转眼拿着一盒子玉簪回来了,每支玉簪都是纯色绿玉制成。

太后拿出一支递给我的母亲,说这支簪子曾经被三位皇后佩戴过。她又拣出了漂亮的两支,一支给我,一支给了我妹妹。太后告诉我们,这两支玉簪是一对儿,一支是东太后时常佩戴的,另一支是她自己年轻时候佩戴的。

我深感惭愧,太后赏赐了我们这么贵重的礼物,我们却不知道能为她做些什么。我们由衷地向太后谢恩,表达不尽感激之情。

太后说道:"我将你们视作我的人,给你们做最好的服装。我还准备要你们像格格王妃们一样,穿完整的宫廷服饰。你们都是我的宫廷女官,理所当然要享受公平待遇。"

李莲英站在太后身后向我们使眼色,我们心下明了,赶紧叩头谢恩。我都记不清这一天磕了多少回头。新戴上的头饰很重,我还不很习惯戴这个，叩头的时候，总担心它会掉下来。

　　太后还说，要在自己七十岁寿辰的时候为我们封衔。所谓"封衔"，在这里我有必要向读者作个解释。每逢太后整十寿数的时候，她常常会对自己喜欢的人、为自己做过贡献的人、或者是对自己有过帮助的人格外施恩。虽然太后平时也会提拔一些人，但在寿辰时的施恩格外不同，会更显重视。

　　皇后向我道贺，还说太后在为我物色年轻的王爷结为夫妻。她也是个爱开玩笑的人。我没有把她的话放在心上。

　　我写信给父亲，告诉他太后给我们的恩典。他回信说，我们可以接受这些恩赐，并要竭尽所能忠诚地服侍太后，直到其终老。

　　我感觉很幸福，宫中的生活真是无限美好。太后一以贯之地和蔼可亲、慈眉善目。自从我们改穿了满族服装，正如太后所提到的那样，她看待我们更有不同了。

　　有一天，我们在月色之下泛舟湖上，兴致正浓时，太后问我是否还会想到法国。那真是一个极其美好的夜晚，几只小船跟在我们后面。其中的一只小船上，太监们演奏着动听的音乐，清越之声穿越夜色，悠悠扬扬响彻宫廷。太监们用的是长笛，还有一种很像曼陀林的乐器，名字叫做"月琴"，一种很小的竖琴，因形如满月而得名。太后和着节拍轻吟浅唱着。

　　我回答太后说，能够服侍太后，我们很满足，哪里都不想去。太后认为我应该学会吟诗，她可以每天教我。我回答说，父亲曾经教我学过各种各样的诗，我也曾胡乱写过几首。

　　太后很惊讶地说道："你以前为什么没有告诉过我这些事儿呢？我喜欢诗。你以后要经常读给我听听。我这里有不少书籍，收录了不同朝代的诗歌，数量浩如星辰，多得数也数不清。"

　　我对太后说自己的汉语知识很有限，只学过八年的中国文化，唯恐在太后面前露怯。太后告诉我，宫里只有她和皇后熟悉中国文化，她曾经尝试教女官们读书写字，但是发现她们太过懒惰，只好放弃了。

我的父亲曾经告诫我,平日里要小心一些。除非有人问起,千万不要显得锋芒毕露。所以我一直保持低调,学诗写诗的事情从不为外人道也。这次在这种情况下让大家知道了这件事,有些宫女对我更加不友善了,这种负面的状况日复一日地持续着。

这些小插曲之外,整个四月份在愉快的心境中轻松度过了。

2

五月初一这一天,我们每个人都很忙碌。因为,从初一到初五,是"五毒节",又叫做"龙舟节"——这个我稍后会作详细解释。

在这段时间里,按照宫中习俗,所有的高官、皇亲国戚、御前女官和太监们,都要向太后进贡礼物。我从未在宫中节日庆典上见到过这么多的礼物。

每个送礼的人都要同时附上一张黄纸,右下角写上"某某某跪进"字样,并附礼品清单。这些礼物用黄色箱子装着,由太监们一只只抬着呈上来。这五天之内,所有人都非常的忙碌,尤其是那些太监们。

我实在统计不出到底有多少人进贡礼品。那些礼品琳琅满目各色各样,包括日用品、丝绸、珠宝等等。很大一部分礼品是些普通的洋货。我还看到了精美的雕刻和刺绣。

太后吩咐把其余的都储存起来,只留下那些洋货,对于她来讲,只有这些玩意儿还能有点新意。

五月初三是进贡礼品的日子,当时的场面蔚为壮观。我们忙碌着准备了一整天,还要兼顾着去帮助皇后做些事儿。第二天早上,我们把礼物装进黄色木盒子,放在大院子里。

皇后的盒子放在第一排,礼物都是她亲手制作的,包括十双鞋子,绣花丝绸手帕,小小的槟榔袋、烟草袋,无不做工精致,令人印象深刻。瑾妃细心准备的礼物和皇后的差不多。

女官们的礼物则是各式各样种类繁多,因为在节日之前大家可以请假出宫随意购买。宫里时刻要有人,所以我们不能一起外出。谁谁买了什么礼物回来之后,大家凑在一处交流讨论,总是兴奋异常。

我们母女三人都没有请假出宫,我们之前就已经准备好了礼物。宫里的每个人似乎都在讨论着关于礼物的话题,想知道太后是否喜欢自己的东西。我们此前已经写信到巴黎去,购买了一些精美的法国锦缎和一套法兰西风格的家具。

虽然在宫里待的时间不算长,我们却已经掌握了太后的喜好。所以,我们赠送的礼物中,还包括扇子、香水、肥皂及其他法国新奇的东西。

太后一样一样查看那些礼物,每当看到层次低质量差的,就要搞清楚是谁送的。

太监和宫女们也都准备了美观实用的礼物。太后会挑一些自己最喜欢的礼物,其余的吩咐人存起来,从此再也不理会。

不得不说,太后非常喜欢那些外国货,多有称赞之词,特别是那些花哨的法国锦缎。因为太后每天都要着人为自己制作新衣服。那些肥皂和搽粉能让她的皮肤变得细腻美观,她也很是喜欢。

太后为此对我们表示了特别的谢意,她称赞我准备了这么好的礼物,真是有心了。对于那些太监和宫女们的礼物,太后也都表示感谢,一碗水端平,基本礼节都要做到,令每个人都很高兴。

五月初四是太后反过来赏赐高官、皇亲国戚、御前女官和太监们礼物的日子。在这方面太后有着令人震惊的记忆力。她记得前几天里收到的礼物有什么,进贡礼物的是哪些人。

那又是忙碌的一天。太后根据对方赠送自己礼物的优劣决定自己回赠的礼物的层次。我们备好了黄纸,在上面记下太后赏赐什么礼物给哪个人。

那一天,因为一位王妃赠送的礼物太过菲薄,让太后很是不开心。太后命我们将王妃的礼品盒子留在自己的房间,并说要亲自细心看一看,里面到底是些什么玩意儿。

从太后的神色上,我判断出她内心的不快。她命我们将那些东西留在大厅,再量一下礼品盒中的绸缎和丝带。丈量的结果是:那些丝带长短不一,总体看来都太短,尺寸根本不够装饰一件长袍;衣料的材质也都普普通通。

太后对我们说道:"你们看看吧,这些能算上是好礼物么?我心里清楚得很,这些东西是别人送给她们的,她们留下了最好的,把剩下的东西进贡给了我。因为她们也知道,不进贡一些礼物是说不过去的,而进贡好的礼物给我自己又舍不得。我真想不通她们怎么敢如此粗心大意地敷衍,可能是她们认为我收到的礼物太多,根本不会在意。她们那样想可就大错特错了,我首先会注意到那些菲薄粗鄙的礼物,所以我总能记得是谁进贡的。哪些人是认真对待,真心实意要让我高兴,哪些人只是没有办法被迫敷衍,我看得明明白白的。我不会客气,会按照她们的送法赏赐她们的。"

太后赏赐了每位女官绣袍一件,几百两银子。她赏赐给皇后和瑾妃的也是这些。赏赐给我们的礼物则略有不同,每个人是两件绣袍,几件寻常衣装,此外尚有短装、夹袄、鞋子和头花。太后说我们的衣服不多,就不赏赐银子了,以衣服取而代之。

此外,太后还赏赐了我一对精美的耳环,却没有同样赏赐给妹妹。太后留意到我只戴了一对普通的金耳环,我妹妹却戴着一对珍珠翡翠的。太后对我们母亲说道:"裕太太,我看你有些偏心啊。容龄有这么精美的耳环,德龄却没有,这小姑娘,可怜见儿的。"

没等母亲回答,太后便转身对我说道:"我有一对好的耳环赏赐给你。你现在是我的人了。"

我母亲告诉太后,我不爱戴那种分量沉重的耳环。太后笑着说:"别担心,她现在是我的人了,我会给她想要的东西,这个不劳你费心了。"

太后赏赐我的耳环很重。她说只要每天都坚持戴,很快习惯了就没问题。她的话很快便得到了验证,我习以为常之后,的确很快便感觉不到耳环的存在了。

3

再谈论一番这个节日吧,它又称为龙舟节。按照中国传统的说法,五月初五的中午乃是一年之中最毒的时辰,蟾蜍、蜥蜴、毒蛇之类的毒物,都在这个时辰藏身泥土之下,此时它们全身麻痹,动弹不得。造药的人通常会在这个时辰挖出那些毒物,放在罐子里,风干了做药饵。

这些情况是太后告诉我的。五月初五那天,我四处游荡,深挖浅掘,结果却一无所获。

按照通常的习俗,在那天中午,太后要拿着一只盛满酒的小杯子,里面加上一些雄黄(类似于硫磺的东西)。她拿一只小刷子在酒杯里蘸一下,在我们的鼻孔下和耳垂上画上黄色小点儿。这样的用意是保证在接下来整个夏天,防止任何毒虫爬近我们。

之所以这一天被称为龙舟节,是因为在中国周朝的时候,连年征战,国家四分五裂,每一处领地都有一位统治者。当时的楚国有一位大臣叫做屈原,他力谏楚王与其他六国结成联盟,共御外侵,却遭到昏庸楚王的拒绝。屈原知道,楚国将在不久的将来遭到吞并。他心系楚国却痛感自己无力回天,最终捆了石头投江,自杀殉国。

屈原在中国农历五月初五这一天,投入汨罗江自尽。从此以后,每到这一天,楚王都要登上龙舟,祭奠屈原的灵魂。同时,向江水中投入一种名为"粽子"的米团。从那以后,每年的这一天,人们都会进行这样的纪念活动。

宫里的剧院首先上演了一幕屈原投江的历史剧,非常生动形象。接着又演出了五月初五中午时辰到来之前,各种毒物竭力躲进泥土的场景。

那一天我们每个人都穿上了虎头鞋,鞋子的前端做成虎头的样子。我们的头饰上面也戴上了一只小老虎,是用黄色丝绸做成的。这种装束平时只有小孩子才穿戴,寓意是希望他们像老虎那样子强壮,可太后命我们也都这样穿戴。那些满族官员的夫人们来到宫里,看到了我们的样子，都在取笑我们。我告诉她们说，这是奉太后之命穿戴的。

宫中有一个特别的记录册子，记录的是每位御前女官的生日，由太监总管李公公保存。我的生日是五月初十。早在几天前，李总管就提醒我说，按照规矩，我生日的时候，应该送水果、糕点一类的礼物给太后。我就订好了八盒各色点心。

那天一大早，我穿戴好全套宫装，竭力把自己打扮得漂漂亮亮花枝招展，去向太后请安。等到太后穿戴完毕，太监们把礼物送进来。我把礼物呈送给太后，虔诚地行了三叩九拜之礼。

太后表示了谢意，并祝我生日快乐。随后，太后赏赐了我一对檀香木手镯，雕刻极其精美，还赏给我了几匹真丝织锦。她告诉我，已经着人为我准备了长寿面，庆祝我的生日。这也是一种习俗。我再次跪谢她的仁慈和体贴周到。

我又去向皇后请安，得到了她赏赐的两双鞋子和几条刺绣丝巾。回到居所之后，我看到了女官们送来的礼物。总而言之，我度过了一个愉快的生日。

裕德龄清代宫廷装束照

4

在我的有生之年，我永远也忘不了那个五月十五日，因为对于所有宫中的人来说，那真是不幸的一天。

那天早晨，我们一如往常地很早便到了太后的卧室。太后抱怨说自己的后背太痛了，根本无法起床。我们轮流为她按摩背部，终于让她起了身，不过略微迟了一点。她仍是烦躁不安，对什么都不满意。

皇帝进来了，跪下向太后请安。太后瞧也不瞧他一眼。我注意到一个细节，每当皇上看到太后心情不悦的时候，就较平日更为沉默寡言。

每天为太后梳头发的那位太监生病了，只好安排了另外一位太监代替他。太后命我们紧盯着这位太监，不容许梳掉了头发。平日里哪怕只被梳掉了一两根头发，太后都无法容忍。

这位替代的太监老实而笨拙，远不如原来的那一位灵活机巧，发现太后掉了头发也会偷偷藏起来。这一次，看到有头发掉落的时候，这个可怜的太监一时间吓得手足无措。

太后从镜子里看到了他惊恐无措的样子，便问是不是他梳掉了头发。太监惊恐万状地回答是的。太后雷霆大怒，叫嚷着命太监让头发再长上去。我听了几乎要笑出声来。太监却是万分惊恐，开始哭了起来。太后让太监滚出去，并叫着待会儿再惩罚他。

我们帮着太后盘上了头发。为她梳头发真是不容易，她的头发很长，梳起来很困难。

太后照常参加了早朝，结束之后，她告知李莲英刚刚发生的事情。这位李总管是个彻头彻尾的残忍的坏家伙，他说："老佛爷太仁慈了，为什么不打死他呢。"

太后马上命李莲英将那太监带到他的住处，接受惩罚。过了一阵子，太后又说饭菜做得很糟糕，命令惩罚厨子。

女官们都告诉我说，太后一旦心情不好，就会吹毛求疵，看什么都觉得不好。所以，那天一而再再而三地发生了很多的事情，我也不觉得奇怪了。

后来，太后又挑刺说我们脑后的"燕尾①"梳得过低，一个个看上去傻乎乎的蠢笨异常。

我们每天都是这样子梳头发，太后在此之前从来没有留意看过一眼说过一句。这一次她却盯住了这个不放。她看着我们说道："现在我要去上朝了，不需要你们在这里。你们都回房去将头发重新梳理一番。要是我看到你们还是梳成那个样子，我非把你们的头发剪了不可。"

见到太后这样声色俱厉地呵斥我们，我从未有过地大惊失色。我不知道太后这些话是不是说给我听的，但是我想自己还是聪明点为妙，便回答说马上去重梳。

我们都做好了离开的准备，太后站在那里望着我们。我们走出了大约五六步的样子，我听到太后大声呵斥长寿道："你不要自以为是，认为自己没有犯错，还待在这里做什么？还不速速给我滚开！"

我们向自己房间走的时候，一些人开始嘲笑长寿。这令她非常生气。

太后对某个人发脾气的时候，常会连带着说我们都有意和她作对，惹她生气。其实不得不说的是，我们每个人都诚惶诚恐，平日里在太后身边大气都不敢喘，哪里有谁敢那样做呢？相反的是，我们每个人每天都竭尽所能去取悦太后。

太后狂风暴雨了一整天，我尽量离暴风雨中心远一些。有些太监到太后那里去请示一些重要的事情。太后完全不为所动，看都不看他们一眼，只是看她的书。

说句实在话，这一天我觉得非常痛苦。一开始，我认为太监们都是忠心耿耿的奴才。后来，每天都见到他们之后，我才了解他们的底细。他们都不是良善之辈，太后时不时让这些人吃些苦头，对于整肃宫廷规矩来说，未尝不是件好事。

---

① 满族的发式讲究是在脑后的正中间，梳出两个尖角燕尾形扁发髻，垂于脑后，被称作"燕尾"。——译者注

皇后让我一如往常,到宫里去服侍太后。她说若是我能提议太后玩一阵子骰子,或许太后能忘记心中烦恼也未可知。起初我本不愿意去尝试,担心会被太后骂,可是看到皇后可怜兮兮的样子,听到这温柔得体的话语,又不忍心拒绝,便答应试一试。

我进入太后的起居室,看到她正在读书。她见我进来,说道:"过来吧,到我这里来,我对你说些事情。你要清楚,宫里的这些人都不是什么善茬儿,我一丁点儿都不喜欢他们。我可不想让他们对着你嚼舌根,说我如何如何的邪恶刻薄。你别理他们。以后别把发髻梳得这样低,今儿早上我不是对你发脾气。你和他们是不同的,别受他们的影响。我希望你站在我这一边,按照我说的去做事。"

太后很和蔼可亲地和我说这些话,脸色也缓和了,与早上的严厉模样判若两人。

我理所当然地赞同太后的话,并说只要能让她高兴,我做什么都可以。太后和我说话时的神态就像慈母对爱女,使我马上改变了早上的看法。我心里想着,也许太后是对的。我也常听大臣们说,不能对太监们太好了,因为他们会毫无理由地伤害他人。

那一天,太监们做事无不小心翼翼,比平时尤甚。有人告诉我说,太后要是发火了,会没完没了的。然而,她对我说话的时候,却总是语气舒缓,一副和蔼可亲的样子,好像她压根儿没有烦恼。只要摸透了太后的脾气,她并不难服侍。

我心想着,太后很有个人魅力,让我都几乎忘记她早上曾经暴风骤雨地发过脾气。太后似乎猜到了我的想法,说道:"我能让别人恨我胜过毒药,也能让他们爱我强似母亲,我有这样的力量。"我知道,她形容得一点儿也不过分。

第十二章　太后和康格夫人

1

五月二十六日的早朝之上,庆亲王禀报太后,美国公使康格夫人请求以非官方形式前来觐见太后,至于具体时间,请太后酌情决定。太后请庆亲王明天再回复对方,以便她考虑一下。

我坐在大屏风的后面,听着前面的对话。可是,那些宫女们一直叽里呱啦吵个不停。好在太后命她们在早朝的时候保持沉默。这令我很是高兴,这样我就有机会听到太后和大臣们有趣的对话了。

退朝之后,太后吩咐将午膳安排在山顶的排云殿。太后说想走一走,我们便跟随着她慢慢走上山去。要走到排云殿,我们需要登上二百七十二级台阶,还要走十分钟崎岖不平的山路。

太后完全不在乎这样的路程,走得并不费力。倒是那两

颐和园排云殿远眺

名小太监一左一右搀扶着太后的臂膀,费劲地和她的脚步保持协调的样子,很是惹人发笑。太后爬山的时候全神贯注,一言不发。

到了目的地之后,我们都感到筋疲力尽。健步如飞的太后看到我们这副样子,就取笑我们。太后无论在游戏中还是在体力耐力的表现上超过了别人,总是会很高兴。她说道:"看看我都这把年纪了,还是比你们年轻人走得快啊。你们真是没用啊,这是怎么回事呢?"

一些说得上话的人此时就开始恭维太后,说她身强体健远胜过年轻人等等。太后更加高兴了。她特别喜欢别人恭维自己。我在宫中待得时间久了,也学会了什么时候说什么话让她高兴。不过恭维也需要恰当的时机,若是时机不对,她也会不悦的。

这个叫做排云殿的地方精美气派。殿前有一处开放的空地,像个大院子,长满了粉红色和白色的夹竹桃。空地上摆放着一只瓷桌、几只瓷凳。

太后安坐于她的黄缎椅子上,静静地品茶。碧空万里,阳光和煦,风却较大。太后坐了片刻,觉得风太大,便要众人移进大殿。我特别高兴能够进入大殿,我偷偷和皇后说道,真怕大风把发髻吹坏了呢。

太监们把午膳饭菜一一摆放在桌子上面。皇后朝我们示意,让我们跟着她走。我们跟着皇后走到了后面的游廊,在窗边的座位上坐了下来。我要描述一下这种窗边的座位。宫中的建筑窗子都设置得较低,在走廊的内侧沿着窗子,安设有一排长凳,大约有一英尺宽。除了太后的座椅外,那个地方见不到第二把椅子。

皇后问起我有没有看出来太后若有所思。我说大概是太后在考虑早上庆亲王提到的那个私人会面的事情吧。皇后说道:"你猜对了,不过你知道具体的情况么?太后与康格夫人什么时候会面呢?"我回答说太后尚未决定呢。

这个时候,太后用完了午膳,在大殿里来回踱着,看着我们用餐。她走到我母亲身边说道:"我弄不清楚康格夫人请求私人会面的用意。大概她要对我说些什么。我倒是很想知己知彼,便可以作好应答的准备了。"我母亲猜测道,或许是康格夫人想向太后引荐什么人吧。

"不,不会是这种情况的,"太后说道,"想进宫的人,无一例外地会事先呈送一份名单给我。正式的会见我倒是不在乎,但是想不到会有人请求什么私人会面。你们都了解,我是最不喜欢接受别人询问的。那些外国人倒也算是友好和善,有自己的行事作风,但是在礼仪规矩上面,毕竟比不得我们。我这么下结论可能有些保守,但是我一贯尊崇祖宗传下来的礼仪规矩,在有生之年是不会更改的啦。众所周知,咱们中国人从很小的时候就开始接受礼义廉耻的教诲。若是把老的教训和新的想法比较起来,似乎人们更见偏爱后一种。我的意思是,所谓的新想法,大概就是基督教之类的吧。这些教义主张毁掉祖宗的东西,想着一把火烧干净才好。我知道,一些人家被传教士搞得四分五裂不成样子,因为传教士吸引那些人家的年轻人信仰他们的宗教。"

太后又说道:"现在告诉你们我为何对这次会面感觉不自在,因为我总是对人家彬彬有礼,不忍心拒绝人家的任何请求,尤其是在当面的情况下。外国人却似乎并不懂得这些。告诉你们我会怎么做,无论外国人要求些什么,我都会简单直接地告诉他们,我一个人可说了不算,我还要和众位大臣们商量呢。尽管我是中国的皇太后,我还是必须遵从律例。说真的,我本人非常喜欢内田夫人(日本公使夫人),她为人行事总是保持着平和优雅的风度,从不问那些愚蠢乏味的问题,不提那些不合时宜的要求。毕竟还是日本人和咱们更相像一些,不会那样不懂规矩。去年,在你们还没有进宫的时候,有一位女传教士跟着康格夫人一起过来,建议我在皇宫中建立一所什么女子学校。我不想令她们不快活,就姑且说会考虑考虑。现在,试想一下,在宫中建一所什么学校,这是多么荒谬可笑的想法啊。换个角度说,我又到哪里去找那么多的女子来这学校读书呢?我做的事情已经够多的了,我可不想那些皇室家庭的孩子都跑到宫里来上什么学读什么劳什子书。"

说着,太后笑了起来,大家也跟着笑了起来。

"我就知道你们要发笑了",太后接着说道,"康格夫人么,看得出是个最和善不过的人。而美利坚对待中国也是一向友好的,这个大家都看得出来。我特别想重提的是光绪二十六年(1900年),他们在宫中的友善行为让我尤为赞赏。但是,我却不能因此而喜欢那些传教士。李莲英曾经和我讲过,那些传教士会给人一种药物,中国人吃了之后,会自愿成为基督徒。等到了那个时候,这些传教士便会宣称,这可不是他们强迫谁违背自己的意愿,去信仰他们的宗教的,请中国人自己仔细想想是不是这个道理。据说,这些传教士还会抓走中国贫苦家庭的孩子,挖出他们的眼睛去做药。"

我对太后说,那些传闻是不真实的。我曾经见到很多外国传教士,他们都有一副善良仁慈的心肠,愿意为中国贫苦的人们做任何事情。我还和太后讲起外国传教士为那些中国可怜的孤儿们做了些什么——提供住所、食物和衣服。他们还常常到国内来,领养那些遭到父母遗弃的盲童。我知道几个这样的例子。那些乡村的人们把自己的残障子女送给传教士,他们因为贫苦无助,无力承担抚养孩子的义务。我还告诉太后传教士所开办学校的一些情况,以及他们帮助穷苦百姓的其他事儿。

太后笑了,说道:"当然了,我愿意相信你所说的这些,但是那些传教士为什么不待在自己的国家,帮助他们本国的百姓呢?"

我想着,言多必失,在弄不清楚太后实际想法的情况下,说得太多对自己可没什么益处。可是,与此同时我又想让太后知道,对于一些传教士来说,在中国的日子无疑是令人沮丧甚至恐惧的。前一段时间,也就是1892年6月份,两名传教士在汉口附近的武穴被杀害,所在的教堂也被那些暴徒们烧毁了。我父亲当时被总督张之洞派去调查这一事件的来龙去脉。经过了重重困难,最终抓到了三名凶手。依照大清律法,这三名杀人犯应该被处以站笼之刑①。当地官府还给了受害传教士

---

① 站笼,中国古代的一种酷刑,盛行于清代。犯人站在特制的木笼里面,上端是枷,卡住犯人的脖子,脚下可垫砖若干块。犯人受到痛苦的轻重和苟延性命的长短,全在于抽去砖的多少。有的犯人是先站而后斩,有的则是活活站死其中。站笼之刑在惩罚犯人的同时,将其示众,以起到警示、威慑的作用。——译者注

家属一笔损害赔偿金。

1893年,在扬子江畔靠近湖北宜昌的麻城,一座天主教教堂也被焚毁。那些暴徒们说,他们看到了很多盲童被关在教堂里,都被洋人传教士残忍地挖去了双眼,被迫在教堂里做苦工。宜昌知府也证实说确实如此。我父亲便提议将天主教堂里的那些盲童带到衙门里询问调查。

那宜昌知府是个阴险邪恶之人,又极其仇视和排斥外国人。他偷偷做了安排,提前发给了那些可怜的孩子们很多食物,引诱并教会他们一套说辞,即自己真的是被传教士挖去眼睛的。

第二天,那些孩子们在衙门里接受问讯的时候,还是不约而同地说起传教士们对自己有多么善良和蔼,给自己提供了房子、食物和衣服。他们还说,自己在成为天主教徒之前很久,就已经是盲人了,根本不是传教士害的。他们还说出了知府如何如何教自己谎称那些传教士是如何如何残忍等等。那些盲童请求重回学校——他们在那里曾经非常的幸福快乐。

太后说道:"这些传教士能够帮助可怜的百姓,减轻他们所受的苦难,这是好的。正如我佛如来以血肉之躯饲饥饿之雀鸟。要是他们能让咱们的百姓单独选择信仰自己的宗教,我会更觉得他们做得好。你知道义和拳之乱是怎么闹起来的么?就是因为那些拳民受到了传教士们的恶劣对待,才一道儿起身报复的。不过这些草民们把娄子捅大了,最终像捅了马蜂窝,害人亦害己。他们闹得太过,又想趁火打劫发些财,就在北京大闹,不管是谁的房子,一股脑儿地烧掉。那些中国的洋教徒乃是坏得不得了的人,他们夺取贫困百姓的土地和财产,洋人传教士还保护着他们,只为也能在这抢夺的过程中得到好处。无论什么时候,有中国的基督教徒被送进了衙门,他们总是不愿意像别人那样下跪,也根本不遵守中国的法律,面对官府官员的时候,也总是粗俗无礼。不论是否有罪,不论对错,那些传教士都竭尽所能地去保护教徒,而且相信教徒的每一句话,一直要让官府放了人才善罢甘休。你还记得在光绪二十四年,你父亲所定下的对待传教士的规矩么?我知道有些平民百姓,也就是那些生活境况不如意的人,变成了教徒。但是,我不相信有哪位上层人会信了那些洋教。"

康有为(1858—1927),广东省广州府南海县人,近代著名政治家、思想家、社会改革家、书法家和学者。19世纪末向西方寻求真理的著名代表人物,1898年戊戌变法运动的领导者。

太后说着,向四周看了看,低声说道:"康有为曾经试图劝皇上信那些洋教。不过,只要我活着一天,谁也别想信那些无稽的教派。不得不说的是,我在某些方面还是很赞赏那些外国人,比如他们的海军、陆军和他们的工程师。可要说到文明教化,不管从哪方面来说,咱们大清朝都是天下第一的。我知道,有很多人认为当时朝廷和义和拳民是有所串通的,事实却并非如此。我们刚刚发现暴乱,便马上发布了诏令,并派兵平定他们，但是事情已经发展得凶猛难抑了。我那时下定了决心不离开宫中半步，我这么一个老太太，还在乎什么是死是活呢？但是端王和澜公力谏我快点儿离开。他们还建议说我们要乔装而行，这让我大发雷霆。我拒绝了这样的建议。等我们回到了北京，有人告诉我说一些人认为我是乔装出行，还添油加醋地说我是穿了宫中一位嬷嬷的衣服，坐着一辆破旧的骡车，而那位嬷嬷则穿成我的模样，坐在我的轿子里。我想知道是谁编了这样无稽的故事？大家都相信这个故事，而且很快地在京城的外国人耳朵里风传，真是让人是可忍孰不可忍。

"现在还是回到义和拳之乱这个话题上来吧。当时，我受到了奴才们多么恶劣残忍的对待啊。没人愿意跟着我走，在我们还没有打算离开京城的时候，很多人都逃得无影无踪了。那些剩下的奴才们，也什么事儿都不做，呆呆地站在那里等着看会发生些什么事儿，准备做那两边倒的墙头草。我下定决心要问清楚到底多少人愿意跟着我走。于是我对大家说：'愿意跟着我的，就跟着走，不愿意跟着的，就离开吧。'出乎我意料之外的是，只有少得可怜的几个人站在那里听我说话，我数了数，仅有十七位太监，两名嬷嬷，还有一名叫做寿珠的丫鬟。他们对我表示，无论发生了什么，他们都会跟着我。我当时一共有三千名太监，在我准备清点之前，几乎跑了个干净。有些坏东西甚至敢在我的面前撒野，把我贵重的花瓶扔到石板地上，摔个稀巴烂。他们心里清楚，在那个要动身离开皇宫的当口儿，我没法儿惩治他们。我哭得厉害，每天都虔诚祈祷祖先的在天之灵保佑我们平安无事，身边的每个人都陪着我一起下跪祈祷。全家陪我一起走的只有一位年轻的皇后。我有一个亲戚，平日里很得我的宠爱，对她是有求必应，那个时候竟然也不愿意跟着我。我知道她为什么拒绝跟我走，她觉得外国士兵会将逃出宫的人都抓住杀掉，一个也不留。

"我们离开皇宫七天之后，我派了一位太监回到北京，打探一下还有什么人留在宫里。这位亲戚便问那位太监，有没有外国兵在追赶我们，我是不是已经被杀掉了。不久之后，日本兵占了她的房子，把她赶了出来。她想自己这下子是只有流落街头死路一条了,又想既然我没有死掉,她还是有可能赶上我们,并从我这里得些好处。我真想不到她们能跑得那样快。一天晚上,我们停留在一处小乡村的农家。她和她的丈夫,一位还算不错的男人,一起走了进来。她表白说自己是如何的想念我,无时无刻不心系我的安危,说得痛哭流涕。我拒绝再听她说的任何一句话一个字,并且清清楚楚地告诉她,我从此再也不会相信她说的任何一个字了。从那个时候起,她离开了,再也没有回来。那真是一段艰难困窘的日子,我们每天天不亮就起身,坐上轿子出发,直到三更半夜才胡乱找个村子歇脚。相信你也会同情我的,我这么大的年纪了,从未受过这样的罪。

"皇上和皇后从始至终都是坐的骡车。我一路孤零零地前行,不停地向祖先祈祷,保佑我们平安无事。皇上则是一直不说话,就是那样金口难开。有一天发生了更糟糕的事情。天上下起了瓢泼大雨,几个轿夫偷偷逃走了,骡子又突然死了几头。天气很热,大雨从头顶直浇下来。另有五个小太监也偷偷溜走了。前一天的晚上,他们因为我们的食物供给不够而去找当地的县令吵架,而那位县令已经竭尽所能地让我们过得舒服一些了。见到了这几位太监,那县令只好跪在地上恳求他们心平气和,并答应了他们所要的一切。我听了这些非常生气,在这种处境之下,人家能供给我们,理应万分满意了,还去嚷嚷什么呢?因为他们的不当言行,我责罚了他们,他们便偷偷逃走了。

"花了一个多月的时间,我们才到达了西安。一路舟车劳顿,我实在是疲惫不堪,那感觉非言语所能尽述。再加上过度忧虑,我病了差不多三个月。这样的经历真是让我永生难忘。

"在光绪二十八年年初,我们回到了北京。再次看到我们的皇宫,那真是可怕的感觉。哎呀,变化太大了。无数的贵重物品被损坏和盗走。西苑所有贵重的物品都被抢个一干二净。那些人损坏了我白玉佛像的手指,那佛像可是我每天都要烧香敬拜的啊。几个洋人还曾坐在我的御座上面照相。在西安的那段日子里,我简直就是个被流放充军的犯人。尽管巡抚衙门为我们准备了住所,但是那栋房子又老又潮湿,对人的身体健康很不好。皇帝为此也生病了。唉,那些事儿真是一言难尽啊。我本以为受的罪已经够了,谁知道那最后一件才是最最糟糕的一件。我会再给你多讲述一些的,我想要你了解所有的真实情况。

八国联军乾清宫坐龙椅拍照

"现在,把话题回到康格夫人请求的私人会见上来吧。我揣度肯定是有什么特别的事情,如若不然,她何必要请求什么会见呢?我希望她不要提出什么要求为好,我可不擅长当面拒绝别人的请求。你能猜出她会提什么要求么?"

我对太后说应该不会有什么特别的事情,那康格夫人是个深谙中国礼节的人物,她应该不会提出什么过分的要求。

太后说:"唯一让我心下反对的是,康格夫人每次总要带上一名传教士作为自己的翻译,而我呢,有了你母亲和你们姐妹做翻译,便足够了。我觉得她那样子不好,何况,那翻译的中国话我也听不太明白。我对偶尔接见外国使节团夫人们还是有些兴趣的,但是,我没有心情召见那些传教士。我总会找到时机拒绝他们觐见。"

2

第二天早上，庆亲王禀告太后说，美国海军上将埃文斯夫妇及随从们要来觐见。此前美国使节团曾有过两次请求觐见。昨天所禀告的康格夫人私人会见，其实请求者应该是埃文斯夫妇，是庆亲王自己搞混了。

早朝之后，太后终于轻松下来，她笑着对我们说道："我昨天说过的吧？请求觐见总要有个理由的。我倒是宁愿见见美国海军上将和他的夫人。"她转向我们说，"务必把一切都安排得妥妥当当的，把我的房间里里外外收拾一下，免得让他们看到我日常生活的情况。"

我们齐声回答："喳。"其实，我们心里都清楚，若想把里里外外都换个样子，那可是相当困难的事。

在会见之前的那个晚上，我们把每扇窗子上的粉红色窗帘取下来，换上太后讨厌的那种天蓝色窗帘。然后把椅子的垫子也换成了天蓝色的。

我们在监督太监们做这些事情的时候，又看见几位太监搬来了一个大箱子，里面装满了钟。这个时候，太后也走了进来，命我们移走所有的白色、绿色玉佛和另外几件玉质装饰品。这些玉制品都是神圣的东西，不能随便让外国人看到。我们移走了这些，换上了那些各种各样的时钟。

我们还将三幅绣花门帘换成了普通的蓝缎帘子。那三幅绣花门帘也是神圣的东西，在古旧的金缎子上面，绣着五百罗汉图像，是道光皇帝曾经用过的东西。太后相信，把这幅帘子挂在自己的门上，可以阻止任何邪魔恶鬼进屋。

我们中间的一个人负责记住所有物品的原来位置，目的是等到会见结束，再将东西一一恢复。我们妥善安置了太后房间里所有物品。她的梳妆台是她最重要的东西，她不允许任何外人看见它，哪怕是那些进入房间的大臣们的夫人。我们当然要把梳妆台移至一个安全的地方,锁起来妥善保管。

我们就这样如法炮制,又把太后床上的粉红色被褥换成了蓝色的。太后房间里的家具和床上雕刻的图案,均为檀香木制作而成。这些檀香木在制作之前,都要放置在不同的庙宇中净化,理所当然地也不能让那些外国人看见,以免亵渎了中国的神灵。我们却也无法取下床上的那些雕饰,只能用绣帘遮盖起来。

我们正忙得不亦乐乎,太后再次走进来告诉我们,不必急着收拾她的卧室。第二天会见的只有海军上将罗布利·埃文斯和他的随员们,按照规矩他们不会前来拜访内宫。而埃文斯夫人和其他的几位女士,则要到后天才会到来。

太后说,现在重要的事情是看看大殿是否收拾妥当了。她说:"把咱们这儿唯一的一块地毯铺到大殿里去吧。虽说我无论如何也喜欢不上什么地毯,却也没有办法,只好权且这么办了。"

我们完成了所有事情之后,太后开始教我们会见女宾时该穿着什么衣服。她对我说道:"你明天不必到大殿去,到时候那里都是些男人。我会命外务部安排一名翻译过来。我不想让你在那种情况下和那些陌生男人说话,咱们满族的规矩可不许这样。那些都是外人,若是你去了,说不定他们回到美国之后,逢人就品评你的相貌如何如何呢。"

与此同时,太后又下令将自己御黄色的袍子准备好,明天会见的时候要穿着。她认为在那种场合理应正式着装。那件御黄色袍子以黄色绸缎制成,绣着金龙。她穿着那件袍子的时候,还会搭配一串一百零八颗珍珠穿成的朝珠。

太后说:"我不喜欢穿这样的官服,不好看。不过又不能不穿。"又对我们说:"明天,你们不用什么特别的穿着,日常的那些就好。"

第二天早上,太后起得很早,比平时都要忙碌。每次太后有会见活动,我们总是要面临很多麻烦事儿,也总会有一些事情出错,惹得太后生气。太后说道:"我想让人看到的自己是和蔼可亲的,可这些下人做事总免不了惹我生气。美国海军上将回去之后,肯定会和别人说到我,我可不想给他留下什么不好的印象。"

太后梳头用了两个小时,早过了平日早朝的时辰了。她便提议等外国人走了之后再上早朝。

太后穿上了御黄袍,对着镜子仔细打量自己,对我说自己是多么的不喜欢这件衣服,还问我外国人知不知道这是正式的宫廷服饰。"我穿黄色服装的样子太难看,衬着我的脸色和衣服的颜色一样了。"太后说道。

我说道,"这是一次非正式会见,若是太后不喜欢这样穿着,穿别的衣服也无伤大雅的。"太后看上去很高兴,我却心下暗自担忧,唯恐自己的建议不恰当。当时我实在忙得很,这种担忧并没有持续多久。

太后命女官拿来了别的服装,她看了几遍反复选择,最后选出一件绣满"寿"字的浅绿色的缎袍。那袍子镶满了宝石珍珠,华贵异常。太后试穿了一下,觉得很合适,便吩咐我到珠宝房去取搭配得当的头花来。

太后收拾停当,她的头饰一边是一个带"寿"字的头花,另一边的纹饰是一只蝙蝠("蝠"与"福"字同音,蝙蝠在中国象征着福气的意思。)她的鞋子上、手帕上和其他所有的服饰上,也都绣着相似的纹饰。

穿戴完毕,太后笑着对大家说:"我觉得现在好看多了,我们都到大殿里面去等着来客吧。他们到来之前,我们还可以玩一阵子骰子。"她又交待我们:"朝见的时候,你们都待在屏风后面不要露面,你们在那里也能看到一切,我却不希望他们看到你们。"

有太监在桌子上铺好了游戏的地图,我们各居其位,准备玩骰子。此时,一位高级别的太监走了进来,跪下禀告说,美国海军少将已经到了,同行的还有美国公使和其他随从,一共十到十二人。

太后笑道:"我以为来的就是美国公使和海军少将呢,最多带上一两名随从。那么其他的是些什么人物?不过无所谓,是谁都没事儿,我照例召见他们吧。"

我们搀扶着太后坐上御座,为她整理好服饰,并且递送一张纸到她手里，上面写着她即将要讲的话。随后我们同皇后一起到了屏风后面。众人都屏气凝神，大殿里瞬间四寂无声，只听得见来宾们靴子底儿磕在院子石板路上的声音。

我们从屏风后面朝外窥视，看见几位王爷正引领着来客，缓步登上台阶走进大殿。美国将军和公使步入大殿，站成一排，向慈禧太后三鞠躬。皇上也坐在太后左侧的御座之上。他的御座很小，与一张普通的椅子相差无几。

太后简单地致辞，欢迎少将来到中国。致辞毕，他们从大殿的一侧登上台阶，与皇上握手示意，随后从另一侧下去了。庆亲王引领着他们到了另一处宫殿，为他们设宴款待。这样，会见结束了，简单又不失庄重。

会见结束之后，太后说道，她会见的时候听见我们在屏风后面说话，她很不喜欢这个样子，那些外国人怕是要议论我们这样不妥的行为。我对太后说，我没有在后面说笑。太后说："下次我再会见男宾的时候，你们都不要再到大殿来了。若早朝的是我们的人，当然另当别论了。"

那天下午，太后没有回到自己的寝宫去。她说要等着那些宾客离开，听听他们说了些什么。两个小时之后，庆亲王回来了，禀告说那些人已经用完了午餐，都表示很高兴觐见太后，现在他们已经离开了。

此处我必要解释一下，美国海军少将一众人等来的时候走的是宫殿的左边门。离开的时候，也是走的左边门。宫殿正中的门只被用来供太后和皇上出入。唯一的例外是：在某些人来递交国书的情况下，他们可以被允许走中门。

太后问庆亲王，有没有带领那些来客在宫中各处游览一番（这里她指的是颐和园），那些人看过之后感觉怎么样，有没有说些什么，是否高兴。谈完这些话题之后，太后对庆亲王说道："你下去吧，记得为明日的会见做好充分准备。"

晚上，太后吩咐我们："明天，你们都要穿上一样的衣服，把你们最好的最漂亮的衣服都穿上。那些外国女士以后再也不会来见我们了，若是我们这一次不能展示最好的一面，就没有在她们眼前再次展示的机会了。"太后命我们每个人都穿上淡蓝色的衣服，包括皇后和瑾妃在内。

太后交待我："若是那些女士们问起你瑾妃是什么人，你方可告诉她们。若是她们没有问起，你不必向她们介绍了。我必须非常的小心谨慎，宫里这些人没有多少机会见到这么多的外来者，不懂得如何在众目睽睽之下保持适度的礼节，可不能惹那些外国人笑话咱们。"

她接着对我们说道："女士们进宫来，我一般总要赏赐一些礼物。不过，这一次是不是照例赏赐，我还没有决定，因为上一次接见就没有赏赐什么。"又转向我道："你先准备一些玉器，以备随时用到。都装在漂亮的盒子里准备好，我要的时候再拿出来。"最后她说："我就交待这些，你们都回去歇息吧。"

瑾妃

大家都向太后道了晚安，一一离去。总算能回到自己的房间歇息了，我很是高兴。

3

第二天早晨，一切都准备妥当了，没有出现丝毫的纰漏。我们也都遵照太后的吩咐，穿戴齐备，还都进行了精心的修饰。太后看了之后很是满意。她对我说道："你脸上的脂粉搽得少了些，来客说不定会以为你是个寡妇呢。你还要在嘴唇上也搽些脂粉，这是规矩。我这会儿暂时不需要你做什么，速速回去补妆吧。"

我回到了自己的房间，认真补妆，把自己打扮得与其他人一样。在镜子里看到自己的模样发生了这么大的改变，我忍不住大笑起来。

回到了太后房里，她看着我说："现在你看上去很好了。不要舍不得涂抹脂粉，若是你觉得脂粉太昂贵，我会买了送给你的。"她说着笑了起来，她总爱这样开我的玩笑。

那个时候太后已经梳洗完毕。一位女官拿来了很多衣服供她选择。太后说今天要穿淡蓝色的衣服。然后她挑了二三十件，还是没有找到一件合适的。于是。她命女官再去多拿一些来。最后，她终于挑出一件绣了一百只蝴蝶的蓝袍子，袍子下摆缀满了珍珠穗子。又在外面罩上紫色的马甲，马甲上也同样绣着蝴蝶。

太后戴上了珍珠，其中的一颗足有鸡蛋大，这是她最喜爱的一颗，只有在非常特别的场合才会佩戴。太后的头饰两边各缀着一只玉蝴蝶。她的手镯和戒指也都设计成了蝴蝶的形状，每样东西都是与身上穿着的服饰完美搭配。

如前所述，在太后佩戴的珠玉首饰之间，她还时常佩戴不同种类的鲜花。白色茉莉是她最为喜爱的花儿。皇后和女官们在没有太后特别恩准的情况下，是不可以佩戴鲜花的。我们可以佩戴珍珠玉石等饰品，但是鲜花却只是太后独享。她认为我们都太年轻，若佩戴鲜花的话，很容易糟蹋了。

待太后穿戴完毕，我们跟随她一道儿进入了大殿。太后命人带上纸牌，她想在宾客到来之前，玩一会儿牌。玩纸牌的时候，太后一直和我们说着话，她告诉我们应该保持良好的礼仪，友善和蔼地对待那些美国太太们，带着她们到处去看一看。

"现在没什么不妥之处了，处处都已然换了模样。"太后说，"我自己都想笑，每样东西都换掉了，又有多大价值呢？说不定她们看了，认为我们这里原本便是这个样子。会见的时候，若是那些女士们问起，你们就告诉她们，这儿本不是这个模样，为了能够给她们一点儿惊喜和新奇，每次会见之前，咱们总是把所有东西都换个遍儿。一定要找个机会告诉她们这个,否则她们总也不知道,咱们岂不是白麻烦了一场,吃力不讨巧,那可不划算啊。"

因为这是一次非正式的私人会见,太后无需登上她的大御座,只是坐在了大殿左侧一个小些的御座上——她每天早上都是坐在那里接见大臣们的。皇上则站立一旁。

昨天的同一位太监进来禀告说,女士们已到了宫门口,一共有九位。太后命几位女官到院子里迎接,引导她们进入大殿。我站立于太后御座右手边,看到来客们拾级而上。

太后低声问我:"哪一位是埃文斯夫人?"我也没有见过埃文斯夫人,回答说我也不清楚。那些人走近的时候,我注意到有一位夫人和美国海军少将夫人并排同行,心里揣测那必是埃文斯夫人无疑了。我告诉了太后我的推测。

那些人走近了,太后说:"那位传教士的夫人每次都和康格夫人同来,必是很喜欢见到我。我会向她表示很高兴见到她,看她能否明白我的言下之意。"

康格夫人和太后握了握手,向太后介绍了埃文斯夫人和其他几位美国官员的夫人。

我注视着太后,仔细观察她。我看到此时的她的温文尔雅、和蔼可亲、笑容满面,与平日里的神态相比较,实在是判若两人。太后说见到这些夫人们很是高兴。她盼咐赐坐上茶,太监们极快地搬来了椅子,送来了茶。

太后问起埃文斯夫人,喜欢不喜欢中国,感觉北京城怎么样,来中国多久了,准备待在中国多长时间,现在住在何处。对于太后所问的问题,我早已句句了然于心,她还未张口,我就知道她要说什么。

康格夫人让翻译告诉太后说,自己很久没有见到太后了,不知太后是否身体康健。太后对我说道:"你告诉康格夫人,就说我身体很好,有劳挂念。见到她我很是高兴。只可惜不能经常安排这样的会见,难得时常相见相叙。"

最后，太后说道："格格（太后的干女儿，恭王的女儿）会陪同你们去用午膳。"这样子会见便结束了。

午餐安排在正殿后面的养云轩。这处养云轩专门为修身养性而建。除了皇上、皇后和瑾妃之外，所有的御前女官都一起用了午膳。但是为准备好那些餐桌，便花去了我两个小时时间。太后吩咐用白色的外国桌布，她认为那样子显得更洁净。

那些太监园丁们用鲜花装饰了餐桌。

太后指点大家，餐桌旁的那些座位该如何设置。她说道："埃文斯夫人算是主宾。尽管康格夫人的身份是美国公使夫人，但她在北京住的时间更多一些，与咱们的关系更近几分。因此，相较而言，埃文斯夫人应该坐首席。"太后告诉我，其他人按照品次等级安排座位即可。

格格和洵贵人（太后的侄女，皇后的妹妹）作为主人，她们在餐桌上对面而坐。我们在桌上摆放了金质菜单和小型碟子，碟子里盛着杏仁和西瓜子；其余的餐具包括筷子在内，都是银质的。太后吩咐了，无论是否用得上，外国的刀叉也都要准备好。午膳的餐桌上准备的都是满族菜肴，不包括那些甜点——水果和蜜饯，有二十四种之多。太后命我们准备最好的香槟酒招待来宾。"我知道那些外国女士都喜爱喝酒。"太后说。

我想，在接待外国女士这件事上，只有我一个人是心甘情愿的。究其原因，每逢有这样的接待工作，太后教训起大家来，更要严厉得多。太后总是要一而再再而三地，让大家这样那样注意言谈举止等等。因此，她们越来越厌恶这种接待外国人的场合。

我们用餐的时候，一位太监走进来，对我说道，太后正在自己的寝宫等着我们，吩咐我们用过午餐之后，带领外国夫人们到她那里去。

午餐之后，我们到了太后的寝宫，她正在等着我们。她见我们进来，便起身了，让我问埃文斯夫人，是否喜欢吃这里的饭菜，还说这里粗茶淡饭、口味欠佳，还请贵客海涵等等（这是中国人的习惯，会在款待客人的时候，谦虚说自己准备的饭菜不好）。

太后说很愿意让埃文斯夫人看看自己的私人空间，以便对我们宫廷的生活方式有个大概的印象。太后领着来访的夫人们到了自己的卧室。待埃文斯夫人和康格夫人坐定之后，太监们像往常一样送来了茶。

太后邀请埃文斯夫人在北京住些日子，顺便到不同的庙宇殿堂去看看。她说："我们这个古老的国度，没有美国那么多现代华美的建筑物。我猜你们保准儿会对这里的每样东西、每样事儿都觉得新奇。我现在年纪大了，要不然我一定会到世界各地走走看看。我读到过不少书上记录的外国情况，但是读万卷书也不过是纸上的东西，远不如自己亲身去看看有意思。不过也不好说，说不定以后会到各国走走呢。我还是怕离开自己的国家，怕只怕回来的时候，一切都变得陌生了。这儿的什么事情都要依靠我来决定。皇上么，毕竟还太过年轻。"

一口气说了这么多，太后转过身来，吩咐我们大家带着夫人们各处参观一番，尤其是看看那所举世闻名的龙王庙。龙王庙建在颐和园内湖中心的小岛上。此时，康格夫人说自己还有些事情要拜请太后，却中断了这个话题，转而与传教士夫人交谈起来。

在康格夫人与传教士夫人交谈的时候，太后显得非常不耐烦，她按捺不住迫切地想知道她们在说些什么。太后于是问起我。同时听懂两名外国夫人和太后三个人不同的语言不同的含义，对我来说，真是再困难不过的事情。话语交汇中，我仅仅听到了一个词语："画像。"其他的意思我要靠猜测揣度来完成。

我正想找机会把连猜带译的意思告诉太后，传教士夫人对太后说道："康格夫人此次前来觐见，还有一项特殊的目的，即恳请太后恩准，允许同来的一位美国女画家卡尔小姐为太后画一幅肖像。肖像完成之后，将被送到圣路易斯博览会上去，让美国民众能有机会瞻仰到太后的容颜，从而知道中国的太后是一位多么美丽雍容的女性。"

她提到的美国女画家卡尔小姐，是F·卡尔先生的妹妹。那位卡尔先生已经担任烟台海关行政专员多年。

太后在听着那位女士说话的时候，表情看起来有些出乎意料。她当然不愿意表示自己没有怎样听明白，便转头看着我。她这个动作是我们事先的约定，暗示我解释对方的话给她听。我尚未开口解释，康格夫人已经适时地让传教士夫人重复一遍刚才的话，以便让太后听清楚。

此时太后对我说道："这位女士的话我听不太懂，我觉得你应该能解释得更加清楚。"我便把对方的话详细地解释给太后听，当然了，我也能够猜到，太后其实不明白所谓"肖像画"的意思，在此之前，她甚至连一张照片都没有拍过。

此处，我有必要解释一下，在中国，肖像画是人死去之后才画的。死后画肖像，既作为人去世的一个纪念，也为了后代能够借此瞻仰和祭拜死者容貌。

我注意到，太后在弄清楚了对方的意思之后，显得有些震惊。我不想太后在外国女士们面前显得无知，便偷偷拉拉她的衣袖，告诉她我晚一些时候会详细解释给她听。

太后说道："现在就多少解释一点给我听。"她是用满洲话说的，与通用的汉语有些不同，来宾不会听得明白。待我简略解释之后，太后对"肖像画"有了一个大略的概念。她随即向康格夫人的细心和善意表示感谢，并说等等再答复她们的请求。

太后对我说道："你翻译给康格夫人，大概她也有所耳闻，这里的任何事情，都不是我一个人可以做决定的。每当遇到重要的事情需要决定，我都会先与大臣们商量一番。告诉她，我做每一件事情都必须非常小心，不能让黎民百姓指责我们的行为。我也必须恪守祖宗的习俗和规矩。"我注意到，这个时候，太后看上去并不想在这个问题上再做进一步的讨论。

这个时候，太监李总管走了进来，跪下叩头，禀告太后说，渡湖参观龙王庙的船只已经准备就绪，可以随时出发了。

李总管有这样适时的举动，是因为一位女官及时地给了他暗示，告诉他太后此刻对所谈的内容已经有所厌倦，希望他想办法换一个话题。

每当太后接见外国人的场合，宫中都会专门安排一位细心的女官站在旁边,全神贯注地观察太后的细微反应。无论何时她发现了太后对所谈的话题感到不快或是厌倦,便立即向李总管示意。李总管就会走进来,以适当的方式打断这样的对话,避免谈话双方可能出现的尴尬处境。

　　太后与来宾们道别了。若是等到她们观光返回再道别,就太晚了。分开之后,外国夫人们也能更加心无挂碍地四处欣赏胜景。

　　外国夫人们都坐上了前面提到过的、太后最喜欢的那艘龙舟,渡过湖水,到小岛上参观龙王庙。龙王庙建在一块山岩顶上,岩的中间有一个天然洞穴,大家都认为,那里从未有人攀援进入过。太后相信民间传说所讲的,那个洞乃是龙王的宫殿,这也正是"龙王庙"名称的由来。

第十三章　太后的肖像

1

在龙王庙短暂停留之后,我们返回了皇宫。夫人们与我们道别,乘坐宫中的轿子到宫廷门口,她们自己的轿子正等候在那里。

我如往常一样回去面见太后,向她禀报那些来宾说了什么做了些什么,她们对所得到的款待感觉怎样等等。

太后说道:"我喜欢埃文斯夫人,我觉得她是个不错的女士。她言谈举止有礼有节,与我所见的其他美国女士大为不同。我喜欢接见这样文雅有礼的人。"

随后,我们谈到了画像的问题,太后说道:"我很纳闷,想知道康格夫人为何会有这样的主意呢?现在请你详细解释一下,所谓的画像究竟是怎么回事吧。"

我向太后解释说,画像的时候,被画的人每天要坐在那里几个小时。太后听了很是惊讶,她担心自己没有那样的耐心。她问我坐在那里的时候,自己还要做些什么。我解释说,只要坐在那里摆上一个简单的姿势,并且保持始终即可。

太后说道:"要是这样子,等到画好了,我怕是要变成老太婆了。"我告诉太后,我在巴黎期间,也曾绘制过肖像,并且,也正是康格夫人介绍的这位卡尔小姐画的。

太后马上命我把那张画像拿给她看看,以便让她仔细观察一下,画像究竟是什么样子,然后再做打算。我马上吩咐站在身边的一位太监到我的住处去,把画像取来。

太后说道:"我不明白为什么一定要亲自坐在那里,等着被画像。别的人可以代替我坐么?"我解释说,这是为太后本人画像,不是为别的人画,所以还是必须太后亲自坐在那里才行。

太后又问我,是不是每次坐在那里画像,都要穿着同样的衣服,带着相同的珠宝首饰。我回答说是的。太后则说,中国人画像的时候,画师只需要看一次被画者即可,然后便动手绘画,可以在很短的时间内完成。她说,这种画法,恐怕外国的一流画师也难以做到吧。

我又向太后解释,中国画像和外国画像有诸多不同之处。我告诉太后,只要她看到了最后的画像成果,便能理解有多么大的区别,也便会理解为什么需要坐在那里一动不动那么长时间了。

太后说:"我想知道那位女画家是怎样的一个人,她会说中国话么?"我对她说我比较熟悉卡尔小姐,她是一位非常美丽优雅的女士,不过不会说中国话。

太后问道:"她的哥哥在中国海关服务了这么多年,她为什么不会说中国话呢?"我告诉她,卡尔小姐已经离开中国很久了。尽管她的哥哥在中国,她却仅仅在中国待了很短的一段时间,大部分时间是在欧洲和美国度过的。

太后说道:"我倒是更喜欢她不懂中国话。只是有一个问题,若真是让她来为我画像,我将不得不允许一位外国人在宫中居住很长时间,我怕宫里的一些人把流言蜚语告诉她,我可不希望外国人知道咱们的事儿。"

我对太后说,那种情况是不可能出现的,因为卡尔小姐不懂中国话,宫中的人除了我们几位(我母亲、妹妹和我自己)也没有人懂得英语,别人不会有与她交流的机会。

太后回答:"你也不能那么肯定,在宫里用不了多久,她们就会彼此熟悉有所交流的。"她接着又问:"画一幅肖像,要多长时间能完成呢?"

我说这些都取决于太后能否经常坐下来,每次能坐多长时间。

潜意识里,我不想告诉她画像究竟需要多长时间,我怕她会觉得太烦而拒绝画像。我只告诉她,等卡尔小姐来了之后,我会督促她尽快完成画像。

太后说:"我不知道该如何得体地拒绝康格夫人的请求。你们也知道,我只能和她说要去和大臣们商量决定。这不过是缓兵之计,为的是有些时间思考事情的来龙去脉。如今,你既然如此了解这位女画家,能保证她进宫画像不会产生不好的影响,那么,就准许她来吧。我会安排庆亲王去回复康格夫人我的决定。当前最紧要的是,我们要商量一下该预先做些什么准备。让一位外国女士待在宫内毕竟没有先例。一般来说,我都会在颐和园度过炎夏,那里离紫禁城很远,外国女画家每天这么大老远的来回跑,毕竟也不是个好法子。那么问题就来了,把她安置在哪里呢?还得有人自始至终关注着她的动向。这真是个难题,我都不知道该怎么安排才好。你愿意去照看她么?你能否保证白天的时候,宫中没人有机会和她交流?又有谁晚上的时候去看着她呢?"

太后在屋子里面来回踱步,思索了好长时间。最后,她笑着说道:"我想到了,我们可以不易察觉地巧妙地把她软禁起来。这件事要靠你的母亲、你妹妹和你共同来完成。你们每个人各司其职,小心谨慎地扮演好自己的角色。我么,当然也会非常小心。我马上着人去收拾好醇亲王(光绪皇帝的父亲)的花园,让卡尔小姐住在那里吧。"

那座花园是颐和园外边一个独立的地方,离太后的宫殿很近,乘轿子大约十分钟便能到达。

太后接着说道:"就这样,以后你每日早上与她一起来,晚上陪她同去。我想这法子该是最妥当的吧,又能够保证简便易行。你须格外留神她与别人互相传递信息,这会额外耗费你一些精力。不过,你也须明白,为了这件事情,我是多么的放心不下,想尽法子只为今后少是非,彼此相安无事。还有一件事你要千万小心,不要让卡尔小姐与皇上有交流的机会。你也知道,我之所以这样说,无非是因为皇上太过害羞腼脾，万一不小心说出什么不妥的话来，冒犯了卡尔小姐，那可不好。我还准备在画像的时候，额外安排四位太监陪侍左右，若中间有何需要，可随时准备呈上。"

她又说："我留意到了，你拉我衣袖的时候，康格夫人注意到了你的举动。我想知道她会怎么想。不过呢，你倒是完全不必在意。她喜欢怎么想便怎样想好了。我能够明白你那举动的意思就足够了，康格夫人明白与否都没有关系。"

我对太后说，说不定康格夫人以为我会建议太后拒绝她的请求呢。太后说："那又怎样呢？如若不是你熟悉这位外国画家，我无论如何都不会准许画像这件事儿。画不画像我倒是完全不在乎，我只在乎不要有什么不好的结果出现才好。"

第二天早上，我收到了康格夫人的一封来信。她在信中恳请我无论如何不要劝阻太后画像。我把信件的内容翻译给太后，她听了勃然大怒道："谁也没有权利给你写这样的信，还用这种不敬的措辞。她怎么敢这么猜测你的意思，认为你会劝我不要画像呢？我昨天不是说她注意到你拉我衣袖了么？正是被我说中了啊。你回信的时候怎么写都可以，就用她那样不恭的语气回敬她。最好啊，你告诉她，在咱们的国家，宫中任何女官都没有资格影响皇太后。另外，告诉她，你还不至于在我面前说些对别人不利的话。要是你不想这样说，就直说卡尔小姐是你的朋友，你还不至于说那些对她不利的话。"

我并没有听从太后的话，还是按照通常的信件形式回复了康格夫人，没有说那么尖锐的话，并且尽可能地遵照正式的外交习惯来措辞。

整个下午，慈禧太后除了谈论画像的事情之外，没有说到其他任何事情。最后她还强调："希望康格夫人不要安排传教士夫人陪伴卡尔小姐到宫中来。她要真是那样安排，我将直接拒绝画像。"

第二天早晨，太监拿来了我的肖像画。在送给太后之前，宫里的其他女官太监们都抢先看了。大家褒贬不一，有些人觉得画得很逼真，栩栩如生，有的人则认为画得很是糟糕，稀奇古怪。

我禀告太后说，画像已经拿过来了。她命我立即拿到她的寝宫去。太后对着画像仔细看了一会儿，还忍不住好奇地用手摸了摸。最后她冷不丁大笑起来，说道："多有趣的画儿啊，看上去就是用油彩画的嘛。"我心说，这本来就是一幅油画啊。

太后又说："我还从未见过这样粗糙的画法，不过画得倒真是太像你了。咱们中国的画家怕是没有一位能够画得这样惟妙惟肖。你画里的穿着多么奇怪啊。怎么手臂和脖子都露在外面呢？我也曾听说外国女人穿的衣服没有衣袖和领子，却怎么也想不到竟然会这样粗俗难看，就像你在画上所穿的这个样子。我真不敢相信，你怎么可以穿成如此模样。我想你穿得这样暴露，一定会很难为情吧。以后可别再穿这样的衣服了，真的太让我惊讶了。这难道就是所谓的西洋文明么？多么可笑啊。要在什么场合才适合穿着这样的衣服呢？随便什么时候都可以穿？男人也可以这样穿么？"

我向太后解释，这类衣服是外国女士平常参加宴会、舞会、招待会等活动的晚礼服。太后忍不住大笑大嚷道："越来越不像样子了，看起来，外国的每样事情都在倒退啊。咱们这儿，女人在男人面前，连手腕儿都是不可以露出来的。外国人在这些事情上面，与咱们有如此大的差别。皇上总是讲到要做什么改革维新，若是他所谓的改革维新就是这个样子，我看还是维持现状为好。告诉我，你现在对待外国风俗习惯的看法是否也有所改变？是不是也觉得咱们的更好？"

面对太后这样明显的偏见，我也不得不说"是"。

太后又仔细端详了我的画像，末了说道："怎么在这上面你的脸是一边白色，一边黑色？这多不自然啊，也不准确，跟实际情况完全不一致，你的脸根本不是黑色的嘛。还有，你的脖子也有一边被画成了黑色，这到底是怎么回事？"

我向太后解释说，那是这种画法常见的阴影表现方式，画家如实地反映了从她的角度所观察到的人物形象。

太后又问："画家是不是也要把我画成这个样子？我可不希望自己

的画像也是这个样子送到美国去,让美国人认为我的脸是一边白一边黑的。"

我不敢和她说,其实她的画像将会和我的一样。我只是对她说,我会关照卡尔小姐,严格地按照太后的要求去画。

太后问我,是否知道卡尔小姐准备什么时候开始画像。我说卡尔小姐现在人在上海,康格夫人已经写信过去,让她尽快赶到北京来,早些为画像做准备。

一个星期之后,我收到了卡尔小姐的一封信,告诉我她打算马上来北京城。信中还说,对于太后能恩准自己画像,她深感荣幸。

我把信件的内容翻译给太后,她说:"你和这位卡尔小姐比较熟识,这个我很高兴,会让我处理事情更加妥当些。在画像期间,说不定我会有些话想和卡尔小姐说,却不想让康格夫人知道。因为若是康格夫人知道了某些内容,可能会留下不好的印象,认为我是个要求过多、不容易服侍的人。你该明白我的意思,也就是说,卡尔小姐是你的朋友,有些话由你来转达,不会产生不便。我还是要重复一遍,若不是因为卡尔小姐是你的朋友,我绝不会准许她来宫里久住,这样做可不符合咱们的老规矩。"

2

这年闰五月的初三,庆亲王来禀报太后,卡尔小姐已经到了北京,正与康格夫人在一处。她想知道太后什么时候方便,可以恩准开始画像。

在这里,我先得解释中国年度历法中的学问。举例来说,如果今年有十二个月,那么明年将可能有十三个月,也有可能是连续两年有十二个月,第三年有十三个月等等。女画家要进宫的这一年,就是所谓"闰年",有两个五月份。

听了庆亲王的禀告,太后答道:"容我明儿再答复她吧。我须得先翻翻皇历,选择良辰吉日,我可不能在一个不吉利的日子开始画像。"

第二天早朝之后，太后拿着她的皇历翻看良久，最后说道："按照皇历上所说的，下一个黄道吉日要等到十天之后。"她把皇历递给我，让我也看一看。

终于，太后选定了闰五月的二十日开始画像，她认为那是近期最吉利不过的日子。随后太后又开始翻看皇历，查找一个吉利的时辰。最后选择在当晚七点开始。

我觉得这种安排很是不妥，晚上七点的时候，天已经太黑了，让卡尔小姐摸黑作画，那怎么成呢？我不得不尽可能有理有据地向太后说明这种情况，告诉她卡尔小姐在那个时辰很难着手画像。

太后说道："哦，我们这里有电灯啊，电灯的光线总该足够亮了吧。"

我只得又向她解释说，相比电灯这种人造光源而言，还是自然光线下画出来的效果更好些，希望太后能够换个时辰，我想卡尔小姐也不会愿意在这样的光线下画像。

太后说道："真是麻烦啊。我都可以在任何光线下面作画，她是画家，应该也是可以做到的啊。"

经过了反反复复的讨论，最后选定了闰五月二十日上午十时，卡尔小姐开始为太后画像。等着一切终于安排妥当，我才觉得浑身轻松下来。

那天太监奉命到我住处取肖像画的时候，顺便拿来了我在巴黎时所拍摄的几张照片。我决定不给太后看照片，怕她一旦看到了这些，觉得拍照更快更省心，还可以免去久坐的烦闷，要用拍照来取代画像，那我之前的所有努力可就付之东流了。

第二天的早上，太后经过我屋子前面的走廊，突然停了下来，走进了我的房间。她在我房间里四处看着，按照她的说法，是看看我有没有把房间布置妥当，收拾得有条不紊。

这是太后第一次到我房间里来，她平时极少进入女官们的房间，我为此感到非常紧张。我不能让太后总是站着，又不好让她坐我房间的椅子。按照中国的规矩，太后、皇帝和皇后只能坐自己专门的椅子，那些椅子总是由其随从随时带着。

我正准备让人取来太后的椅子，她制止了我，说坐我房间里的椅子就行，还能给我带来些福气。

太后在我房间的一把安乐椅上坐下来。一位太监送来了茶，我接过来亲手奉上。这自然也是宫里的规矩，表达的依然是崇敬之意。

太后用完了茶，站起身在房间里四处走动，查看每一样东西。她一一打开桌子抽屉和首饰盒，查看是否摆放整齐。

在朝房间的一个角落瞥了一眼之后，她叫了起来："那边桌子上放着的画儿是什么？"她径直走过去，准备仔细看那些画儿。刚一拿起来，她便惊奇地叫着："哎呀，这些都是你的相片，可比你那张画像好得多了，更像你啊。前面为什么不拿给我看呢？"

我无言以对，一时语塞。太后见我被她问得很是局促窘迫，便马上转换话题。她经常在我们无法回答问题的时候，主动转移话题以避免场面上的尴尬。但是她总不会忘记那些问题，一般过段时间她会再次问起相同的问题，并且希望我们能够明明白白地回答。

太后看了一会儿照片（照片上的我，穿的都是欧洲服装）。她说道："这些照片真是好，比你的画像强很多。话虽如此，我既然应允了让卡尔小姐来画像，自认是不会反悔的。不过呢，若是我再拍几张照片，应该对画像这事儿也没有什么妨碍吧。只有一个问题，我不能让一位普通的照相师傅进入宫中。看来照相的事儿，是不太可能做到的了。"

我母亲对太后说道，若是她想要照相的话，她的儿子，即我们的一个哥哥，倒是学过一段时间摄影技术，他可以为太后做这些事情①。

我有两个哥哥在宫里做事。一个管理颐和园的电力设施，另一个负责管理太后的私人小汽船。宫廷的规矩，所有满族官员的子弟，都要在宫中服务两到三年。他们可以自由地在宫中往来，每天都能见到慈

---

① 此处所提到之人为裕勋龄，裕庚的次子，裕德龄的哥哥，算得上慈禧的御用摄影师，慈禧太后的很多传世照片都是出自他手。——译者注

禧太后和皇上。

太后对待这些年轻子弟都很慈爱，总是以母亲般的态度和他们聊天。这些年轻人每天一大早便进宫，完成全天的工作之后返回家中，不得在宫中停留过夜。

太后听了我母亲的话，显得非常惊讶。她问道，为什么一直没有人在自己面前提起我这位哥哥会照相。我母亲答道，因为以前没有听说太后要照相，自己也不敢贸然提起这不相干的事。

太后笑道："任何你们喜欢和了解的事都可以提出来，我喜欢尝试那些新奇有趣的东西，尤其是那些不为外人所知晓的独特玩意儿。"

裕勋龄，裕庚次子，裕德龄的哥哥，慈禧太后的御用摄影师，现存的慈禧照片全部由他拍摄

太后立即着人宣我哥哥觐见，对他说道："我听说你是个摄影师，我准备安排一些事儿给你做。"

我哥哥连忙跪下领旨。这是皇宫里的规矩，除去女官们之外，任何人在太后面前领旨的时候，都必须如此，甚至皇上也不例外。之所以女官们可以不用这样，是因为我们一直在太后左右服侍，片刻不离身，太后又会不断地对她们说话，总是跪下站起，那可要浪费太多时间。

太后问我哥哥什么时候能给自己照相，需要什么样子的天气。我哥哥回答，他当天晚上就回北京城去取照相机，只要太后需要，什么时候都可以拍照，天气状况对拍照没有什么影响。

太后于是决定第二天早上便开始拍照。她说道："我想拍一张坐在轿子里去早朝的照片。然后你可以根据实际情况再拍一些别的。"她还问起我哥哥，要坐在那里一动不动多长时间，才能够拍好。听说只需要短短的几秒钟便足够，她倍感惊讶。

太后又问我哥哥，要多长时间才能够看到照片。我哥哥回答说，"若是早上拍的，当天下午便能看到了。"她听了很兴奋，并说很想看看照片到底是怎么做出来的。她告诉我哥哥，可以选择任何一间房子来工作，并安排了一位太监做好必要的准备。

3

第二天是个阳光明媚的大好天气。早上八点钟的时候，我哥哥带了几架相机在院子里等候。

太后走进院子，仔细查看每一部照相机。她说道："真是有意思，这些东西怎么就能给人照下相来呢？"在听到了照相原理的详细解释之后，太后强烈的好奇心显现来了，她命一位太监站到照相机前面去，自己则通过照相机的聚焦屏去观察对面，看看人在镜头里到底是什么样子。

看了之后，太后大声叫起来："你、你怎么是脑袋朝下？你到底在用脚还是用脑袋站在那里的？"

我们向太后解释说，等到照片完成，显示出来的就是正常的样子了。

太后对看到的东西深感有趣，她觉得照相机真是绝妙非凡的东西。

最后，太后让我站到照相机前面去，从聚焦屏中看我的样子。她又和我对调了位置，想试试我能不能在聚焦屏中看到她在做些什么。她在镜头前挥挥手，我告诉她我能够看见，她听了很高兴。

后来，太后坐上了轿子，八名轿夫抬起来朝外走。在轿子经过照相机的时候，我哥哥为太后拍了一张。轿子过去之后，太后在里面转身问我哥哥："刚刚你拍照片了么？"

我哥哥回答说已经拍了。太后说道："为什么不告诉我呢？刚刚我的表情太过严肃了。下次再要照的时候，提前告诉我一声儿，我会做些准备，表情显得高兴一些。"

我看出拍照这事儿令太后非常高兴。早朝的时候，我在屏风后面，看出太后为了能够留下时间多拍些照片，急于要早点儿结束早朝。于是出现了很少见的情况，这次特殊的早朝仅用了不到二十分钟就结束了。

等早朝的人走了之后，我们从屏风背后走了出来。太后对我们说："这么好的天气，让我们再去拍些照片吧。"说着，她走到了院子里，我哥哥已经在那里摆好了照相机，很快便拍好了一张。

太后说想拍几张坐在御座上的照片，像正在参加早朝的样子。我们大家只用了几分钟的工夫，就把院子布置妥当。我们摆好了御座和脚凳，屏风放在御座后面。太后命一位女官去取来几件衣服，供自己挑选。与此同时，我也去拿来了一些太后特别喜欢的珠宝首饰。

太后吩咐女官把自己前两次召见埃文思夫人时，所穿着的那两件衣服和所佩戴的珠宝都拿来。她穿戴好这两身衣装，各拍了两张照片。接下来，太后又穿着没有刺绣的平常衣服，拍摄了一张。

最后，太后命我哥哥去洗出拍好的照片，她很好奇，急于知道会是什么效果。转而她想了一下，又对我哥哥说道："请等一下，我要亲自去看看你是怎么做的。"

我原来并没有考虑到太后会有这样的兴致，所以也就没有向她介绍照相的专业技术，如冲洗照片、暗房等等此类。现在她要了解这些，我便尽量详细地向她介绍这些操作过程。

太后说道："没有关系，我就是去看看那个什么暗房，不管是怎样的房间都无伤大雅。"

我们便来到了院子里的暗房，观看我哥哥冲洗底片的过程。我们为太后搬来了椅子，她坐在那里，对我哥哥交待："你就像平常那样工作吧，不用紧张也不要有所顾忌，权当我不在这个地方就好。"

太后观察了一会儿，看到底片上的图像很快显示出来，显得很是高兴。我哥哥把底片举到红色灯光之下照着，以便让太后看得更清楚。

她问道："这个看上去不是很清楚，不过倒是也能看出来是我的样子。可是，为什么我的脸和手都是黑色？"我们向她解释说，等底片的图像印到纸上，原来黑色的地方会变成白色，白色的地方会变成黑色。

她说："啊，真的啊，真是活到老学到老，样样都是学问哪。这些对我来说都是新奇的玩意儿，对拍照这事儿我很满意，只是不知道我的画像能不能也有这样的效果。"她又交待我哥哥："我去午休的时候，你可先不要做完这些，我等等还要来看。"

下午三点半的时候，太后醒来，与平日里不同的是，她只用了很短的时间便穿戴完毕，然后她立即去了我哥哥那里。哥哥已经将一切准备就绪，只等着太后驾临。

夏季的午后四点，太阳还高高挂在天空，阳光明媚，天地间一片敞亮。太后在暗房里观看冲洗照片，足足看了两个小时之久。她兴奋地看到一张张照片慢慢显示出来。

太后一张张仔细查看那些照片的时候，手里一直捏着第一张。等她想起来，再次审视那张照片的时候，却发现已经完全变成了黑色。她搞不清楚究竟是怎么回事，大声惊呼道："它怎么变成黑色了？会不会是什么不祥之兆？"

我们向太后解释说，照片在印出来之后，尚需再次冲洗，才能最终完成。若是暴露在强光之下，就会慢慢褪色，最后变成黑色，就像那一张照片一样。

她如释重负，绷紧的神经松弛下来，说道："这真是很有意思，要费这么繁复的工夫。"

过了一会儿，照片印好之后，我哥哥将它们浸在一种化学试剂中，再取出来用清水漂洗。经过了这一道道流程，最后呈现在太后面前的图像已经非常清晰了。太后更为惊讶地喊着："多神奇的事儿啊！什么都和真的一样！"

等到所有工作都做完之后。太后拿上所有照片，回到自己的房间，坐在小御座上面，一张一张长时间地仔细查看。看着看着，她还拿起了镜子，比较镜子里的自己和照片上的自己有何区别。

这段时间里，我的哥哥一直在院子里站着，等候着太后的进一步旨意。太后突然之间想起了这件事情，忙对我说道："对了，我光顾着看照片，竟把你哥哥忘了个一干二净。这个可怜的人儿一定还在原地不动，等着我的吩咐呢。你去告诉他——哦，不，不，还是我亲自去吧，他一整天勤勉辛苦地工作，我要去说点儿让他高兴的话。"

太后命我哥哥将每张照片各洗十张，洗好后都先留在宫中。另外，所有的照相设备也都留下来，准备明天继续拍照。

可惜天公不作美，接下来的十天一直阴雨连绵。天气转晴之前，没有办法拍摄照片了，为此太后很是着急。

太后本想在大殿里拍摄几张，可是里面光线太暗，高处的窗子都被厚厚的纸张糊起来了，只有低一些的窗户才能透进来光。我哥哥尝试着拍摄了几次，效果都不理想，实在无法拍出好的照片。

4

这段下雨的日子，因为皇上要去地坛祭天，我们都搬到了皇宫西苑。皇帝祭天，这是一年一度的重大仪式，每年的安排都几乎完全一样。这一年因为下雨的缘故，路程诸多不便。太后吩咐沿着昆明湖的西岸坐船前往西苑。

在众人的陪同之下，太后登上了船。船只向西直门的方向笔直进发，抵达了最后一座桥，船只停靠，我们纷纷登上了岸。几顶轿子早已在那里等候，我们乘着轿子抵达了西苑门口。在那个地方，我们又一次登上船只，在湖面推开涟漪一路前行，走了大概一英里路程。

船在湖面上悠然前行，荡起大大的波纹，一圈一圈儿朝岸边涌去。太后欣赏着湖面景致，看着盛开的荷花，说道："我们最少要在这里待上三天。等到天气好起来的时候，我要坐在敞篷船里，在湖面之上拍照

慈禧太后扮观音照

片。我另外还有一个好主意，我想自己扮成观世音菩萨，让两位太监头儿扮成侍者。至于那些行头么，以前就着人做好了的，备在宫中。我只是偶尔穿穿。有的时候我因为什么生气了，或者遇到了烦心的事儿，我就会扮成观世音菩萨，帮助自己的内心平静下来。这样做对我有很大的益处，让我能够时常保持慈悲的性情。若能拍出这样的照片，放在身边，我经常看看，自己便能够时刻记得应该做出什么样子。"

我们抵达行宫的时候，雨已经停止了。路面尚有些泥泞，我们却还要走着去太后的住处。太后有个特殊的癖好，喜欢在雨天出行，还尤其喜欢步行。倘若不是大雨，她甚至不主张撑伞。太监们当然一直带着伞，但是如果没有太后的命令，伞是不必用的。太后不用，我们当然也不可以用——所有的事儿都是这样子的讲究，太后要选择步行，我们就要跟着步行；太后下令乘坐轿子，我们也别无选择地要乘坐轿子。唯一例外的情况是在太后面前，我们是不允许坐下的，太后步行感到疲惫的时候，可以坐上她的黄缎椅子，我们则要一直侍立身边。

和紫禁城的宫殿相比，太后更加喜爱西苑的行宫。这个地方林木葱郁，花香袭人，环境幽美妙不可言。在这样的地方，太后整日里绷紧的情绪能够得到很好的调整。

这一天走了太久的路，我们都很疲惫，太后就让我们早些退下了。她说倘若明天天气晴好，就准备到外面拍一些照片。

然而，翌日天公依然未能展露笑颜，阴沉沉的天气让满心希望的太后失望了。接下来又不断地下了三天雨。我们又在这里多住了一些日子。终于有一天，天放晴了，阳光重新普照大地，我们按照太后的吩咐，到外面拍了几张照片，返回了颐和园。

返回颐和园之后的第二天，太后吩咐大家为卡尔小姐的到来做好准备。她吩咐李莲英告知所有的太监，在卡尔小姐进宫之后，除保持必要的礼节之外，任何人不得私自与其交流。我们这群御前女官也得到了同样的谕令。另外，太后还加了一条：卡尔小姐在场的时候，我们不得与太后说话。光绪皇帝也接到了相同的谕令。

太后命人将醇亲王的花园准备妥当。她又对我们说道："我相信你们三个可以照顾好卡尔小姐。我已命外务部安排好卡尔小姐的膳食。这些已经妥当，只有一点我有些忧虑，宫里没有西餐提供给卡尔小姐。"

为此，太后特地吩咐我们把家里的小火炉带到醇亲王的府邸，若是卡尔小姐有自己烹饪的需要，可方便使用。太后总是如此细心，考虑问题滴水不漏。

太后对我们说："这一回，你们要多受些累了，每天早上的时候，要带着卡尔小姐进宫，晚上又要陪着她返回。还要集中精神每天都看顾着她。相信你们不会在意这些麻烦，这些可都是为了我啊。"

过了一会儿，太后想起了什么，又笑着说："我多么的自私啊，竟让你们把自家的东西都拿到醇亲王府去。你们的父亲在家里，可怎么办才好呢？最好让你们的父亲也到这边来，和你们一道儿住着吧，乡下的空气也许对他的身体更有好处也未可知。"

这真是极特别的恩典，我们欢喜不尽，赶紧磕头谢恩。在此之前，从来没有人被恩准住进醇亲王府。我们终于可以每天都见到父亲了。之前的时候，我们只能每个月告假去探望他一次而已。

第二天，太后安排我们到醇亲王府去，为卡尔小姐的入住做些准备。

醇亲王府颇为宏伟华美，一处处小的寓所各自分开，自成一体，不像其他常见的建筑那般连成一片。王府中巧妙地设置了一处小小湖泊，更有小径蜿蜒向前，颇有幽雅风韵，秀丽宜人，与慈禧太后的颐和园风格很相像。当然了，若论规模，比颐和园小了很多。

我们选择了一处寓所，作为卡尔小姐的居所。我们竭尽所能去安排和布置一切事物，以保证卡尔小姐住得舒适。我们则住进了旁边的一处寓所，相隔不远，当然是为了听从太后的命令，更好地照应和留意卡尔小姐。

晚上，我们回到了颐和园，向太后详细地报告一切。太后嘱咐我们："希望你们务必多加小心，千万不可让卡尔小姐看出你们在监视着她。若是那个样子，可真是太糟糕的结果了。"她对此很是忧心忡忡，在卡尔小姐到来之前，一而再再而三地嘱托我们，务必小心、小心、再小心。

卡尔小姐到来之前的一天，一切事情均准备妥当。太后看了之后很是满意，我们也终于得以放松心情，长舒一口气。

那天晚上，太后命我们早早退下，她准备早些休息，以便第二天早上看上去精神百倍，神清气爽。

5

卡尔小姐到来的那天早上，我们匆匆忙忙地完成了所有的常规事情，包括早朝在内，有意识腾出大部分精力，迎接女画家的到来。

我如往常那样站在大殿屏风后面的时候，一位太监走过来告诉我，康格夫人和女画家，还有另外一位夫人已经到了，正在侍应室里候着。

此时早朝已经接近尾声。李莲英走进来向太后禀告，外国夫人们已经到了，正在外面的屋子候着呢。

太后对我们说道："我要到院子里去接见她们。"有一点毋庸置疑，太后总是在大殿里接见来客。卡尔小姐与寻常来客不同,太后也便采用了不同于一般的接见方式,更显亲和,也更随意。

我们拾级而下,看到了外国来宾们走进了大门。我悄悄把卡尔小姐指给太后看。太后敏锐又极快地打量了卡尔小姐。我们走到了院子里,康格夫人走上前来,恭敬地向太后致意,然后介绍了卡尔小姐。

可以看得出来,太后对卡尔小姐的第一印象很不错。卡尔小姐始终面带友善的微笑,这一点吸引了太后。太后最喜欢看到对方这样礼貌的笑容。她低声对我说道:"她看起来是个很和气的人哪。"

太后能有这样的印象,我心里很高兴。在此之前,我一直有些惴惴不安,揪心卡尔小姐会给太后怎样的想法。

太后看着我与卡尔小姐互相问候着,嘘寒问暖,表示出了很满意的样子。后来,太后告诉我说,她当时注意到了卡尔小姐那次和我重逢,显得非常高兴。从这一点分析,太后认为:"我觉得么,这个人很容易应付。"

我们跟随着太后向她的寝宫走去。卡尔小姐告诉我说,她带来了自己的画布。那块画布大约六英尺长,四英尺宽。稍稍早些时候,我曾经告诉过卡尔小姐,太后不喜欢那种很小的画像,要画肖像么,就画一幅真人那般尺寸的。

太后看到了卡尔小姐的画布之后,非常的失望。她还是觉得画布与期望中的大小相差太远。

我们一起动手,帮助卡尔小姐把桌子摆放停当。太后请卡尔小姐为自己设计一个想要画出的姿势来。

我很清楚,受宫中的环境所限制,卡尔小姐并不那么容易为太后选择出合适的姿势。寝宫的窗户都比较低,光线微弱,从靠近地面的地方蛇一样蜿蜒而入。最终,卡尔小姐把画布摆放在了靠门的地方。

太后请康格夫人和其他几位客人稍坐片刻,她要去换件衣服。我跟着太后进入了她的卧室。进入卧室之后,太后问我的第一句话便是,这位卡尔小姐多大年纪了?她可是实在猜不出来。看上去卡尔小姐的头发几乎全白了。

我几乎要笑出声来。我告诉太后说,卡尔小姐的头发天生便是这种颜色。太后便说自己倒是常常看见金色头发的外国女人,白色头发的却从未见过,除了老太婆之外。

太后最后说道:"依我看哪,卡尔小姐算是个优雅有品位的女人,希望她能把我的肖像画好。"

尽管太后并不喜欢黄色,她还是转过头,命一位女官取一件黄袍来。她觉得若是针对画像而言,黄色应该最相宜。

那女官取来了好几件黄袍,太后从中选来选去,选出了一件上面绣着紫藤的袍子。当然的,也选择了颜色花纹与此相配的鞋子和手帕。她还系上了一条蓝色的丝巾,上面绣着"寿"字,每个字的中间都点缀着一颗美丽的珍珠。她还戴上了玉手镯和玉护指。另外,太后还在头饰的一边戴上了一只缀着流苏的玉蝴蝶,还有和往常一样的鲜花。这一次,太后打扮得美丽极了。

太后从卧室出来时,卡尔小姐已经准备好了一切。她一看到太后的打扮,便忍不住叫起来:"太后的这身穿戴真是太漂亮了!"我把她的话翻译给太后听,太后听了非常高兴。

太后在御座上坐下来,摆好了一个姿势。她像往常那样随意而坐,雍容自然,一只手放在御座的垫子上面。

卡尔小姐看了之后,说道:"这个姿势极好,自然而随意,请太后保持这个样子不要动了。"我把她的话翻译给太后听。太后问我,这个姿势是不是真的很好,要是不够好的话,她可以再换个别的姿势。

我回答太后说,她的这个姿势庄严高贵,已经是极好的了。太后又问了皇后和别的女官们,她们也都回答说好极了,实在不能再好了。其实我注意到了,她们根本没有在意太后的姿势,她们都把兴趣集中在了卡尔小姐即将做的工作上面。

卡尔小姐开始勾勒轮廓,在场观看的每个人都惊呆了,她们没有哪个人曾经见过这样轻松自然的绘画方式。

皇后对我悄声道："尽管我不懂得绘画的学问，我还是能够看出，这位女士是个很优秀的画家。她能够把没有见过的服装和头饰，画得这样精准。要是倒个个儿，找一位中国画家画外国女士，恐怕要搞得一团糟糕吧。"

轮廓画好了之后，太后非常激动，对于卡尔小姐能够画得如此生动精准，又是惊讶又是赞赏。我向大家解释说，这还只是一个简单的素描轮廓，等用油彩修饰，效果会更加不同。

1903年，裕勋龄翻拍的慈禧太后画像

太后让我问卡尔小姐累了没有，要不要先休息一下。并且她让我告诉对方，自己每天都会非常忙碌，只能有短短的几分钟时间坐在那里画像。

随后，我们陪着卡尔小姐和康格夫人去用午餐。午餐之后，我们陪着太后去戏园子听戏。

康格夫人离开之后，我邀请卡尔小姐到我的房间休息。刚刚到了房里，太后就派了位太监前来传话，叫我到她的卧室去一趟。

太后对我说："不要安排卡尔小姐在我午睡的时候画像，她也可以在那个时候休息一阵子。等我起床之后，你带她过来。眼下画像的效果比预想好得多，这让我很高兴。"

我把太后的话转述给卡尔小姐，还告诉她，若是愿意的话，可以等到太后午休之后再画一会儿。

卡尔小姐对这项工作充满热情,她说想立即接着工作。她第一天进宫,我不打算说得太多,以免扰乱她的心神,便没有直截了当地告诉她这是太后的旨意,任何人都不可以违抗。我只是委婉地让她暂时停止工作,休息一阵子。

说话间,有太监来为太后晚膳布置餐桌,大家忙碌起来。我带着卡尔小姐走出来到了走廊里。皇后在那里和卡尔小姐聊天,谈得非常投机,我在中间担当翻译。聊了一阵子,一位太监过来报告说,太后已经用毕晚膳,我们可以进去用餐了。

一进入屋子,我就大吃一惊。屋子里竟然摆好了很多张椅子,这可真是史无前例的事情。在此之前,我们从来都是站着用餐。

皇后也是大为惊讶,问我知不知道到底是怎么回事。我说,可能是因为卡尔小姐在这里的缘故吧。皇后让我去问问太后,毕竟,没有她的吩咐,即便有凳子,依旧谁也不敢坐下来。

太后轻声告诉我:"我可不想让卡尔小姐觉得咱们是野蛮人,让皇后和女官站着吃饭。她自然不会知道其实这是咱们多少年来的规矩。说不定会给她留下不好的印象。你们都坐下来用餐吧,也不要过来谢恩,都表现得自然一些,像你们从来都是如此用餐的样子。"

太后洗漱完毕之后,走到了我们的餐桌旁边。我们都站了起来。太后让我问卡尔小姐,喜欢不喜欢我们的饭菜。卡尔小姐回答说非常喜欢,比自己国家的食物菜肴更加美味可口。太后这才放下心来。

等到用完晚餐,我让卡尔小姐向太后道别。我们向太后和皇后道了晚安,又对女官们说了再见。之后,我们带着卡尔小姐前往醇亲王府。我们乘马车过去,路上花了大约十分钟时间。到了那里,我们带卡尔小姐看了她的卧室,随后就回到自己房里,倍感身心松弛。

6

第二天早晨,我又带着卡尔小姐进了宫。我们抵达的时候,早朝正在进行。因为卡尔小姐的外国人身份,不能进入大殿。我带着她到后院的走廊,在那里等候早朝结束。

没能如往常一样参加早朝,无法知晓今天的具体内容。我心里觉得有些失望,觉得空落落的。

我在宫里的这段时期,还有一个更为重要的目标,便是尽可能地让太后对西方的风俗和文明产生兴趣。我相信一点,若是太后对这些风俗文明产生了兴趣,便能拓展她的眼界,将我们谈论过的这些主题摊出来与大臣们交流讨论,也许便会最终支持中国的改革维新。

比如说前段时间,我曾经把法国海军检阅的照片拿给太后看,给她留下了深刻的印象。她甚至表示,有朝一日在中国也要做一个这样的军队展示。她也曾针对此事与众位大臣商讨。那些大臣们依旧是那一贯的推脱腔调,说什么"此事并非小事,还是要从长计议"之类。

从这件事足以看出,太后想要实现革新主张,不是她一个人便能完全作主,需要和那些大臣们商量。大臣们表面多无异议,却一直拖延搪塞。

我在宫中的经历,让我得出如下经验:在这个环境里,每个人都对新的事物新的观念讳莫如深,唯恐自己提出来,反而会因此陷入麻烦。

太后早朝结束走出大殿的时候,卡尔小姐上前吻了她的手。太后为此大为惊讶,不过当时却什么都没有表现出来。后来,我们单独在一起时,太后问起卡尔小姐的举动到底是什么意思,那可不是中国的礼节,自己从来没有见过。好在当时,太后想到了那应该是外国礼节,故而什么都没有说。

太后步行返回自己的宫殿,换上了画像的服饰。这个早晨无限美好。太后摆出画像的姿势,坐了大概十分钟光景,就对我说累得不得了,实在坐不下去了。她让我问一问卡尔小姐,这次到此为止,以后接着画是否可以。

我对她说,卡尔小姐在宫中住着,要住上一段时间,耽搁一天也没有什么关系。我心下清楚,卡尔小姐一定会有些失望,但是我不得不更多地从太后的感受考虑问题,若不迁就着她的感受,我担心前面的努力会化作泡影。

卡尔小姐表示,若是太后要休息,她可以先画屏风和御座,等太后歇息好了,再摆姿势画也可以。太后听了很高兴,表示午休之后,会再来坐上一阵子。

太后吩咐说,每天中午十二点钟,让太监们将卡尔小姐的午餐安排在我的房里。我们母女三人共同陪着卡尔小姐用餐。

宫里的晚餐通常在六点钟准时开始。太后吃完之后,在那个时间安排卡尔小姐与皇后、女官们一起进餐。太后额外命人安排了香槟酒和卡尔小姐可能会喜欢的其他酒类。她认为,所有的外国女人都习惯在用餐的时候饮酒。

她到底从哪里得到的这种说法,没有人知晓。我相信太后肯定是听到了别人诸如此类的以讹传讹。不过,我不会选择当面去纠正她的误解,那肯定不是明智之举。太后相当反感别人指出自己的错误。看来只有另找合适的机会,再有意无意间谈及这个话题,改变太后那些错误的观念。

这天下午卡尔小姐去休息的时候。太后着人把我传过去,问起我那套老问题,诸如"卡尔小姐说过些什么话,做过什么事儿"之类。她看上去非常在意卡尔小姐对自己的看法。

我告诉太后说,卡尔小姐说太后很漂亮,看上去很年轻。太后说道:"哦,是么?卡尔小姐当着你的面,也只得这样说罢。"

我确凿地对太后表示,卡尔小姐这样的评论不是在我问及的情况下才说出的。她主动这样说起,肯定很真诚的、公允的评论,绝对没有任何恭维的意思在其中。

太后突然想起来什么似的,说道:"我在想啊,既然卡尔小姐能够画出屏风和御座,当然也就能单独地画出我的服装和首饰,我可就不用老坐在那里摆出固定的姿势了吧。"

我告诉太后,那样子是不可能的,没有谁能凭空画出服饰穿戴在人身上的样子。让我惊奇的是,她竟然说:"哦,那很好办啊,你穿戴我的服饰代替我坐在那里就行了。"

我真不知道该说些什么好了,思忖了一下,告诉太后说,大概卡尔小姐不会赞成这样的安排吧。我想找个借口避免这样的安排。

太后却认为,卡尔小姐根本没有任何理由反对这样的安排。到了绘画面容的时候,她还是会亲自坐下来的。

没办法,我只得努力让卡尔小姐接受这样的安排。最后确定了新的方案,即太后觉得累或者厌烦的时候,我穿戴着她的服饰代替她。

在这种安排之下,太后的肖像画得以完成。在整个过程中,太后只为数不多地摆了几次姿势,让卡尔小姐画她的面容。我则是每天上午下午各坐在那里两个小时,直到肖像画完成。

第十四章　皇上的生日

1

我父亲四个月的假期很快结束了。六月初一这一天,他到宫中接受了太后的召见。此时他的身体状况明显好转,却依然没有摆脱风湿病的困扰。在他登上大殿台阶的时候,那种风湿病带来的沉重感与不便更为明显。太后见了,就命两位太监过去搀扶着他。

首先,我的父亲当然要感谢太后对我们姐妹的隆恩。按照宫廷规矩,他摘下顶戴,跪下叩头,极尽虔诚。这种仪式,一般在官员受到圣上隆恩时展现出来。

这套仪式结束之后,我父亲戴好顶戴,依然跪在御座之前,等待太后的询问。太后问了他在法国巴黎期间的生活状况,时不时表扬一番父亲的尽忠职守。太后看见我父亲跪在那里很是不舒服,就吩咐太监取来一只垫子,为父亲垫在膝盖之下。这又是太后极大的恩典了。这样的垫子,平时只有军机大臣在的时候,才有资格使用。

太后对我父亲表示,她不会再指派他到外国去了。一则因为我父亲年纪大了,不适合再度远行至异国他乡;二来父亲若是出行,势必带上女儿同行。太后却希望我和妹妹能够留在宫里,常伴她左右。

太后对我们身居异国他乡多年,却依然恪守满族传统礼仪,表示很欣慰。我父亲回答说,他一直坚持以中国的传统礼教来教育女儿。

太后问皇上有没有什么要说的。皇上问我父亲是否会讲法语。我父亲回答说自己不懂法语。皇上为此很惊讶。我父亲解释说,他既没有足够的时间学习,也因为年事已高,学起来太难了。

皇上又问,法国人对中国的感觉怎样。父亲回答说,法国对中国一直比较友好,遗憾的是庚子年拳民之乱后,自己的使臣身份便多了几分尴尬。

太后接口道,那是一次不幸的事件,好在所有的一切都得到了圆满解决。她最后嘱咐我的父亲多多调养,尽可能早日恢复健康,继续为朝廷效力。君臣召见仪式到这里就结束了。

后来,太后对我说,她见我的父亲自法国回来之后,明显见老了。她觉得我父亲应当多注重调养,保持身心的放松,早日恢复强健的体魄。她对我父亲因为女儿们受到的恩惠而周到虔诚地感谢自己的圣恩,感到非常满意。

2

这段时间,宫里在准备着光绪皇帝的生日庆典,具体时间是六月二十八日。其实,皇帝真正的生日是六月二十六日。因为六月二十六日恰恰又是先帝咸丰的忌日,所以不能为光绪皇帝生辰举行任何庆祝活动,就把庆典改在了二十八日。

按照规矩,官方的正式庆典将举行七天时间。在庆典期间,早朝暂停举行,所有官员一律身着朝服,民间则百业休息,共同庆祝。只有太后是个例外,不必在此期间穿戴特别的服饰,也不必在庆典上扮演什么特别的角色。

这一年是光绪皇帝的三十二岁生日,因为不是整寿(如二十岁、三十岁的整数生日),所以不是特别的隆重,但依然有十足的气派。

皇帝的生辰没有特别隆重的操办,还有一个重要的原因,那便是太后依然健在。按照满族的传统,她位居皇帝之前,是事实上的国家统治者,皇帝尚居第二。

皇上自己当然也很在意这种传统习俗,因此当太后拟订懿旨准备筹办他的生辰庆典时,他总是说这又不是什么整寿,完全不必大操大办,最后才在众人的强烈建议之下,很不情愿地认可了庆典事宜。

皇上出于恪守满族传统礼仪角度的考虑,这么做是理所当然的。然而,无论他个人如何反对,这个生辰庆典毕竟是整个国家都认可的,一切都无可厚非。

在庆典的这段时间里,太后肖像的绘制工作也暂时停止了。

六月二十五日早上,皇上穿戴好了宫廷正装。他身着黄色的龙袍,上面绣着九条金龙,外面罩上一件枣红色的外套。当然,他贵为九五之尊,顶戴上不是普通的扣子,而是一颗大珍珠。我注意到了,在宫里,也唯有皇上才有这般特殊的穿戴。

皇上和平日里一样,先去太后的宫里请了圣安。随后,他又到了庙里,祭拜祖先的牌位。中国人都习惯于以这种跪拜叩头的形式,表达对先人的深刻的、难以尽言的敬畏与尊崇。祭拜仪式结束之后,皇上再次来到太后的宫里,向太后叩头请安。

然后,皇上来到大殿,面见早已聚齐的文武百官,并接受他们的叩拜贺仪。这种仪式此时变成了非常有趣的事情,文武百官在地上拜倒一片,此起彼伏,错落交替,当真是趣味横生的奇妙景象。甚至连正襟端坐的皇帝本人,面对这样的场景,有的时候也忍不住笑起来。

生辰庆典上使用的乐器,这里也值得略微提一提。其中最主要的一种是鼓,以坚硬的木头制成,平底、圆顶、中空,直径大约三英尺,高约三英尺。另有一根相同木质做成的长长的木棒,作为用来击打上述乐器的鼓槌。演奏的时候,有专门的鼓手,以鼓槌大力击打鼓面,那种声音强劲有力,非言辞所能尽述其妙。

平日里每当皇帝升座的时候,鼓手便擂动此鼓,鼓声隆隆,壮声威、正视听,极尽威严。

除了大鼓之外,还有一只硬木制成的老虎,与真老虎一般大小,放置在院子里。木虎的背上刻有二十四块鳞片。演奏"木虎"的人持续刮擦那些鳞片,发出奇特的乐声,类似数不胜数的爆竹同时爆炸的声音①。

在整个典礼过程中,这大鼓与"木虎"两种乐器演奏之音贯穿始终,在宫廷之中缭绕不止,声震屋瓦。在此期间,一位礼仪官负责高呼口令,比如跪拜、鞠躬、起立、叩头等等,但是现场声音繁杂吵闹,根本一个字都听不清楚,文武百官都按照自己的节奏,自顾自地行动着。

宫廷打击乐器敔[yǔ],即裕德龄提到的所谓"木虎"

还有一种乐器,以木条编成框架,大约八英尺高,三英尺宽。有三根木条横穿木架,上面悬挂了十二只纯金铃铛。以木棒敲击铃铛,声音清越,与洋琴乐声相似,当然声调要明显高出很多。这个乐器被放置在大殿的右侧。大殿左侧也摆放着一架类似的乐器,不同的是,悬挂的铃铛是白玉材质,发出的乐声与纯金铃铛的音色又有明显不同,清新悠扬,宛如隔窗望月,又好似清风拂柳。

文武百官参拜完毕,皇上回到了自己的宫殿。在这里接受皇后、嫔妃和众多女官的拜寿。这一次拜寿仪式上,从头至尾伴随着弦乐器演奏的音乐,清晰明朗,悦耳动听。

拜寿礼毕,皇后带着所有的女官,跪在皇帝面前进献一柄如意。这如意是一种"朝笏",头部呈弯曲回头之状,柄端多为小灵芝形、云朵形

---

① 作者此处所说之乐器"木虎",实名为敔[yǔ],又称楬,古代的一种打击乐器,常在乐队中使用。敔为木制,形如伏虎,背有锯齿形薄木板,以一支一端劈成数根细茎的竹筒,逆刮虎背的锯齿演奏,它一般代表一段乐曲的终结,用于宫廷雅乐。——译者注

等多种形状,头尾两相呼应,主体呈流线形,柄微弯曲,造型美观华丽。这种如意有的是纯玉制就,有的则是木制,中间嵌玉,手工精巧。所谓如意,乃是中国一种吉祥之物,赠之与人,寓意是给人带来幸福吉祥和万事随愿。

再接着,便是太监们向皇帝磕头拜寿了,不过这次不再奏乐。太监们行过礼之后,是宫女们拜寿,直到此时,拜寿仪式才算圆满完成。

所有程序完毕,皇上再次来到太后的宫殿,向太后磕头谢恩,感谢太后对自己生辰庆典的隆重安排。最后,太后在众人的簇拥下,到戏园子去看戏。

到了戏园子之后,我们每个人都得到了太后赏赐的蜜饯,当然这也是老规矩。

戏曲看了没多久,太后返回宫殿午休,庆典工作便全部结束了。

3

皇帝生辰庆典结束两天之后,这一年的七月份到来了。七月七日,又是中国一个重要的传统节日,下面我向读者朋友们详细讲一讲。

相传天上有两颗星星,牛郎星和织女星。牛郎和织女是分别掌管农业与纺织业的两位神灵。这牛郎和织女二人原本是一对夫妻,在一场争执之后,长相厮守的生活被彻底改变了。他们被王母娘娘划出的银河彻底隔开。每年的农历七月初七,他们才被允许见面一次。那个日子里,数以千万计的喜鹊在银河上搭成桥梁,让他们完成一年一度的相会。

这个节日的纪念仪式很特别。院子里放置了几只盆子,均盛满清水。太后拿着一些绣花针,分别投入每只盆子。阳光普照,漂浮在水面的细针会在盆底映上投影。根据绣花针投影的不同,一些影子的形状被认为会带来好运气,也说明了投针人心灵手巧,另一些影子的形状则被认为是投针人愚钝手拙,运气不佳。此外,太后还要焚香祭拜牛郎和织女两位神仙①。

对于慈禧太后来说,七月份是令她满心伤痛的月份。这个月的十七日,是太后的丈夫——咸丰皇帝的忌日。每年的七月十五日,又是中国传统的纪念死者的节日(民间俗称"鬼节")。

七月十五日一大早,宫中众人便前往西苑,精心准备祭祀事宜。中国的传统观念对一种说法深信不疑,那就是在人死去之后,他们的灵魂仍然存在于世上。出于这种理念,人们就选择在死者的忌日祭祀和焚烧纸钱。活着的人们相信,那些死者的灵魂可以花费这些冥币,购买和享用自己需要的东西。

这一天,太后命人安排了数百名僧人,念经超度那些可怜的、无人祭奠的孤魂野鬼。到了夜里,太后带领众位女官乘着船,漂流湖上,齐放荷花灯。那些荷花灯的花瓣中间插着蜡烛,随波而去,浮动一片光影,合着粼粼波光,悠悠桨声,在幽暗的湖面上荡漾,为这一年死去的亡灵们祈祷往生,享受生者由衷的祝福。

太后嘱咐我们也要点着蜡烛,放走荷花灯,为亡灵祈祷,并藉此得到亡灵的感激之情,今生来世均可得到好报。

有太监告诉太后说,他们曾亲眼目睹亡灵的身影。对于他们言之凿凿的描述,很多人深信不疑。

太后自己并未见过什么灵魂,但是她认为是自己的大富大贵气象,让那些亡灵恐惧,不敢现身。她交待我们所有人都把眼睛放亮些,多多留意那些可能出现的亡灵身影,并且及时告诉她所见到的一切。

当然了,我们什么都没有看到。许多宫女则被吓得紧闭双眼,唯恐看见什么可怕的亡灵鬼怪。

---

① 每年农历七月初七这一天是我国传统节日七夕节,又称"乞巧节"或"少女节"、"女儿节"等。乞巧节传统庆祝活动很多,有穿针乞巧、投针验巧、喜蛛应巧、为牛庆生、拜织女、拜魁星、吃巧果等等。其中,投针验巧风俗是明清两代盛行的七夕节俗,古代书籍多有记载,如:明刘侗、于奕正的《帝京景物略》说:"七月七日之午丢巧针。妇女曝盎水日中,顷之,水膜生面,绣针投之则浮,看水底针影。有成云物花头鸟兽影者,有成鞋及剪刀水茄影者,谓乞得巧;其影粗如锤、细如丝、直如轴蜡,此拙征矣。"——译者注

这段日子里，太后全身心沉浸在对已故咸丰皇帝的缅怀上，忧愁烦绪终日缠绕着她，片刻不离身，让她久久难以自拔。她变得更加挑剔易怒情绪郁结，整日里沉默不语，时常独自饮泣，情难自已，谁也劝解不开。我们当然都分外小心谨慎，步步惊心，唯恐因点滴小事不慎惹恼了太后。

为什么咸丰皇帝已经驾崩多年，太后依然在痛苦和怀念中无法自拔？个中原因，我实在感到费解。

整个七月份，宫中严禁女官穿着亮色的服装。我们都不得不一直穿着深蓝或者浅蓝的服装。太后则一直穿着黑色的衣服，没有一日例外，甚至连手帕都是黑色的。

往常在每个月初一和十五演出的戏园子，也在七月份关门大吉。宫廷没有一丝一毫乐声，一切大小事务都在庄严肃穆的气氛中进行。整个皇宫所有人，无不沉浸在一种时刻萦绕身边的、深沉的悲痛之中。

为了表示对先帝的尊崇，宫中规定斋戒三日。这是我进宫第一年面对的境况，目前的悲戚气氛让我颇为不适，尤其是在刚刚经历过喜庆和喧嚣的气氛之后，反差更为强烈。

七月十七日的早晨，太后来到咸丰皇帝的灵位前，跪在地上痛哭良久，悲恸之状令人动容。我为太后感到伤心，我看到她的悲恸完全是真情流露，毫无做作之态。那个时候，我是最受太后宠爱的人，在悲痛的日子里，她时常让我待在身边。

有一天，皇后对我说道："太后对你颇为依恋，这段日子她内心悲痛，你最好多多陪伴着她，缓解她的哀伤。"我便常常去陪伴太后，看到她哀伤地痛哭，我也忍不住哭泣。太后看见我哭了，马上止住我，让我不要这样。她对我说，我还太年轻，尚未尝过这样深切悲痛的滋味，不可以轻易这样哭泣。

那段日子里，她和我多次述说自己的经历。有一次，她对我讲："我还是小姑娘的时候，家庭生活异常艰难困窘。从父亲母亲那里，我从来没有得到过一丁点儿快乐，他们都不喜欢我。我的妹妹很受宠，想要什么就能得到什么,我却总是被忽视,什么都没有。我初进宫时,因为我容貌出众,很多人嫉妒我。我心里明白,其实,我比她们都要聪明。我鼓足勇气去和她们对抗,最终我赢了。我进宫之后,先帝对我无比宠爱,对别的人提都不提,看也不看,完全不放在心上。幸运的是,我为先帝生了一个儿子,这更让我独宠的地位无可撼动。然而,不幸的事儿渐渐降临了。咸丰十一年的时候,先帝患了急症。当时,洋兵攻打北京城,火烧了圆明园。我们躲到了热河。当时发生的这些事情,大家当然都很清楚,你也应该很清楚,不用我来多说了罢。那个时候,我只是个年轻的女人,跟着奄奄一息的丈夫,带着年幼的儿子。东宫的侄子是个大逆不道之人,垂涎皇位已久。当然他没有任何争夺皇位的资格,他没有皇族血统。我真的不希望还有谁再重复我的苦难经历。

她接着说:"先帝到了弥留之际,神思已经很模糊。我带着太子来到龙床之前,向他询问由谁来继承皇位。他神思游离,半晌无语。先帝去留已成定局,时间紧迫,无奈之中,我有了主意,对先帝说道:'您的儿子正在此处。'听了这样的话,他才有片刻神归龙体,马上张开眼睛,开了金口,他说:'自然是太子继承帝位。'这件事情确定下来,我才终于定下心来。那句定下继承人的话就算是先帝的遗言了,过了不久他就驾崩了。到了现在,那些发生过的事儿早已年深日久,但想到当时的种种情景,依然宛如昨日,近在眼前。那个时候,我心里琢磨着,先帝虽然归了天,好在还有我的孩儿同治足以依靠,安安稳稳度过余生,生活会越来越舒心。谁知道不幸的是,他竟然不到二十岁就离开了人世。打那个时候起,我就变成了完全不同的一个人,自从同治我儿死去、我广受关注的时候起,我原来所有的幸福欢乐就一去不复返了。东太后给我制造了无穷无尽的麻烦,我根本没有办法和她好好相处。最终,她在我孩儿归天的五年后,也死去了。"

她又提到当朝皇帝:"光绪刚刚被带到我身边的时候,仅仅三岁,身体孱弱不堪,几乎连走路的力气都没有。他的父母也不敢给他吃什么东西。你应该知道吧,光绪的父亲就是醇亲王,他的母亲就是我的妹妹，所以他几乎相当于我的亲生儿子。事实上，我也一直将他视为己出，在他身上倾注了全部的心血。尽管我为他做了一切，却依然不能让他有个好的体魄。除去方才说到的这些，我还有很多很多的烦恼事儿，现在说了也没有什么益处。总而言之，没有哪一件事能遂了我的心意，到处都令我失望。"

说到这里，她忍不住再次哭泣起来。过了一阵子，她接着说道："每一个人都会觉得，我贵为当朝皇太后，必然是一呼百应无比欢乐。可我对你讲的这些都完全不是如此，我的痛苦经历和麻烦还远远不止讲过的这些，更糟的事都比比皆是。我真是什么糟糕的事情都经历过。无论什么事情出了岔子，无一例外总是我的错。有些时候，甚至御史都敢当面指责我。好在我总还算是个能想得开的人，些许小事也总是能拿得起放得下。要不然，我怕是不知道气死烦死过多少回了。你想想看，那些人多么的心胸狭窄事事计较。在酷暑天气，我暂时搬到颐和园住着，他们也要提出反对，我这样做根本就与人无涉啊，还总是被这些家伙说三道四。你进宫的时间不长，想必也能看得出来，在这里，没有什么事儿我能单独作主，很多事情都是由大臣们商量好了，才上奏于我，只要不是重大的决定，我也都是准许他们商量的结果。"

祭祀结束之后，我们返回了颐和园。卡尔小姐继续绘画工作。很显然，太后已经对画肖像厌倦了，热情都已随着时间消散。有一天，她问我这件事到底什么时候才能完成。她担心天气寒冷之前还没有结束，那个时候我们都要返回紫禁城了，她怕在紫禁城画像会多有不便。

我请太后宽心，告诉她这些都很容易安排好，不劳她为此费神。

太后让我代替她摆了几次姿势之后，问起我卡尔小姐会不会对此有意见。她交待我，若是卡尔小姐觉得有意见的话，我可以告诉她这是太后的旨意。

我当然不会在这些事情上多说什么，一直都与卡尔小姐和睦相处。

但是，太监们制造了很多的麻烦，他们完全无视太后吩咐的要善待卡尔小姐的命令，多有怠慢之举。当然了，专心作画心无旁骛的卡尔小姐并没有觉察到这些。为了能让太监们善意一些，我吓唬说要把他们的行为报告太后，为此他们平稳了几日。很短的时间之后，他们又恢复了那副倨傲不恭的样子。

4

八月到来的时候，太后要亲自组织菊花的移栽。菊花是太后喜欢的花卉，她对这项移栽工作充满了热情。

太后每天都要带着我们到湖的西岸去，与我们一道儿剪下鲜嫩的枝条儿，插入花盆的泥土之中。我对这种栽植方法很感不解，这些枝条没有根，只有茎和花骨朵。太后却告诉我说，这些枝条插进泥土，没几天就能长出美丽娇艳的花朵。

在生出新的根须之前，我们每天都去为那些菊花浇水。有的时候，若是下起了大雨，太后就会命太监们拿草席遮盖好菊花，防止为雨打风吹所折损。

养花是太后的嗜好，没有什么别的事儿能让她如此投入。为了亲自照料那些花儿，她甚至连长久形成的午休习惯都可以暂停。她尽可能地亲力亲为，花费了很多时间去侍弄她的果园，果园里种植了苹果树、梨树等等。

我还注意到一个情况，就是春夏两季过去之后，太后的情绪便会变得烦躁易怒。她最无法忍受冬天，最害怕寒冷的天气。

八月份的一天，太后得了小病，感觉有些头痛。她为此牢骚满腹。这是我第一次见到太后生病。太后依然如往常一般早起上朝，却没有用午膳，很快便回到卧室，躺到床上歇息。

宫中的几位太医被召来，轮流为太后把脉诊治。整个诊治过程类似一项仪式：太医们跪在床前，太后伸出她的手臂，搁在一个专用的小枕头上面。太医把脉确诊之后，都会写下一张方子，当然各人有各人治疗之法，彼此并不相同。

我们把这些方子呈送给太后，她仔细看了半晌，从中选出一张认为是最好的方子，命人即刻取药生火煎煮。煎毕，先有两位嬷嬷和太医本人当面尝过，确定平安无事之后，太后才放心地服下。随后，她再次躺在床上休息。当值的女官留下来服侍，其他人则静静退出。

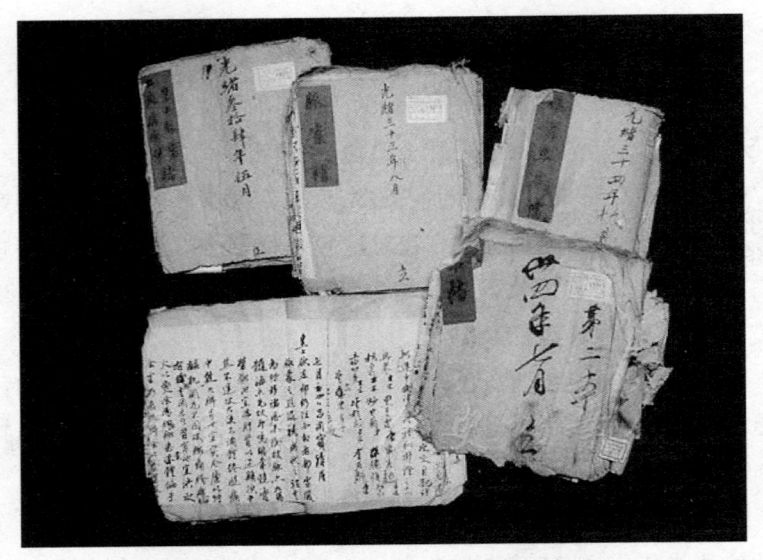

脉案，清宫御医为帝后及皇室其他重要成员治病时辨脉、用药的记录，实为御医们在从事医疗活动中为其建立的详细的病历。其中记录了清朝帝后的日常医疗、保健、生老病死等丰富内容。清宫脉案有折单和簿册之分。折单为每次看病、用药的记录，大小不等；簿册一般为几个月的治病记录汇总

那些日子里，大雨不断，天气潮湿炎热。这样的天气，导致蚊蝇大肆繁衍，处处嘤嘤嗡嗡，成群结队，不胜其烦。

若要说起太后最厌恶的东西，那必是苍蝇无疑了。每到炎热潮湿的夏季，苍蝇总是随处可见，这一年尤其多得令人难以容忍。在宫里，为了消灭苍蝇，我们把五花八门稀奇古怪的手段想遍了用尽了，当真是无所不用其极。例如，在宫廷的每个门口，总有一位太监守着，各自手持一柄拂尘，屏气凝神严阵以待，防备苍蝇侵入滋扰。

宫廷之中，蚊子倒是并没有影响我们的生活，夏天的时候几乎没有蚊子。事实上，我在宫中期间，甚至连一顶蚊帐都没有看到过。而苍蝇

却是讨厌至极的东西,我们想尽办法防范、驱赶和消灭它们,却还是躲不过它们的纠缠。

一旦有苍蝇落到了太后身上,她就会难以遏制地尖声尖叫。假如有一只苍蝇落到了太后的食物上,她马上会命人把所有饭菜扔掉,一道都不留。这种情况总是会把太后一整天的食欲破坏殆尽。她也因此而烦躁不安,常常对着众人大动肝火。这种时候,人人都噤若寒蝉。

太后若是看到了有苍蝇在附近,就会马上吩咐身边的人,抓住那可恶之极的侵入者。我便经常接到这样的指令。我也和太后一样讨厌这种肮脏的东西,倘若抓住了它们,手都会被搞得很脏。

太后生病了很长时间,这段日子里她一直郁郁寡欢,提不起精神来。那些太医们从早到晚地在旁边观察和诊治。太后服用了很多药方,却总是没有明显效果,病情反而更见严重。后来,太后发起烧来。

太后最担心的便是发烧。我们终日陪护着她,白天黑夜寸步不离。哪怕是吃饭,也只能看准了时机,轮流离开,且必须很快回来。

她还有一个怪癖,在她生病的时候,她拒绝任何香气接近自己。对于各种鲜花的香气,她也是一概抗拒。尽管在健康的时候她那么的沉迷这些。

这段日子里,太后神经衰弱,白天无法入眠,往日欢愉易逝的时间如今对她而言,显得冗长而乏味。为了消磨这些无聊的时光,她命一些读过书的太监,白天的时候为自己读书,自己半躺在床上若有若无地听着。太监们所读的书包括中国历史、诗歌或者其他的一些品类,不一而足。

在太监读书的时候,我们站在床边为太后按摩双腿,这样能够舒缓她的情绪,让她平静一些。这样的生活方式一直持续到大概十天之后,太后完全恢复健康为止。

有一天,太后问我:"在人生病发烧的时候,外国的医生一般给他们吃什么药呢?我听说吃的是各种各样的药丸。那样一定是很危险的,因为你根本不知道那些药丸是用什么东西制成的。在咱们中国,所有的药都是用植物的根茎之类做成,总归能够知道什么药治疗什么病症。我这儿有一本书,就是专门解释什么药治疗什么病的。我还听说咱们用药治疗的一些病,外国人却是动用刀子。李莲英告诉过我,有一个小太监手腕上生了个疖子,别人建议他到医院去。当然了,他们也没人清楚医院究竟是怎么治疗的。小太监去了医院,外国大夫拿刀子割开了疖子,把个小太监吓得要死。不过让人想不到的是,我听说过了几天,那个小太监的手竟然好了。"

她接着说道:"一年前,几位外国人来到宫里,见我咳嗽得很厉害,就给了我一些黑色的药丸,让我吞下去。我不好当面拒绝,就接过药丸说待会儿再吃。我终于还是没有敢吃下那些黑东西,偷偷扔掉了。"

我回答说,自己对西方医学知之甚浅。太后则说,她曾经见过我服用过西药。她说:"我当然是知道的,在咱们京城,还是有很多人信任那些外国药的,甚至在我的亲戚里面,也有一些人信任和支持外国医生。他们都以为我不知道,其实我哪里会不晓得呢?我清楚得很啊。无论如何,他们愿意那样找死,我也管不着。所以说,他们生病的时候,我都不会派我的太医去为他们诊治。"

太后恢复了健康之后,心情开朗起来,带着我们花了大量的时间去游湖,有的时候坐着敞篷船,有的时候乘坐小汽船。她兴致很高,经常流连忘返。

出于种种原因,太后总是喜欢到湖的西边游览。那边的湖水比较浅,小汽船经常在那里搁浅,动弹不得。这些麻烦事儿反而让太后更为开心。她喜欢汽船陷入泥淖的那种感觉。

这种时候,敞篷船就会靠过来,我们离开汽船,登上敞篷船,曲曲折折转到最近的山顶上。在那山顶上,我们居高临下地观看太监们费力地把汽船拖出泥淖。

这也是太后的特点之一,她喜欢将别人的困难和麻烦视作一桩乐事。太监们深谙太后的这一心理,他们只要有机会,就会故意做出种种滑稽有趣的样子来,取悦太后。

每逢这个时候,只要不出什么大乱子,太后总是饶有兴致地观看。但若是出了乱子,或者因为疏忽产生了严重后果,太后就会毫不手软地责罚。说起来,想要取悦太后,也并不是一件容易的事情。

5

太后还有一个癖好,就是爱打探别人的私事儿。有这样一个例子,如前所述,太后习惯于在用膳之前吃些甜点,然后把剩下的分别赏赐给女官们。有的时候,我们实在是忙不过来,也就顾不上吃掉那些。结果,太后很快就发觉了这种情况。

有一天,太后用膳完毕,走了出来,本想透过窗户看看我们在做些什么,却看到了几位小太监正在享用她赏赐给我们的甜点。

太后什么都没有说,只是吩咐我们把那些甜点再拿回来。大家都以为她还想再吃一些。我却本能地感觉,肯定是哪方面出了岔子,因为太后以前从来没有这样吩咐过。

太后看了看送回来的甜点,发现剩下的很少,就故意问道:"什么人吃了这么多?"没有谁敢接茬,那可是触霉头的事儿。我极快地动了一番脑筋,最后得出结论,还是如实禀告情况为好。因为她既然突兀地这样做,必然是什么都知道了。

于是,我大着胆子禀告太后,说我们今天实在是太忙碌,把太后赏赐的这些甜点都忘记了,恰好这个空儿,有几位太监走过来,自作主张地吃掉了。

我还说道,太监们已经不止一次这样做了。我们都很感激太后能给我们反映这些情况的机会。

太后说道,若是想让太监们吃那些甜点,她自然会另外赏赐。她好心好意赏赐给我们的东西,想不到我们并没有领情,反倒让太监们占了便宜。她转身对我说道:"很高兴你能够对我说实话,我其实已经知道是怎么回事了。"

太后随后下旨,扣除每位太监三个月俸银,以示惩戒。我心里清楚得很，那些太监们才不在乎这些俸银呢，他们自有别的方法挣到更多的钱。

我们回到起居室的时候，一位女官告诉我："你真不应该说出太监们的这些事情，他们一定会想着法子报复你的。"我对她说，太监们不过是些奴才，能把我怎么样呢？她告诉我说，可不能轻视了这些奴才，他们会想出最阴险的法子来报复别人。

我自然早知道太监们的恶劣，却也想不出他们有什么理由来报复我。我认为他们不敢在太后面前说我的坏话，很快就将这件事情忘在了脑后。

后来，我慢慢发现，太监们报复女官惯用的手段，就是潜移默化地引导太后对这个人产生偏见。比如，太后告诉太监有什么事情要做，希望让我去做，太监却会去告诉另一位女官，而不告诉我。这样一来，太后会认为我很懒惰，总要等着她亲自指令。与此同时，那另一位女官会得到太后更多的信任。

太后和皇后都对我很是照顾，太监们要对我不利，并不是一件容易的事情。但是我想，还是不要轻易开罪他们为好。这些太监自恃专门服侍太后，暗地里颇为倨傲，拒绝听从其他人的指令。他们常常对女官们粗俗无礼，甚至对皇后也是如此。

6

时间很快到了八月份，到了皇帝去日坛祭祀的日子了。在这种祭祀的场合，他穿着一件红色长袍。

这段时间里，康格夫人请求与太后私人会见，顺便看看肖像画的进展情况。太后恩准了她的请求。这次非正式会见，康格夫人并非一个人进宫，她还带着自己的两位亲戚同来，还有坎贝尔小姐和一位传教士夫人。

这次会见是非官方性质的，所以并没有举行多么正规的仪式，来宾被带进了太后的宫里。太后就在平日里充当画室的小殿进行了会见。

尽管太后对于画像这件事已经没有什么热情，也曾多次向我们表明这一点。可是见到康格夫人，出于礼貌和尊重考虑，太后仍然保持有礼有节，对着康格夫人大为赞赏卡尔小姐的工作，说卡尔小姐绘画才华惊人，这幅肖像必然会是一幅难得杰作。

这一天，太后的心情格外欢快，她让我吩咐太监们打开各处的门，带着客人们四处参观。太后带着大家一间一间屋子地走动，兴致很高地向宾客介绍自己的各类珍奇古玩。

后来走到了一间寝室，太后坐下来歇息，并让太监为宾客搬来椅子。这个房间中存着不少椅子，看上去并不特别，其实都是太后的御座。按照宫里的规矩，不管是什么椅子，只要是太后坐过了，就马上成为太后的御座。以后若是没有太后的恩准，任何人都再没有资格坐。

太监们搬来了椅子给宾客坐，一位宾客不小心坐到了太后的御座上面。我马上注意到了这个细节，想上前劝止，此刻太后也对我使了眼色。我立即走上前去，对那位不明就里的宾客说道，我要请她去看样东西。她自然而然地站起身，跟着我走开了。

当时最大的难题是，太后希望我以适当的方式让这位客人起身，我却不能明确告诉对方是为了什么。正在我想方设法向对方翻译的时候，太后低声对我说道："看看吧，她又坐到我的床上去了，咱们还是离开这儿吧。"

我们就带着宾客们到了膳厅，邀请她们用午膳。午膳之后，大家向太后道了别，与卡尔小姐一道儿离开了。按照一直以来的惯例，我们报告太后说，客人已经离去。

太后对我说道："那位女士多么奇怪啊，太没有眼力见儿，先是坐在了我的御座上，又坐到了我的床上。或许她根本不知道御座为何物，意味着什么，没准儿还在心里暗暗笑话咱们呢。从这件事儿上看来，咱们的礼仪可比他们外国人的讲究得多啊。对了，还有一件事儿，你有没有注意到康格夫人进宫的时候，在院子里交给了卡尔小姐一个小包？"

我回答说，我注意到了她带着那个小包样的物件，不过说不清楚里面装着什么东西。太后便让我和卡尔小姐打听一下，里面究竟装着什么。

那个时候，我经常会从太后那里接到诸如此类稀奇古怪的指令，慢慢地我也习以为常见怪不怪了。我自然也会聪明地判断，巧妙地执行。所以，我当然不会去直接询问卡尔小姐，而是想方设法地旁敲侧击，尽快了解情况。

我开始四处寻找那个小包，却发现它已经不翼而飞。这让我颇为忧虑，不知道接下来该怎么去办。太后总是希望自己的指令能够得到最快速的执行。

正当我努力而不露痕迹地寻找的时候，一位太监过来告诉我说，太后让我速速过去。我知道太后要问什么，却也只得硬着头皮过去，没等太后发问，我就主动先说明，卡尔小姐已经睡下了，没有来得及问她小包的事儿。等到明早她一起床，我就去问。

太后叮嘱道："我不想让卡尔小姐知道，是我让你去了解这些事情的。要不然的话，她肯定会认为我是个疑心很重的人。那可就不好了。你要做得不知不觉，巧妙得体。你很聪慧机灵，肯定能处理好。"

不久之后，有一次我陪着卡尔小姐到宫中画像，竟然看见她就带着那只小包。真是踏破铁鞋无觅处，得来全不费工夫。到了宫里的画室，卡尔小姐对我说道："这个时候，天已经暗下来了，你不用再摆姿势了。今天我可以先画御座，你没事的话就翻翻这本杂志，消磨一下时间吧。"

她说着，把小包递给我。我赶紧打开这神秘的小包，发现里面竟然只是一本普普通通的美国月刊，除此之外并无他物。我简单地翻阅了一下杂志，就找了个借口匆匆离开。我要第一时间去向太后禀报这件事情。

此时，太后已经出去游湖了。我赶紧乘坐轿子追上去。到了湖边的时候，太后远远地看到了我，就命人摇着小船接我，把我送到了汽船上面。

还没有等我有机会开口，太后笑着说道："我都已经知道啦，小包里装着一本书，卡尔小姐还拿给你看了。"真是徒劳无功的一场忙活，我心里真是失望透顶。我当然知道太监们一遇到机会，就会抢先向太后报告，可也没有想到他们的速度竟然这么快。

此时，太后对于自己的"先知"显得很是自得，随意问了问我，卡尔小姐有没有怀疑她在关心这个事情。这件事便这样告一段落了。

我准备回到卡尔小姐那里去，太后叫住了我，对我说道："我还要跟你交待一件事情，今后，凡是有外人进宫，你要片刻不离地跟着皇上。这样，外国人跟皇上说话的时候，你可以及时地做翻译。"

我答道："以往无论什么时候有外国人觐见，我总是陪在身边不离左右。直到现在，我还没有见过任何一个外国人和皇上有过交流呢。"太后解释说，她之所以提起此事，没有别的意思，不过是提醒我要像尊敬她那样尊重皇上。凡有来访者到来，要全身心地为皇上服务好。

我心里清楚得很，这根本不是太后真正的理由所在。其实，她主要的目标还是防范皇上与外部交流的可能，严防外国人在无形中影响皇上，与皇上讨论改良维新之类的事情。

第十五章　中　秋

1

八月十五,中秋节到了。这个节日又被中国人称为"月节"。

中秋节这个名字来源于一种久远的观念,中国的传统观念认为,"水满则溢,月满则亏,花满则谢。"月亮并不总是满月,只有在特别的日子里才是圆的。那个日子到来的时候,满月刚刚从天际出现,大家就开始祭拜。中秋祭月的仪式一般是由女官领衔。其他的内容则是和端午节一个样子,太后和文武大臣太监宫女等等互相赠送礼物。

中秋节庆祝以戏园子一幕讲述月宫爱情故事的戏剧作为结尾。那幕剧主要内容是这样的:一位美丽无比的女子嫦娥住在月宫,只有一只白兔与她作伴。人们称呼那只白兔为玉兔。

那只玉兔不甘月宫寂寞,偷偷溜到凡间,化身一位美丽动人的女子。有一位住在太阳上的金鸡得知此事,他非常仰慕这名女子,便也偷偷降临人间,化身一位潇洒俊朗的王子。女子与王子相遇,他们相爱了。

凡间还住着一只红兔子,他知道了这一切。红兔子也同样爱慕那位女子,便也化身一位王子,追求那位女子。事与愿违,这只红兔子道行尚浅,在变成王子之后,脸上依然是红色的。这种情况最终导致了他爱情的失败。

这个时候,月宫的仙女嫦娥发现了因为自己的疏忽,玉兔溜到了凡间。她派出天兵天将前去捉拿玉兔,并把她带回了月宫。

金鸡王子失去了爱侣,没有办法,只得孤零零返回了太阳上的家。

在戏剧上演的过程中,李莲英带着一位年轻男子走进院子,径直走到太后面前叩头。这种情况在宫中可是很罕见的,吸引了所有人的注意力。那位男子是个生面孔,我不认识他。我想着,他到底是什么人呢?

走廊的另一端几位女官交头接耳地叽叽咕咕,一边说一边偷笑着。过了一会儿,她们走到我面前,问我认不认识那位男子。我对她们说:"我不认识这个人,你们在宫中的时间比我长,应该比我认识的人多。"我还说道,"这个男子真的很丑。"

这天晚上,太后问起我有没有注意到那位年轻人。没等我回答,她就告诉我说,那人是一位满族重臣的儿子,父亲驾鹤西去,他继承了父亲的地位和大笔的财产。

我很想不通,为什么太后要如此详细地对我介绍一位陌生人。而且,在介绍的时候,表情一反常态地严肃,真不知道是怎么回事。我对太后说,我觉得这个人长得不好看。

几天之后,一次我摆好姿势给卡尔小姐绘画的时候,听见太后和我母亲在房间的另一头小声嘀咕着什么。我看见太后拿着一张照片给我母亲看,问我母亲那人长得怎样。我母亲回答:"不太好看。"太后则说:"这个世界上,并不是每样东西都要好看的。"

我揣测这些事情和我有关,应该是太后要撮合我和那位男子结婚。我考虑该如何躲过这种指令式的婚姻。若是太后执意让我嫁给那个男子,我也无法违抗。经过思索,我暗下决心,若是非要嫁给一个我不喜欢甚至是不认识的人,我宁可离开这个地方。

这天太后到寝宫午休的时候,说是要和我聊聊天。说了些闲话之后,她问起我愿意一直陪伴着她,还是愿意再度到国外生活。

我马上回答道,若蒙太后不弃,我愿意永远在身边服侍着她。若是哪天太后厌倦了我的存在,可以马上把我打发了,我一定速速离去,并且毫无怨言。

听了这些话，太后对我说，她有意把我嫁给那位年轻人，不知道我意下如何。我对太后说，我现在完全没有嫁人的想法，父亲又生病，若是我因出嫁而离开家人，必定更让父亲伤心难舍，加重他的病情。

太后表示这些都没有关系，只要我不去国外，随时可以去探望父亲。

我对太后说，我现在一心只想服侍老佛爷，完全无意结婚，无论是嫁给谁。

太后说道："我可不想再听你的这些托辞了，我已经和你母亲商量过此事。她让我先问你的想法。毕竟你所受过的教育和别的女官大为不同。若不是因为这个，我早已和你母亲安排好了所有事情。"

我不知道再说些什么才好，忍不住哭了起来。我对太后表白，我可和别的女官不同，她们嘴上说着如何如何不愿意嫁人，心里却巴不得早点离开，甚至将嫁人视作离开这种单调日子的唯一方式。我却是真心实意的愿意永远留下来服侍太后，也从此不再做出国之想。若不是父亲被派往巴黎，我也根本不会有机会出国。

太后说道："哦，不错，我很高兴你能够出国，才能对我更加有帮助。若是你一辈子待在中国，反而没有多大的价值了。"

后来，我们又聊了一些闲话。太后最后说道："好啦，我给你时间认真考虑这个事儿，你若是不中意这位年轻人，还有很多可以选择的嘛。"

这些安慰性的话对我来说没有什么意义，我感觉到太后是下定了决心让我嫁人。无论如何，这一次算是躲过去了，若是下一次她再提起，那是后话了，再想办法躲过吧。

幸运的是，太后再也没有提起这桩婚事。大约一个月之后，我听说那位男子和一位亲王的女儿定亲了，我总算放下心来，经过了一番周折，结果总算是遂了我的心意。

2

　　八月二十六日这一天,又是一个特殊的节日。满洲王朝建立的时候,顺治皇帝为顺利登基,经历了极其艰辛的战斗,才终于成功。在当年的八月二十六日这一天,他带领的军队粮草断绝,人困马乏。皇帝与士兵们万般无奈,只好以树叶果腹,除此之外,没有别的东西可以食用。

　　从那个时候起,八月二十六日成为一个纪念日,纪念先人的重重磨难和伟大功绩。节日一直延续到了今天,每年的这个时候,满洲人都会举行纪念活动,拒绝奢华享受,老老实实过一天简朴节制的生活。

　　宫中尤其重视这个规矩,这一天里,我们不可以食用肉类,只能吃菜叶包饭。任何人都不许使用筷子,都是用手抓了送进嘴里。太后也不例外。这些规矩的目的就是永远警示后人,牢记祖先历经苦难建立王朝的丰功伟绩。

　　八月底,太后带人在早春的时候种植的葫芦渐渐熟了。太后几乎每天都带着我们去看葫芦,看着它们一天熟似一天。太后会先挑选出那些形状最好的,也就是那些腰最细的,着人系上带子作为标志,方便最后择优采摘收藏。

　　有一天,太后指着其中的一只葫芦对我说道:"这只葫芦让我想起你穿洋装时候的样子。不消说,你还是穿现在的衣服更加宽松舒适。"

　　过了一段时间,葫芦完全长成了,被我们一一摘下。太后拿一把竹刀将葫芦一只一只刮去表皮,然后用一块湿布小心擦拭,再让这些处理过的葫芦自然风干。风干之后的葫芦外表会逐渐变成褐色。这个时候,它们便会被悬挂起来,作为一种特殊的装饰品。宫里有一间独立的房子,里面存着一万多只这样的葫芦装饰品,它们形态各异引人注目。

　　女官们有一项专门的职责,就是定期用软布擦拭这些葫芦,保证它们一直干净光洁。另外,我们还要像太后那样处理好新摘的葫芦,以留作宫中之用。不过,在做这些事情上,没有谁比太后更加细致用心。

　　有一天,我在擦拭这些葫芦的时候,一个不小心,把一只老葫芦的蒂碰断了。我知道，这是太后最喜欢的一只葫芦。我吓得六神无主，不知道该怎样告诉太后。

一位女官偷偷地劝我，干脆把这个葫芦悄悄丢掉，不要说出去。数不胜数的葫芦在这里，太后是不可能发现的。

我思来想去，彻夜难眠，最后还是决定如实告诉太后，自愿接受惩罚。出乎我意料之外的是，太后竟然完全没有在意，只是轻描淡写地说道："好啦，这只葫芦太老了，所谓的瓜熟蒂落，按照规律随时都会掉落下来。恰好是你去擦拭它，就掉下来了，怪不得谁啊。"

我连连表示自己太过粗心，碰坏了老佛爷最喜欢的葫芦，心里总是自责难过。这件事情竟也就这么不声不响安安稳稳地过去了。

其他的女官都在侍应室里等着，急着想知道我怎样脱身。我出来之后，告诉她们事情经过。她们都说，这事儿若是发生在她们身上，少不得要挨一顿惩罚，到底是受宠的人儿，总有太后特别的照顾。

她们的话让我很不舒服。我把这件事情告诉了皇后，她表示，我能够跟太后实话实说，这样子的处理方式很好。她还叮嘱我事事小心时时在意，说身边嫉妒我的人可是为数不少，不要被别人抓住了什么把柄。

九月之初，菊花含苞待放。女官们每天都去修剪花枝，剪去枝条上多余的花苞，只留下一个。这样的修剪方法是为了去粗取精，独留一朵是为了让它充分开放，结出特别大的花朵。

太后也来一起做这些事情，她照顾花卉颇为讲究，倘若我们的手不够凉，她是不允许我们碰花卉的。她认为温热的手接触了花卉，会导致叶子枯萎。

菊花通常是在每年的九月底十月初相继盛开。太后有一项令人称奇的本领，她能在花朵含苞待放的时候，就知道开出来的花是什么样子。她会预测这一盆开红花。我们就在花盆里插上一根竹签，写上花儿的名称、颜色等等。她又会预测另一盆开出白花，我们同样插进竹签，同样写上说明，如此等等。

太后对我说："你头一年进宫,未免对这个事情有些想不通。但是,我却真的从未弄错过。若是不信,等到花开你就知道了。"

事实竟然真的如她所料。我们实在不明白她是怎么分辨出来的。她的预测从不落空。有一次,我问及太后这种预测的秘诀,她回答说,这是个秘密,不足为外人道也。

这段时间,画像工作进展得非常缓慢。有一天,太后忍不住问我,大概还要多长时间才能够完成,按照外国的惯例,绘制这样一幅肖像,应该付给画家多少报酬。

我回答她,一般情况下要支付很多报酬给画家。太后却说,这根本不合乎中国的规矩。在中国做这样的事情,乃是一种荣耀,若是给钱的话,会被对方认为是一种侮辱。

太后提出给卡尔小姐授勋,以代替赏金,这样更能让卡尔小姐感到荣幸。我不便再说什么,心里想着,等有了合适的机会我再重提此事。

3

九月份,一个俄国的马戏团来访,引起了大家的注意,人们议论纷纷。太后听说了,就问我马戏团是怎么回事。

我详细地解释了一下,太后很有兴趣,说是想看看马戏团的表演。我母亲提议,若是让马戏团进入颐和园,更方便观看。太后采纳了她的建议,并很快做好安排。

这一切很快准备就绪,马戏团进入了宫里,停驻在我们居住的房子旁边。我们要自己掏钱去喂饱那些动物,让它们攒足了力气表演。为了能够让太后顺利看到马戏团为何物,我们花些许钱当然在所不辞。

那些外国人花了两天时间搭建帐篷,做各种演出准备。这段时间里,太后每天都能接到很多次报告,内容都是关于马戏团准备的进展情况。

在马戏团表演的前一天,太后早朝之后回到寝宫,面带怒容。大家都询问到底发生了什么事情。太后开始的时候忍住没说,最后终于忍不住了,就告诉我和母亲,今儿早朝有几位御史进谏,声称从未有马戏团进入宫中的先例,恳请太后下令取消此次安排。

太后怒不可遏,她喊道:"你们看到了吧,我在这宫中总归就是这么丁点儿权力,想看一场马戏都要被人说三道四。我看啊,按照他们的说法,还是赶紧给那些马戏团的人一点钱,早早打发走了为好。"

我们当然不敢对她的想法表示任何异议,只能连连点头称是而已。

过了半晌,太后突然立起身,大声说:"反正马戏团帐篷都搭好了,何不先看一场,左右不过是被他们说三道四,无论如何先看它一场再说。"

在这种情况下,马戏表演按照原定计划举行了。大家都看得兴高采烈。

有一个节目很特别,马戏团的一位小姑娘在大大的气球上走动跳舞。太后对这个节目特别满意,下令让她反复表演了几次。

另外,还有一个"高空秋千"也很有趣。宫中除了我们母女三人,没有谁看过马戏,太后担心表演者会从高得吓人的秋千上掉下来。

还有一个节目是"无鞍骑术表演",太后也觉得非常精彩。

尽管充满了好奇心和浓厚的兴趣,太后依然没有准许马戏团上演驯狮驯虎之类的表演。她认为那些野性十足的猛兽带进皇宫是很不安全的事情。马戏团老板只得退而求其次,带来一头温顺的幼象,表演了几个小节目。

幼象表演的节目,让太后看得异乎寻常的高兴。马戏团老板自然投其所好,将这头聪明的幼象作为礼物送给太后。太后高兴地接受了。

等到马戏团表演结束之后,我们想再让幼象表演,一帮人费了九牛二虎之力,它却纹丝不动。我们无计可施,只好把幼象放到宫里,与其他的象一起养起来。

马戏团在宫中一共表演了三场。最后一场表演进行的时候,马戏团老板对我说,他非常想安排一场驯狮驯虎表演,那的确是很值得一看的节目。他表示可以保证绝对不会有任何意外情况发生。

我去和太后商量了一番，她总算是恩准了。不过，她也附加了一个条件，就是绝对不能让那些猛兽出笼。

　　那些狮子老虎被带进场的时候，太监们围到了太后周围。过了一会儿，太后命太监们离开自己，她说道："我自己并不害怕，就是担心放出它们会伤及别人。"

　　马戏团的表演全部结束了，他们离开的时候，带走了太后赏赐的一万两白银。

　　在接下来的几天里，马戏团的有趣表演一直是大家茶余饭后的话题。仅仅过了几天，太后再次谈到这次表演，表现出的却是明显的失望情绪。她对我们说道，本以为马戏团表演是多么的精彩绝伦，却也不过如此而已。

　　这是太后的又一个性格特点，对任何事物都没有多么持久的兴趣。

　　太后对我说道："依我看来，外国人的技术未必都如何神奇。你看卡尔小姐画的这幅肖像，就没有什么特别之处。这画看上去凹凸不平，颇为粗糙。还有，干嘛一定要对着实物才能画呢，咱们自己的画家可不是这样，他们看一看就能画好。这样看来，卡尔小姐也不是什么了不起的画家。自然，我对你说的这些，你万不可对卡尔小姐说啊。"

　　她想了想又说："我还要问你一句，你代替我坐在那里被画的时候，都和卡尔小姐说些什么？我听不懂她说什么，不过我看得出来，她有很多话要说。你须小心在意，不要与她谈到宫里的事情，也不要教会卡尔小姐说中国话。我时常听到她问一些东西用中国话怎么说，不要教会她说那些。她知道的事儿越少越好。我注意到，卡尔小姐至今对宫里的事情一无所知，这是好事。不过，她若亲眼目睹了太监受到惩罚之类的事情，不知道会作何感想。我猜测，她会觉得我们野蛮。那一天我发怒的时候，看到你找借口让她回避了。你这样做很聪明。我脾气不好的时候，最好就是这样办，不要让她看见了。要不然，她以后出去了会议论我的不好。"

　　太后说："我想那画像能够早一点画完。天气已经慢慢凉下来，我们该开箱整理冬天的衣服了，你们也都需要准备冬装了。我知道，你除了几件洋装之外，再没有别的衣服了。我的生日即在下个月，照老规矩又要举行庆典。生辰庆典之后，我们就要返回西苑。那个时候，我们怎么安排卡尔小姐的生活呢？我估摸着，她大概会回到美国领事馆居住，每天画像的时候再到西苑，这样往来折腾直到画像完成。那样的话可是太麻烦了，现在往来是十分钟路程，那个时候可要半个时辰了。哪怕这个安排能够坚持下来，那么冬天的时候，她在紫禁城又有多少不便之处啊。你速速搞清楚，她到底要多久才能完成这画像。"

我趁着这个机会，对太后说，卡尔小姐也十分迫切地想完成这项工作。然而有一个问题，就是太后只有极少的时间能够坐在那里摆姿势，而且，每天太后午休的时候，因为卡尔小姐的画室就在隔壁，所以她也要停下来。这些情况，都影响到了卡尔小姐画画的速度。

太后回答："好啦好啦，若是她一定坚持让我整天坐在那里，我干脆放弃这件事儿得了。我看你代替我也坐得烦了，我更是早就坐得够了。"

我赶忙解释说，自己能够有幸代替太后坐在那里，我觉得是极大的荣耀，完全不会有任何厌倦之意。只是，卡尔小姐从绘画的专业角度考虑，为了最佳效果，她不希望我一直代替太后摆姿势。

太后觉得厌烦了，干脆直截了当地对我说："不消多说，你依照我吩咐的做就好。"

4

在接下来的十天时间里，我们都在忙着挑选衣料，准备赶制冬装。同时，我们还需要赶制我和妹妹的礼服，那是即将来临的万寿庆典上必须穿的。

我们需要准备的衣服是全套的宫廷冬装，那些衣服非常华美，镶着金边的红缎子，灰鼠皮的衬里，黑貂皮的袖口及翻领，外面绣着金龙和蓝云。

太后吩咐着太监们应该如何如何去制作的时候,皇后在旁边向我招手。我快步走了过去。皇后对我耳语:"宫里的规矩,太后赏赐谁貂领衣服,那可是极大的恩典,通常只有格格才有资格穿,还不快去叩头谢恩。"

我听了,赶紧走过去,看准了机会跪下叩头,感谢太后的恩典。

太后说道:"这些都是你应得的。我委实没有理由不把你当做格格看待。在宫里,很多格格都不是皇室成员。我们可以给那些为国为民贡献特殊的人才封衔。你比我任何御前女官都更有用,并且一直恪守规矩尽心尽责。你可能认为我不会注意到这些事儿,其实,我都看在眼里记在心中了。你配得上格格的身份,我也一直把你当做格格一般看待,有些地方还比格格更高些。"

她说着,转身命一位太监取来她的皮帽子。这顶帽子以黑貂皮制成,镶嵌着珍珠玉石。太后指着帽子对我说,她要赏赐给我的帽子,就大致同这顶一样,只是顶端颜色不同,太后的是黄色的,我的则为红色。太后赏赐了我这么好的东西,我感到高兴极了。

太后还赏赐了我另外几件衣服,各种长短花色均有:两件日常穿着的衣服,一件羊皮的,一件灰鼠皮的;四件质地精良、制作精巧的黑白狐皮衣,都饰以金色花边,锦缎丝带;还有一件淡粉色,绣着百蝶,另一件是浅红色,绣着绿竹叶。此外,还有几件皮制短外套和几件马甲。

我出来之后,一位女官评论说我真是很幸运,太后一下子赏赐了这么多的衣服,她进宫十年所得的赏赐加在一起,也没有这么多。我清楚,她这是在嫉妒我了。

皇后听到了那位女官这样说,就走过来对她说道,人家进宫的时候,洋装之外就没有别的衣服,若是没有太后的赏赐,可怎么办呢?

这件小事成了我和一些女官们新一轮紧张关系的开端。开始的时候,我并没有放在心上。直到有一天,一位女官公开说出了一段不友好的话来,她说在我进宫之前,她才是太后最为宠爱的人。

我针锋相对地告诉她,她没有什么资格来评论我。

在场的皇后见了，对她们的不恭态度表示了不快，并说若是她们总是这样欺生，她会把来龙去脉都禀报太后。
　　皇后的态度非常有作用，以后那些女官们再也没有来烦过我。

第十六章　颐和园

1

时间到了九月底,薄雾浓云愁永昼,瑞脑销金兽。日复一日的平淡生活,让太后颇有些百无聊赖。终于,她实在厌烦了这种日子,对大家说道:"干什么偏要等到每月初一才能看戏呢?这么无趣的日子,我们索性明天便看一场。"

这么决定了,太后马上下旨让太监们做好演出准备。皇宫中的演出是不需要到外面请班子的,这里的太监们都受过专门的戏剧训练,下过苦功,并且都坚持勤练不辍,他们比宫外的戏子更加聪明。

太后交给李莲英一份戏单,上面写着她想看的戏。那些戏大都是神话故事题材。第二天,我们就安排看了其中的一出。

这一天的午后时分,太后回寝宫午休,台上的戏连着上演。我走出去的时候,在院子里遇到了皇上,他此时带着一位太监,返回自己的宫殿。我见过那位太监,他是皇上的亲信。

皇上问我准备去哪里,我回答说准备回房歇息。皇上说他已经有很久没有见过我了。我听了心里暗笑,其实每天早朝的时候,我都会见到他,他自然也看得到我,根本没有"很久没见"这一说。

他说道:"自从卡尔小姐进宫画像以来,你的时间基本被占用,我现在很少有机会和你聊天交流。没有你的帮助,我的英语怕是没有什么长进了。看起来,你很喜欢和卡尔小姐在一起,我却总是感觉那其实是件没有多大意思的事儿。这么长时间以来,卡尔小姐有没有察觉出你在留意提防着她?"

我回答说卡尔小姐应该不会有所察觉,我总是小心谨慎地对待她。

皇上说道:"听见一些传说,说的是卡尔小姐为太后画完像之后,还会为我画像。我很想知道这是从哪里传出来的说法。"

我说道,这种传闻我还是头一次听到,真不知道是谁会这样说。我问他若真是有这样的机会,他愿意不愿意接受画像。

皇上没有正面回答我的问题,而是话锋一转,看似不经意地说道:"愿意不愿意的,不好说啊。不过,我看到太后拍了很多的照片,连太监都拍上去了。"

我马上明白了皇上的弦外之音,就问他愿不愿意准许我用自己的柯达照相机,为他拍摄几张照片。

光绪皇帝与珍妃

皇上很惊讶,不相信似的问我:"你也会照相么?若是没有不便的话,我们可以找个机会试一试,你把这事儿记在心里吧。不过,做这样的事儿,我们还是要小心一些。"

他想了想,又说道:"嗯,我们好不容易有个机会聊一阵子,我问你个问题,你要如实地回答我,不必隐瞒和掩饰。外国人对我的普遍看法是什么样的?他们觉得我是个有骨气的人么?还有,他们认为我是个聪明的人么?"

我正准备开口,他又接着说道:"我很清楚地知道,他们会认为我只不过是个小孩子。这些都没有关系,我要你老老实实地告诉我,到底是不是这个样子。"

我告诉皇上,确有很多外国人向我问起皇帝是个怎样的人,却从未有什么人发表过明确的看法,他们知道的信息大都只是一个内容,就是皇帝龙体康健。

"若是那些外国人对我,以及对我在宫中的位置,有什么错误的印象的话,"皇上接着说道,"这也都是因为中国宫廷多少年不变的、极端保守的缘故。我已不再寄希望于自己还能说些什么做些什么,外面的人也就没有什么机会了解我,无非是视我为宫廷傀儡,有名无实的摆设罢了。我敢肯定必是如此。将来,若是有什么人在你面前问起我,希望你能如实相告,告诉他们,我在宫廷之中,到底是处于什么样的位置,扮演着什么样的角色。在国家发展的问题上,我有很多的想法,可是你应该知道,我根本无从实现,我身不由己,根本做不得主啊。太后也没有足够的力量改变中国的现状,话说回来,就算有这样的力量,她也不愿意这样去做。我担心,中国离理想中的改革维新,还有漫长的路要走。"

他接着说道,若是自己能够也像欧洲的君王那样,可以自由地到处去旅行、去学习,该是多好的事情啊,只可惜对他来说,这根本不可能实现。

我对他说,有几位格格想去参加圣路易斯博览会。我觉得这是很好的事情,可以让她们亲眼目睹外国与中国的大不同之处,开拓视野。

这样的事情在宫廷是史无前例的。皇上听了,也对这件事情能否得到准许深表怀疑。

皇上与我聊了很长时间,话题主要是关于国外的风俗习惯。皇上表示很想去欧洲访问一番,看看那边的人如何生活。

正聊着，一位太监走过来，对我说太后醒了。我赶紧告别皇上，匆匆赶到太后的卧室去。

2

时光飞逝，很快到了十月份。开始下第一场雪的时候，李莲英来问太后，她的万寿庆典是不是还如往常一样，选择在颐和园举行。

我前面曾提到过，颐和园是太后最喜欢的地方。正因为如此，太后没经过什么思考，就定下了这个地方。庆典诸事准备工作即刻展开。

李莲英呈上了一份名单，列着宫中所有格格的名字和封衔，还有满洲官员妻子、女儿们的名单，请太后御览，并挑选出参加庆典的人员。

太后看过之后，从中选出了四十五个人。按照惯例，庆典举行之前的一段时间，这些人就会收到进宫出席庆典的邀请。

我一直站在太后的御座后面，她选好之后，回头对我说道："通常呢，我是不会准许这么多的人来参加万寿庆典的，这次破了例，我就是想让你看一看，这些人的穿着打扮方式，还有她们对于宫廷礼仪无知到了什么程度。"

到了十月初六，万寿庆典开始了。卡尔小姐暂时去了北京的美国使馆小住。短时间内不用看顾她了，我们母女三人都回到了宫中。

初六这天，太监们一大早就在院子里、游廊上和树林间张灯结彩，把宫廷装点得美不胜收。七点钟左右，受邀的来宾们开始陆陆续续进宫。见到这些人的样子和礼节表现，我对太后的评价深有同感。

主事的太监把这些来宾逐一介绍给女官们。她们都沉默寡言，腼腆羞怯。之后，那些来宾被带到了侍应室。宾客太多，侍应室内已无立足之地。我们这些女官们只得站在走廊里。

那些宾客穿戴各式各样，有的穿着考究昂贵，式样却很老套。我们认真观察了一阵子，就去向太后禀报情况。

万寿庆典这类场合，太后总是神采奕奕，非比寻常。她问了我们很多问题。太后还问我们有没有留意一位中年女士，打扮的像个新娘似的。她告诉我们，在所有来宾中，只有这位女人嫁给了汉族大臣。此次之所以邀请她来参加庆典，是因为她之前和宫里有联系。

太后还说，自己在此之前也没有见过这位女士，不过有所耳闻，知道那是一位聪慧的女人。我们却并未见到她提起的那位女士，应该是暂时没有到来。

太后很快穿戴完毕，她前呼后拥地进了大殿，在宝座坐定，所有的女官在御座后面站成一排。

李莲英领着来宾进来，一一引见给太后。那些人进殿之后，有的磕头，有的请安，还有的人什么都没有做，但是都无一例外的诚惶诚恐。

太后对她们说了几句客套话，感谢她们所送的礼物。我想特别说一下的是，与普通人想象的相反，无论大小轻重，太后总是会对别人的赠与或者服侍，明确表示感谢，而非理所当然地接受。

太后发现每位来宾在自己面前都显得局促不安，场面有些不舒畅，就适时命李总管带这些人到各自的房间去，还说宾至如归，希望大家不要拘束，随顺心意，安享这段日子。

那些人都在迟疑着，拿不定主意该走还是该留。太后就干脆对我们说道："你们带各位宾客去见皇后吧。"我们把她们带到皇后宫里，并一一引见。她们此时才轻松下来，不像刚才那般拘谨不安。

皇后对她们说，若有什么不清楚的事情，或是想知道宫廷礼节的种种讲究，可以随时询问女官们，大家会很乐意告诉她们。她又提议道，最好是一位女官照顾几位来宾，这样安排最清楚不过。十月初十晚上是正式庆典，万不可出了什么差错。

我们就按照皇后的说法，每个人分配了几位宾客，负责照看与服侍她们，向她们详细讲解什么场合应该做些什么怎样去做。这样安排果然合理，而且便于操作，我们每个人的责任都很明确，与宾客联系交流起来也并行不悖。

趁着太后午休的空儿，我去拜访了自己负责照顾的那些宾客。我发现太后提到的那位"新娘"就在其中。我和她很快熟悉了，她比较容易接近,对我也颇有好感。这位女士与平常的满族女性不同,她的汉字阅读书写都很突出,明显受过良好的教育。

我为宾客们讲解庆典上,什么时候要做些什么,应该注意些什么等等,这些必要的礼仪一概不能疏忽。

忘记了我是否在前文提到过,她们一直称呼太后为"老祖宗",自称为"奴才",而不是日常习惯的"我"。所有的满族家庭都是这样的讲究,晚辈直接以"父亲"、"母亲"等称谓称呼长辈,长辈则对晚辈直呼其名,诸如"你"、"我"这样的人称代词在人际交往中被省略了。太后尤其注重这些规矩,任何人都必须严格遵守。

在接下来的四天里,一直到典礼举行的那一天,所有宾客都在悉心学习宫廷礼仪,还有就是陪着太后看戏。

我们每天早上都照常去服侍太后,并向她报告前一天的种种趣闻乐事,然后就是提前赶到戏院,齐刷刷站在院子里等待太后驾临。太后的轿子刚一出现,皇上就会告诉大家,我们循着他的号令,毕恭毕敬地跪在地上迎接。跪地的顺序是皇上在最前,皇后紧随其后,后面是嫔妃、格格和女官等等,最后是全体前来拜寿的宾客。

等到太后走过了戏台,进入对面的房子,我们才可以站立起来。

这样的仪式本来都是平淡无奇的,却出现了一个人为的有趣的小插曲。第三天的时候,我们正在院子里等候太后到来,皇上突然转过身,对大家说道:"太后驾到。"我们一众人等赶紧跪在地上。

皇上却依然站在那里,看着我们笑个不停。原来太后根本没有来,他开了一个玩笑。大家都笑了起来。皇上从来没有这样开过玩笑,也从未这样高兴过。这一次,他像个孩子一样,与众人一起笑了半天。

3

十月初九晚上,女官们都一夜未合眼。第二天,我们都要早早起身。

这天早上,已经有宾客乘坐轿子到了山顶上,等候在了太后的专用大殿,等着我们大队人马的到达。宾客们凌晨三点就到了那里,我们紧随其后,到达山顶的时候,天空才刚刚微露晨曦。

过了一会儿,太后到了,万寿庆典正式开始。这次庆典与皇上的万寿庆典几乎相同,无需赘述。唯有一件事值得记录。

初十这天早上,我们都要带上特别的礼物给太后:每个人一百只各种各样的鸟儿。每年太后的生辰这一天,太后都会做一件很特别的事情,即自己也掏钱买上一万只鸟儿,加上我们进贡的这些,全部放飞自然。

那个时候,大殿的院子里挂满了大鸟笼子,百鸟争鸣,震耳欲聋,那种奇景真是难得一见,煞是壮观。

太后选好了良辰吉时,这一次是在下午四点钟。她命太监们带上鸟笼子,所有人一路跟着自己,来到山顶。

太后先到山顶的庙里,焚香跪拜,虔诚祷告。太监们一人拿着一只鸟笼,跪在太后身后。太后祷告完毕,一只一只鸟笼打开,放出鸟儿,静静地注视着它们越飞越远越飞越高,直到消失在视野尽头。

她还要祈祷上苍,保佑这些鸟儿平安,不要再被人捉住。太后此时颇为庄严肃穆,一反常态地虔诚。我们呆在后面,一边看着,一边相互嘀嘀咕咕,评论哪只鸟儿最好看,希望能留给自己云云。

几只鹦鹉被锁在架子上面,有粉色的、红色的,还有绿色的等等。太监们奉命解开锁链,鹦鹉却纹丝不动。

太后忍不住说道:"真是奇怪,每年放生总有几只鹦鹉不愿意飞走,最后只好留下来养着,直到它们老死。你们都看看啊,它们总也不愿意离开呢。真不知道为什么会这样。"

李莲英过来的时候,太后告诉了他这种情况。李总管何等精明,立即跪下叩头,口中直呼:"太后老佛爷洪福齐天,纵然是鸟儿,也被太后的慈悲所感化,发愿留在宫中,终生陪伴太后。"

这个仪式名为"放生",传统观念里,认为是功德善举,放生者必能为上天记取功德,修得今生和来世的好运气。

一位女官悄悄问我,知不知道鹦鹉不肯飞走,到底是怎么回事。我回答说,我不清楚怎么回事,不过那真是很奇怪的事情。

她对我说道:"其实这事儿一点也不奇怪,讲出来就非常简单。太监们听从李总管的安排,很早之前买下鹦鹉,开始训练它们的习惯。每天太后午睡的时候,他们就把这些鹦鹉带到山上去,让它们熟悉这里的环境。他们这么操心,不过是想取悦太后罢了。说到底也不过是在愚弄太后,让太后相信是自己的仁慈厚德感动和留住了那些鸟儿。"

这位女官接着说:"最为好笑的是,每年太后放生的当儿,也早有几位太监悄悄等在山后,再次捉住那些鸟儿,拿出去卖钱。所以么,不管太后怎样虔诚祷告,鸟儿还是躲不过被捉住的命运。"

万寿庆典持续到十月十三日。这段时间里各类戏目轮番上演,宫中人人欢欣个个享乐,别的事儿一概不用操心。

十月十三日这天,庆典活动接近尾声。宾客们都做好安排,明天早上就离宫回府。这天晚上她们纷纷向太后告别,又热闹了一阵子。

随后的几天,我们依然忙得手脚不停,为太后迁至西苑做种种准备。太后自然又是翻翻那本皇历,选定了黄道吉日,定下二十二日动身。

4

二十二日的早上六点钟,宫中人马一如既往浩浩荡荡地离开颐和园,前往西苑。

天上下着鹅毛大雪,积雪很厚,道路上举步维艰。我们都坐着轿子,不抬轿的太监们则是骑马跟着轿子。

一些马匹滑倒了,为太后抬轿的一个轿夫竟也不慎失足倒地,可真是不得了,太后的轿子滑倒在地。我听到很多人吵吵嚷嚷,就急匆匆地往前赶,我当时感到心惊肉跳,一个想法在脑海里电光石火:坏了,肯定出大事了!

后面的人勒住马匹,太监们在高声喊着:"停下!停下!快停下!"

我的耳朵捕捉到一句话:"快去看看,她是不是还活着!"

当时人马走的是西直门前的石板路,出现了这样的意外情况,浩荡的队伍都停了下来,道路堵塞得严严实实。

我们一路朝前面挤过去,总算看到太后的轿子,正搁在了地上。我们赶紧下了轿子,跑上前去。很多人围在轿子远近,或惊讶,或惊恐,或手忙脚乱,或不明就里,七嘴八舌地说个不停。

一种不祥的预感涌上我的心头。这种感觉不是没有原因,在那段时间里,我们私下里听到一种传说,说的是有一些革命党人意图谋反,想方设法要除掉朝廷的人。当然,这些都是道听途说,没有谁敢告诉太后。

我以最快的速度跑到太后的轿子前面,顿时长舒一口气,太后安然地坐在轿子里,还在对李总管说,不要惩罚那名轿夫,他也并非有心摔倒,委实是路面太滑。

李总管说怎可如此就放过这个大胆的奴才,竟然这样不小心,几乎让老佛爷摔下轿子。他很生气地说着,转身对司刑的太监下令:"赏他八十大棍。"这些太监们通常都带着竹棍子,随时准备依照吩咐惩罚犯错的人。眼下的局面,他们就派上了用场。

那个可怜的轿夫跪在脚印凌乱、泥水混合的石板路上,胆战心惊地听候发落。

司刑太监把这人架起,拖到离我们一百码远左右的地方,掀翻过去,竹棍子一五一十地抡下去,打得有数有序又节奏感分明。

很快地,八十棍子打完了。出乎我意料之外的是,那个挨打的家伙竟然安然无恙地站立起来,走回原地,好像什么事儿都没有发生过。我几乎不敢相信自己的眼睛。

有太监端来了一杯茶,我接过呈给太后,关切地问她有没有受伤。太后笑着对我说:"没事儿,一切安好。"

为什么半路上还会有热茶?这里有必要解释一下,每次离宫外出的时候,太监们都备着小火炉和热水,可以随时奉上香茶。不过是一般不用而已。太后喝完了茶,命人马继续前行。

　　一如往常,女官们都抄近路,赶在前面到了颐和园,以迎接太后的到来。我们在院子里等了很久,几乎要冻僵了。太后终于到了,我们跪下等她的轿子过去,才站起身陪着她进宫。

　　太后也抱怨说,这个天气真是太冷,速速把火炉拿进来用着。她说的这种火炉是黄铜材质,内壁贴上厚厚的黏土,非常轻便可以随身携带。一般使用的时候,通常是先在屋子外面燃起,等到烟味散尽,再送到屋子里。

　　这次太监们拿来了四只火炉,摆放完毕。我们关上了所有门窗,为的是祛寒保暖。

　　然而,我很快就感觉强烈的头晕眼花,四肢无力。我不敢说出来,只能克制着这种感觉,尽力保持清醒,还要忙着整理太后东西。最后,我晕了过去。

　　我醒来的时候,发现自己躺在了床上,这是一张陌生的床。我一个激灵翻身坐起,连声问身边的人,这里是什么地方。片刻之后,我听到了隔壁房间传来太后那熟悉的声音,才终于放下心来。

　　一位女官送来一杯萝卜汁,说是太后盼咐送来的,让我喝下。我喝下了萝卜汁,觉得好了很多。女官看着我喝下去,告诉我说,太后已经歇下了。我安下心来,重又沉沉睡去。

　　我再次醒来的时候,看到太后正站在床边看着我。我很是惶恐,忙着要起身请安,却是动弹不得。我此刻实在太虚弱了,胸闷气短,浑身无力。

　　太后嘱咐我安心躺着,好好休息,很快会恢复精神。她还说,最好我能够到她旁边的房间去休息,说着就盼咐太监速速准备好房间,把我挪过去。

　　我搬过去之后,片刻不得休息,每隔几分钟,太后就会派人来询问我感觉如何,想吃些什么东西。若是按照宫里的规矩,每逢有人带来太后的口谕,接受的人都必须肃立。这样子,我每隔几分钟,就要竭力站起，以接受太后的关怀。可我真是太虚弱了，这样子反反复复站立、躺下、躺下、站立，周而复始，我不但没能休息好，反倒加重了病情。

天快黑的时候，李总管过来看我，还带来了几碟子蜜饯。他很是和善，对我说道，你真是幸运，太后很少对哪位女官如此上心，足见她非常宠爱你。

李总管坐下来聊了一会儿，劝我多少吃一些蜜饯。我现在对什么东西都没有食欲，就让他把东西留在这里，等我感觉好点儿会吃一些的。他临走的时候，让我好好休息，并说若是我需要什么，尽管着人告诉他。

我很是惊讶，李总管竟能亲自来看望我，他平日里可是对我们极少在意。后来有人告诉我说，李总管破天荒地对一位女官这样关切，不过是因为太后宠爱我的缘故。

第二天早晨，我恢复得差不多了，可以起身并且正常做我的事情了。我去向太后叩头谢恩，感谢她在我生病时赐予的关照。

太后说道，前一天晚上，李总管对她禀告了我的身体状况，她已知道我好多了。她很高兴地看到我恢复得这么快，经过一个晚上的时间，就已能起身行动自如。她说我没有什么要紧的问题，只是不习惯那铜炉中的煤气而已。

大雪总算停下来了。太后决定第二天的时候，在宫里选出一个房间，为卡尔小姐继续画像工作之用。我建议太后说，倒不如等到卡尔小姐到来之后，自己去选择一处地方，毕竟她对画像需要的环境最为了解。

太后则说，绝对不可以任着卡尔小姐选地方，说不准她会选出什么不恰当的地方来，我们又不好拒绝，那可就为难了。

我事后想想，当时的情况也确实如此，宫里有许多地方较为秘密，是不能为外人涉足的。当然更不能为卡尔小姐这位外国人所知。

第二天，我陪着太后去寻找合适的房子。我们看过不少地方，都觉得不合适，总是光线太暗，不适合绘画。

终于，我们选定了湖畔的一处房子。太后觉得很满意："这里位置很好，很方便，你们来来去去既可以乘轿子，也可以乘船，不会在路上耽误时间。"

我后来注意到，从这个新画室到宫门口，若是乘轿子，起码要四十五分钟，比坐船要快。我本希望可以像往常一样，能够回宫去服侍太后，却发现不可以了。卡尔小姐住在美国使馆，太后又不能允许她每天独自来去。

出于这样的原因，太后最后做了个折中的决定，她让我住到我父亲那里去，每天早晨带着卡尔小姐进宫，晚上陪着她出宫。这种安排让我心里不情愿，却又不能违抗太后的旨意，也只得这样执行。

第二天，卡尔小姐进了宫。她并不满意我们选定的画室，她说这里太暗。太后就命太监们把纸窗户换成玻璃窗，结果屋子里又显得太亮了，明晃晃的刺眼。卡尔小姐要求挂上窗帘，以便调整光线角度集中到画布上来。

我把卡尔小姐的要求转告了太后。太后说道："嗯，这还是我头一次为了别人改动宫里的陈设呢，先是改窗子，改好了，她不满意，又要挂窗帘。我看干脆一下子把屋顶掀掉，她总该心满意足了吧？"

最后，我们还是挂上了窗帘。卡尔小姐总算满意了。

有一天，太后去看画像的进度，她认真看了那幅半成品，对我说道："为了画这个劳什子，我们受了不少麻烦，我实在还是看不出它哪里特别。我披肩上的珍珠都被画成了不同的颜色，有白色，有粉红的，还有绿色的。你代我问问她，这到底是怎么回事。"

我对太后解释说，卡尔小姐画像的时候，是按照她自己的视角和视觉印象，画出这些东西的。太后完全不懂这些，她反问我，难道你看到的珍珠是绿色或者是粉红的？

我再次认真解释，力图简单明了可以理解，这些色彩效果都是因为光线照在珠子上面，映照之后的效果。太后则回答说，她只看到了白色，别的一概没有看到。

不过,没过多长时间,太后就忘记了计较这些事儿。

5

西苑里面挨着太后的寝宫有一个屋子,内部安放着一尊宝塔。这座宝塔以檀香木雕刻而成,大约十英尺高,里面供奉着各种各样的小佛像。

太后每天早上都会定时过来祭拜这尊宝塔。祭拜的仪式很讲究,太后对着佛像焚香叩头,再命十位女官也对着叩头。

太后告诉我,这座宝塔年代久远,已经在宫中供奉了一百多年。宝塔内群佛中,有一尊是观世音菩萨像,大约五英寸高,纯金制就,中间是空的,以珍珠翡翠制成她的五脏六腑。

观世音菩萨被认为是法力无边的神灵。太后每当遇到不顺利的事情,总要到观音像前焚香膜拜,恳求化解。据说,观世音菩萨大部分时候都能够有求必应。

太后对我说道:"我每次祭拜祈祷,总是无比虔诚,哪里会像你们这帮子小姑娘,随随便便磕个头,敷衍了事,结束了马上就跑开。"

太后又接着说道,其实她心里明明白白的,现在不少的中国人,把祖宗的宗教丢在了一边,不再放在心上,而去走些歪门邪道,去信仰什么基督教,真是令人痛心不已啊。

还有一个有趣的事情,太后对于那些和西苑有关的古老的中国式迷信,也是无一例外地深信不疑。一次聊天时,太后举例子对我说,若是一个人在你身边走着,然后突然间不见了踪影,这完全不必惊讶。这种现象只是狐狸在作怪而已,它们有的时候就会这样子化作人形,混迹于人群去做些什么事情。

太后说,狐狸们已在西苑居住了几千年,修炼得道,法力无穷,这样如意变幻实在是司空见惯,大家看到了完全不必惊奇和恐慌。太监们会认为这些动物是妖魔鬼怪,其实没什么可值得大惊小怪的,它们是狐仙,绝对不会伤害普通人。

好像是为了证明我刚刚听到的这些迷信说法,在几天之后的一个夜晚,我的火炉熄灭了,我吩咐一位太监去看看,还有没有哪位女官没有睡下,去找些热水给我。

太监提着灯笼走了出去,片刻工夫就跑了回来,脸色苍白如戏子敷粉。

我问他何事如此惊慌,他回答道:"我看到一个鬼,女鬼!她走到我的面前,噗地吹灭了灯笼,就立即消失了。"

我说没准儿是宫里的丫鬟呢,可是太监说:"不是。"他说宫里的丫鬟他都是认识的,从来没有见过这一个,他惊慌失措,坚持说遇到的是鬼。

我对他说,太后说了,这里根本没有什么鬼,也许是狐仙化成了人形而已。他回答说:"不是狐狸,太后之所以称呼她们是狐狸,是因为她不敢称呼为鬼。"

紧接着,看我还是一副不相信的样子,这位太监环顾了一下左右之后,给我讲了一件事情:

几年前,李莲英总管在太后宫殿后面的院子里散步,蓦地看到一个小丫鬟坐在井沿上。这原本算不上什么,但是接下来发生的事儿就很可怕了。他上前去,想问她为何一个人坐在这里。靠近之后,李总管发现竟然还有几个丫鬟也坐在那里。李总管正想上前仔细询问,那些丫鬟却都慢悠悠地,一个接着一个跳到井里去了。

这时候李总管吓得大叫起来,一个随从壮了胆子,提着灯笼走过去,却只看到了井上压着的一块大石头,压根儿不可能有什么人跳下去,更没有什么人。

我的这位太监解释说,很多年之前,有几位丫鬟寻了短见,正是在这里投井而死。李莲英所见到的女孩子们,正是这些自杀者的鬼魂。

在中国人的观念里,若一个人寻了短见,魂魄会徘徊在附近,直到引诱另一个人也在这里寻死,自己方可投胎转世。

我对他说,我才不相信这些事儿,除非亲眼看到。他说道:"亲眼见到？还是不要见到为好,你若是见了一次,可就足够了。"

时间如流水,日月寻常过,十一月初一这一天,太后下旨说,本月忌辰集中,平日里的戏剧一律停止,宫中每个人的衣装打扮都要依照场合所需,随时更改。

十一月初九,皇上按例去天坛祭祀。在初九的前三天,他就必须待在寝宫,大门不出二门不迈,断绝与外界的一切联系。除了贴身的太监之外,任何人都不可以见到他,连皇后也不例外,这是宫廷祭祀的规矩。

这次祭祀和以往的仪式没有什么明显区别,就是多屠宰了几头猪,摆放在祭坛上一段时间。等到祭祀完毕,这些猪肉会被分给朝廷大小官员食用。大家都认为,得到这些赏赐,是享受到了太后圣恩,吃了这些猪肉,就是受了莫大的祝福,将会得到好运。

还有一个与其他祭祀活动不同的地方,就是整个过程中无论遇到什么情况,都是皇上亲自主持,他人不得代替。这个讲究的原因是这样的,按照祖宗的律法规定,任何一个被判处了死刑的人,最后都是由皇上亲笔签署判决书,等到行刑结束,状纸都会一律交给刑部保管。到了年底的时候,这些人的名字会被抄写在黄表纸上,呈送给皇帝。皇上祭天的时候焚烧这些黄表纸,让纸灰上达天庭。皇室的列祖列宗看了这份名册,就会知道,皇上依然保持着恪尽职守、治国威严的本分,从不曾懈怠。

这一次祭祀活动在紫禁城举行。慈禧太后非常讨厌那里,可还是不得不下令让全宫人马悉数前往紫禁城。太后说自己之所以这么安排,是因为自己实在很依恋皇上,不肯离开皇上哪怕是短短的一个小时。

天坛祭祀活动结束了,人马依然待在紫禁城,因为十一月十三日是康熙皇帝的忌辰,仍要在这里举行祭祀活动。

康熙皇帝统治中国长达六十一年,是迄今为止在位时间最长的皇帝。太后告诉我们,康熙皇帝是中国最圣明的皇帝。她嘱咐我们务必虔敬地对待他的祭日,以示对先帝的敬意。

第十七章 大　殿

1

十一月十四日早朝之后,太后忧心忡忡地告诉我们,俄国和日本之间可能会爆发战争。虽然日俄是否发生战争和中国没有什么直接关系,但是看得出来,太后依然为此深感忧虑。所谓城门失火,殃及池鱼,太后的忧虑倒也不无道理,若是这两个国家在中国的地盘上开战,那么中国也难免要跟着遭殃。

太后刚说到这事儿的时候,我们都没有放在心上,依然过着平静的日子。然而,突如其来的事情还是发生了。第二天早上,李总管来向太后禀报说,有五十位太监不见了。

这样子的事情没有什么理由发生,事先也完全没有任何预兆,所以就显得大为蹊跷了,大家都觉得很奇怪。通常太监们只要完成了该完成的任务,就可以出城办事,只要在宫门关闭前返回即可。那么此次太监们不告而别,毫无疑问是偷偷溜掉了。

翌日早上,李总管再次来报告说,又有一百多位太监跑掉了。太后听了,马上说道:"我知道是怎么回事了,不消说,那些太监听说了我对日俄战争的猜测,担心又像拳乱那样凶险,就赶紧脚底抹油溜之大吉了。"

依照往常的习惯,若是有太监私自逃出宫去,宫里必定要派出专门人马追赶,将其抓回来重重责罚。这一次,太后却破天荒地下了谕旨,明令不必捉拿那些太监。

　　有一天早上,太后随身的一位太监也跑掉了,这让太后暴跳如雷。她对我们说自己平日里对这位太监不薄,真想不到他竟然是这样报答自己,战争还全无迹象,稍有风吹草动,就跑个无影无踪。

　　我知道确实如太后自己所说,她平日里对那位太监很好。不过,我对那人的逃走却无动于衷,因为我知道那位太监也不是良善之辈,总会利用一切机会对一些女官不利。

　　那段时间里,太监逃走的事情时有发生。终于有一天,太后下旨,为确保安全,所有人都留在紫禁城,等到明年春天再返回。

　　我向随身太监打听太监们相继失踪的原因,他告诉我说,其实事实正像太后所猜测的那样,这些太监害怕又会发生拳乱那样的灾难,趁着脑袋还在肩上,赶紧提前逃命去也。

　　他又说起,太后身边的太监也逃走了,他一点都不感到惊讶,甚至连李莲英大总管这种身份的人物,也并非完全靠得住。在拳乱那年,太后离京西狩,精明的李总管就曾经装病,没有跟着一起出发,而是选择了先观察形势,再随后跟上。他这招很狡猾,给自己留好了后路,若是事情不妙,随时可以溜之大吉。

　　说到了李莲英,这位太监更加言之凿凿地告诉我,总管可是欠下了不少的人命债,很多无辜的人尤其是太监,都死在了他的手里。在皇宫之内,李总管的权力大得惊人,若是什么人冒犯了他,或者让他厌恶的话,李总管可以轻而易举地置他于死地。

　　这位太监还告诉我说,众所周知,宫里严格禁止吸食鸦片,李莲英却是吸食鸦片成瘾的人之一,且沉溺其中很久了。一直以来,没有什么人活得不耐烦了,敢去告发他,也没有多少人知道这个秘密,太后更是完全不知。

　　在接下来的时间里,几乎每天早上,都会有关于日俄战争的最新消息传进宫里,大家当真是风声鹤唳草木皆兵。

　　后来有一天,太后把宫中人都召集到一个很特别的小殿里,说道:

"大家不必惶惶不可终日,哪怕是俄日战争真的爆发,也和咱们没什么关系,大家可放下心来,定下神免受外界干扰,该做什么就做什么。我大清列祖列宗的在天之灵都在看着咱们哪,我不希望再听到这类闲话或是流言,扰乱了大家的心。"

在大场面上,太后这样底气十足地宣称,而在后面的时间里,她把宫中女官都召集到自己的寝宫去,命大家与她一道,向列祖列宗的在天之灵虔诚祷告,祈求庇佑。她这样做很清楚地表明,她其实和大家一个样子,对可能发生的战事深深忧虑、惶恐不安。

太后不希望别人提起这些事情,自己却忍不住时常提起。有一次她对我们说,希望能够每天都得到关于战事的确切消息。

我对太后说,这个不难做到,我们可以从国外的报纸或者是路透社的电讯中得到这些消息。

太后听我这样说,仿佛在阴暗的屋子里打开了一扇天窗,倍感兴奋。她让我马上以父亲的名义订阅这些报纸,每天及时送到我的家里,由我带到宫中来。我对她说,我所提到的这些报纸,我父亲都已经订阅了,只要安排人送到宫里即可。

就这样,每天上早朝的时候,我把报纸上所有关于战事的信息,都翻译成中文报告给太后。可是,我面临的情况是,信息一日多变,如雪片般纷至沓来,让人应接不暇。若是都及时翻译出来写在纸上,再呈送给太后,实在是来不及,我为此手忙脚乱。

我向太后建议说,最好让我一边读一边翻译给她听。太后允诺了,这样效率提高了很多。

太后越听越觉得有趣,越听越有兴趣听。她让我不要单单翻译那些战事消息,要把其他奇闻异事外国风俗花边新闻等,凡是有趣的消息,都逐一翻译给她听。

在众多类型的新闻中,太后最感兴趣的是那些关于欧洲皇室成员的活动新闻,或者是相关的信息等等。太后通过我的阅读,知道了在欧洲国家,皇室成员的活动竟然可以成为面向公众的新闻,她对此异常惊讶:"这些皇族的事儿,在咱们大清,可始终都是机密呀。别说是那些宫外的人,就算是咱们宫里的人,也未必尽知啊。不过呢,真要是让黎民百姓知道得多一些,或许也是好事,大概可以让一些有关宫廷的流言蜚语不攻自破。"

我们驻留紫禁城的那段时间里,卡尔小姐每天早起晚睡地继续画像工作。我们为她另外选择了一处房间,比原来的更好,更加适合她居住。

太后吩咐我们尽可能地为卡尔小姐的工作提供方便。她对画像一事却感到厌烦,盼望着越早结束越好。太后很少亲自到画像的地方去,无论是去看看还是去摆造型,可是只要到了那里,她就会表现得非常和蔼可亲,让人觉得来画像,简直可算是她一辈子最高兴的事情了。

2

十一月份的时间过得缓慢而悠长,几乎整整一个月宫中都是在悼念亡灵。有一天,太后也忍不住要改变一下惯常的生活方式,她提议在紫禁城里四处逛逛。

我们先到了大殿,这里的大殿和颐和园的略有不同。若要进入大殿,须先登上二十来级石阶,石阶为白色大理石材质,两侧各设白色大理石护栏。在长长石阶的尽头,有一条宽敞的走廊,以巨大的圆木柱子作为支撑,柱子无一例外地砌成大红色,环绕大殿周围尽显威严。走廊的窗户上,都精巧地雕刻着"寿"字等各种图案。

我们进入了大殿,看到地面以砖块铺就。太后告诉我,这些砖块都是黄金做成的,已经有好几百年的历史了。我认真看了看,大概如太后所说,因为年代久远的缘故,这些砖块都显示出一种很特别的黑颜色,肯定是专门漆过的。此外,我还感觉到砖块都滑腻腻的很不好走。

大殿里的陈设和颐和园、西苑里的大殿差不多,有明显不同的是这里的御座,均以黑色橡木制作而成,镶嵌着各色玉石,看上去也很惹眼。

据说,这座大殿一般不用,只在极少的重大场合可用,比如,太后万寿庆典或者是元旦庆典之类。这里是不允许外国人进入的，平时若召见外国人，都是在紫禁城里一个较小的宫殿进行。

出了大殿，我们又去参观了皇帝的寝宫。皇上的寝宫与太后的寝宫相比要小很多，却也布置精良极尽奢华。这里共有三十二间屋子，每一间都很华美，很多房间从来没有使用过。

这处寝宫后面是皇后的寝宫，规模更小一些，一共包含二十四间屋子。这里面有三间屋子，专门供瑾妃使用。

皇上与皇后的寝宫地理距离很近，但是走起来路程却是很远——没有任何通道相连，进出都必须得经过太后寝宫的走廊，绕上一个大弯子。

大院子里还有几间屋子做宾客接待室之用。还有一间屋子从来没有使用过，它经年累月大门紧锁，没人清楚里面到底有什么东西，或者，究竟有没有东西，也是个谜。

太后本人在宫中多年，也从来没有进入过这些闲置的屋子。这些屋子几乎为众人所遗忘，和其他的建筑物区别明显，如老人一般满面尘灰烟火色，甚至连通往这些地方的入口也早被封掉，冰冷凄清，人迹罕至。

有人偷偷叮嘱我们，万万不可提起或者谈论关于这些房子的任何事情。否则，可能会惹来麻烦。

女官们的住所与太后的寝宫连接于一处，狭窄逼仄，仅可容身，冬冷夏热，条件艰苦。仆人们的房间在女官房间的后面，没有专门的出入通道，他们进出都要经过我们的走廊。我们的房间则有唯一的出入口，出入必经太后的走廊。

在房屋的设置上，太后着实用心良苦，如此这般房房相连户户相通，每个人进出都尽收眼底，谁都逃不过太后的眼睛。

走着走着，到了太后的寝宫。太后说道："我要给你们看样东西，保准儿你们从来没有见过。"

我们跟着太后走入她卧室隔壁的那间屋子，卧室与那屋子之间有条狭长的过道相通。过道大约十五英尺长,墙面精饰彩漆,有很漂亮的各类镂空格局和装饰图案。

太后对一位随身太监低声说了两句,太监得令,弯下身,轻车熟路地从过道的两头,各移走了两块木塞子,露出了墙角的洞。他开始滑动起来,墙面竟然缓缓地移开了!露出了里面的"真容"。

我这才明白过来,原来我们所看到的墙体,其实只是表面现象,事实上是两扇滑动的厚木板。太监把木板移开,一个隐秘的洞穴出现了。我们走进去,看见洞穴没有设置平常的窗子,只在屋顶有个天窗。室内的一头有一块大石头,铺着黄缎垫子,充当座位之用。石头座位的旁边放着一只香炉,其余再没有任何物品。

这里的每样东西都显得很陈旧。穴室的尽头连着另一个过道,也设置了滑动镶板,有一个地穴,又连到另一个穴室,如此等等。

那么,这里的奇特布置就很明朗了,所有的宫墙都被这些秘密过道分割开来,每个过道中,都隐藏着这样一个密室。我深感惊讶。

太后告诉我们,明朝的时候,这些秘密所在用于各种各样的目的,最主要的功能,则是皇帝静坐独处所用。

现在,这里的一间被太后用作珍藏宝贝之用。庚子年拳乱爆发的时候,太后在西狩之前,就曾将所有贵重物品藏于此处。等到一切平静下来,她们返回宫廷,打开此处的密室,发现所有东西都完好无缺。太后说道,那些在宫里肆意掳掠的蛮子们,做梦也不会想到,这里竟然别有洞天。

我们看完了这个地方,回到走廊去,再回头看看刚才的密室所在,俨然唯有黑色石墙而已,当真是神妙的隐藏设计。

太后之所以不喜欢紫禁城,主要的原因便是这里包含了太多的隐秘,她自己都不完全清楚。她对我们说:"我从来不和别人谈起这些所在,要不然人们就会议论纷纷,猜测它们到底有什么特殊的用途。"

在紫禁城的宫里,我还遇见了同治皇帝的三个妃子。同治皇帝为太后的亲生儿子,他驾崩之后,三个妃子就一直在紫禁城深居简出,几乎寸步不离住所,靠做针线活之类的闲事儿打发日子。

刚刚见到这些妃子的时候,我就发现她们都受过很好的教育,都表现得与众不同。其中有一个叫作瑜妃的,最为聪慧过人,会作诗,会演奏很多种乐器。这种个人素质,可以被归入中国女性群体中最出色的那一类。

我们交流的时候,瑜妃对于西方各国风俗习惯的了解程度,也让我颇感惊讶,每样事情她好像都略知一二。

我曾询问为何在此之前从未见过她们,她们告诉我说,除非有太后的口谕叫她们过去,她们是不会主动去拜见太后的。当然了,若是太后住进了紫禁城,她们自然也得按照规矩,每天定时向太后请安。

某一天,我有幸受邀参观她们的寝宫。她们的寝宫是独立的,与紫禁城内的其他建筑完全隔绝开来。那是一幢较小的建筑,装饰朴素,陈设简单,没有排场,仅有几位太监和丫鬟伺候她们。

妃子们对我说,她们宁可安安稳稳地过这种简单的生活。她们从未接待过任何来客,也没有别的人会闲着无事到这儿来。

瑜妃的房里装满了各种书籍。她给我看了自己写的几首诗,透过那些意蕴悠长的诗作,能够看出她内心的所思所想和幽怨烦闷之情。

她还有个特殊的想法,就是能够建立专门的学校,让年轻的女子都有机会接受教育。她注意到,大多数女子甚至连基本的汉字读写能力都不具备。

瑜妃建议我有机会也向太后提及此事。不过有一点,尽管她希望看到西方的改良思想能够介绍到中国,却不赞成雇请外国传教士担任教师。在她的观念中,外国传教士总会假公济私,拿别的课题的经费来做他们传教的事。她担心倘若真的出现这样的情况,反而会适得其反,令中国人更加反对革新运动和改良思想。

3

十一月底的时候,慈禧太后恩准了直隶总督袁世凯觐见的请求。

那天,恰好是个假日,卡尔小姐也休息了,没有到宫里来画像。因此,我有机会参加了这次会见。

太后询问袁世凯对于日俄争端的看法。袁世凯回答,虽然日本和俄国之间产生了争端,不过太后毋需多虑,按照目前的局势来分析,中国应该不会卷入其中。然而遗憾的是,战事一旦到来,满洲因地域情况,则未必能躲过灾难。

太后表示,她当然也清楚这一点,若是俄国和日本在中国的地界上打起来,中国最好还是保持绝对的中立,事不关己方为上策。还有,最好现在就颁布诏书,表明中国决不干涉这等纷争,也省了让别人抓住什么把柄,白白让中国陷入无谓的战争中去。想当年那甲午年的中日之战,早已让自己身心疲惫,往事不堪回首,万不可重蹈覆辙。

太后接着问袁世凯对于战事胜负有何看法。袁世凯说,两国各有所长各有所短,这个胜负的结果倒是很难预料。不过,自己心里倒也觉得,日本的胜算更大一些。

袁世凯

太后觉得,若是日本果真胜了俄国,那可简单了很多,她可能就没有那么多麻烦的事儿需要去操心劳神了。但是,太后也知道,俄国地大物博,兵力充沛,战事结果到底如何,掀起战争的两国都没有根底,局外人着实也无法预料。

他们继续聊着,太后又提起中国面临的形势太过严峻。万一中国身不由己地卷入了别国的战争,真是不知道该怎么应对才好。咱们没有任何的准备,没有海军,没有训练有素的陆军,匆促上阵的话,连明哲保身都是大难题。

袁世凯向太后保证，眼下的局势刚才已经分析过了，中国尚无牵连其中的可能，太后大可放宽了心。至于以后何去何从，自可酌情对待。

太后说道，反正无论如何，现在是时候做些改变了。咱们大清朝是时候警醒过来，想方设法来自立自强，在世界上重树自己大国强国的形象了。她做如是想，然而对于究竟该如何去做，又完全没有概念。太后倒也是常常收到这样那样改良革新的建议，却依然没有见到任何改变强盛的迹象。

袁世凯的朝觐结束之后，太后很快就安排召见了军机大臣。她向众位大臣介绍了和袁世凯的会谈内容，大臣们当然不甘默默无闻，纷纷表示大清朝必须振奋精神，攘外安内，力展宏图，做出一番光耀乾坤的大事业，不再忍受外国的欺凌。

随即，根据太后的意思，一个和对外防范有关的议题被放上桌面，大家七嘴八舌展开讨论。一位亲王表示，他本人很赞同维新变革，却坚决反对学习外国的装束风格、外国的生活方式和剪辫子的做法，祖宗的制度还是必须严格遵守。

太后深表赞同，她说若要把中国的文明规矩都盲目改变成外国不文明的那一套，那可是得了芝麻丢了西瓜的荒谬做法。

一如往常，一番热火朝天的讨论之后，会议结束了，众人纷纷散去，依然没有任何结果。

在接下来的几天里，因为太后开始定下了基调，大家每天的讨论的话题，除了日俄战事之外，干脆就没有别的了。

太后召见了军队的一些将领，同样探讨这些话题。这样的会见场合很少见，也很有意思。那些人身居行伍，对宫里的繁冗规矩很是不习惯，在太后面前行礼请安，都显得笨手笨脚。

另外，这些将领也常常会提出一些令人啼笑皆非的建议。一次召见的时候，太后说现在海军无能，缺少训练有素、有勇有谋的海军将领。一位将领答道，这似乎无须多虑，中国的人数超过任何别的国家，另外，我们拥有渔船商船无数，真要爆发战争，都派出去迎战，力量也不容小觑。

太后颇不耐烦,斥令他速速退下,并说:"一点儿没错,中国人确实有很多,只可惜,这很多的人中,大多都是你这样扶不起的阿斗,对国家没有半分价值。"

那人手足无措地退了下去,大家都忍不住笑了起来。太后喝止了我们,并说她觉得这完全不好笑。这样的庸才竟然能在军队中取得这样的高位,她简直是怒不可遏。大家的笑声戛然而止。

一位女官悄悄问我,为何太后听那人说起渔船抗敌的建议,会那般生气。我告诉她说,若论对抗军舰,那些渔船不但完全发挥不了作用,反而会带来诸多害处。她听了感到非常惊讶。

大概是十一月底的时候,湖广总督张之洞进京。太后召见了他,对他说道:"如今,你身为朝廷老臣,我希望你能针对日俄战事的情况、对中国可能产生的影响这类话题,说一说你的想法,不要有什么偏见,更不要有什么顾忌,尽管把任何可能存在的结果都说出来,我们正要为那些结果做出充分的准备。"

张之洞回答太后,在他看来,无论这日俄战争的结果谁胜谁负,中国都可能要在外国武力的胁迫之下,做出无奈的让步,被迫开放满洲通商,与外国贸易往来。

太后又向他谈起前几次召见和对这个话题的讨论情况,张之洞认为,若要施行改革维新,达到预期的效果,道路很漫长,不可能一蹴而就,若是因为今日之形势仓促维新,必然不得要

张之洞

领导致失败。

张之洞建议太后，虽有所谓"合抱之木，生于毫末；九层之台，起于垒土；千里之行，始于足下"之古训，然纵观今日之中国，维新变法尚需从长计议最为妥当，待到中国之前景明晰，中国之形势稳定，再做决定为好。他认为，维新变革若是趋于极端，必非明智之举，定有贻笑天下之危险。

他接着说道，大概在十年或是十五年之前，他自己也曾经极力反对维新变革之法。然而现在时局纷乱，天下形势已大为不同，时过境迁，思想也需有所改变为好。依照当下局面，革故鼎新，富国强兵，确已为必然之趋势。

张之洞又说："即使要变革维新，对于祖宗之成法规矩，则是万万不可以废除或者更改，依老臣之意，我们可以选用外国那些比我们先进，又有利于我们运用的进步文化。"

太后对这次会见非常满意，张之洞的主张与她的不谋而合，她丝毫没有掩饰这种感觉。

每次召见的场合，皇上都无一例外会出席，一直坐在那里听着，却也无一例外地缄口不言。一般情况下，大家谈到什么话题的时候，太后就会询问皇帝的看法，他总是千篇一律地回答，完全赞同太后所说的和所做的决定。

时间依然过得飞快，转眼到了"腊八节"。说起来，在中国所有和佛教有关的宗教庆典里面，"腊八节"算是最重要的一个。顾名思义，"腊八节"时间在每年的腊月初八日。

根据中国民间传说，在很多个世纪之前，腊月初八这一天，佛祖如来外出化缘，到了一处地方，有人施舍了他一些很好的米和豆子。如来回到寺庙，把这些东西均匀分给了自己的师兄弟们，尽显他天下皆知的大慈悲、大悲悯。

后来，为了纪念这件事情，腊月初八就成为了一个独立的节日。腊八节的含义是：一个坚持恪守真心，躬于反省，积累无量功德的人，会在这一天里,得到如来佛祖的恩赐。

腊八节这一天,大家都会吃一样食物,就是把稻米、谷子、豆子之类的粮食混在一起熬成粥,不放盐和其他的调味品。那种味道当然可以想象了,索然寡味。

第十七章 大 殿

第十八章 过 年

1

时光依旧匆匆如白驹过隙,到了彻彻底底地打扫宫殿、准备过大年的时候了。宫中无论大小简繁,每样东西都必须取出来,一件一件地彻底检查。所有的照片、图画、家具和其他这一类的物事,都必须擦个一干二净。

太后又拿出了她的皇历,认认真真地翻了一番,就是为了选择黄道吉日,开始做这项重大的清洁打扫工作。她最终选定了自己认为最合适的日子,即十二日这一天。

在此之前的一段时间,我们都已经得到了命令,被要求十二日这天早上开始打扫。几位女官被安排去擦拭那些佛像,并为佛像换上新的帷幔。别的粗重些的打扫由太监们去完成。

我问太后,要不要去将她的玉石珠宝都整理擦拭一番。太后回答说不需要,那些珠宝只有她自己戴过,都很干净。大家一番忙碌之后,太后对打扫的结果表示满意,这事儿才算完成了。

太后准备了一份单子,上面列着一些人的名单。那是她准备邀请一起参加除岁庆典的人。这个庆典在每年的最后一天举行,与欧洲一些国家每年最后一天夜半时分的仪式差不多,都是表达辞旧迎新的意思。那些宾客们提前两周就收到了宫廷的邀请,这样他们才有足够的时间去做好准备。

还有一项准备工作，太后吩咐为女官们定制冬装。这批冬装与我们正穿着的略有不同，我们现在穿着的是灰鼠皮的，这次做的则是银狐皮的。

还有一项讲究，除岁庆典举行的时候，要在众位菩萨和列祖列宗的神位前，摆上供奉用的年糕。于是，紧接着的一项重要工作就是制作这些年糕。

按照惯例，第一块年糕应该由太后亲自制作。为此宫里专门准备了一个大房间，宫中的人大都进入此间，屏气凝神地等待那一刻的到来。

太监们准备好了米粉、糖、发酵粉等材料，把这些按照一定的比例混合在一起，拿到锅里蒸熟，结果就会膨胀开来，很像西方制作的面包。人们都有这样的观念：谁蒸出的年糕膨胀得越高，谁就会最得菩萨的青睐，得到最好的运气。

太后制作的第一块年糕效果很好，我们纷纷向她道贺。太后自己也甚是满意甚是自得。

女官们也每人制作了一块，做出来的糕点样子却很糟糕，没有哪一个能够达到太后的那个水准。我第一次制作糕点，还可以理解，为什么那些资深的女官也没有一位做的好的呢？我感到很奇怪。

后来，我从一位女官那里知道了原因所在。她对我说："为什么会这样？我可是故意这样做的啊，无非是为了让太后开心罢了。其实，哪怕不能比她好，我起码也能够做的一样好。不过，若是我真那样做，可就是自讨没趣了。"我们都做完了，剩下的太监们去做。他们不需要参与比较，个个都做得很好。

然后就是准备小碟的椰枣和各式各样的水果，以常青花木枝条精心装饰，供奉于佛像与列祖列宗神位之前。

我们又准备好盛放了糖果的玻璃碗碟，做祭祀灶王爷之用。根据民间传说，在腊月二十三日的时候，灶王爷"上天言好事"，即前往天庭，向玉皇大帝完完整整地报告在过去的一年之中，我们这些凡人做过的所有事情。到了除夕的时候,灶王爷重返人间。我们向灶王爷供奉这些糖果,为的就是粘住灶王爷的嘴巴,防止他在玉皇大帝面前说得太多。

这些糖果准备完毕,我们都来到御膳房,把碗碟都摆放在专门设置的祭台之上。太后转过身来,对在身后垂手而立的御膳房总管说道:"这阵儿,你们最好都留点神哪,灶王爷待会可就要上天报告去了。你们一年之中,偷了多少东西,可都清清楚楚明明白白的,灶王爷报告之后,你们等着受罚吧。"

第二天,还有一项仪式要举行:太后为宫中之人和宾客们书写新年祝词。一大早,我们就陪着太后到了大殿。太监们早铺设好了大张大张的黄色、红色、浅绿色的纸张。太后开始泼墨挥毫,写了无非都是些"福"字、"寿"字。

慈禧太后题写的"寿"字　　慈禧太后题写的草书"寿"字

写了一阵子，太后感到有些疲倦，就吩咐女官或者秉笔太监代为书写。写完之后分发给宾客与宫中大小官员。无论是谁，能够得到太后御笔亲题的字，都视为莫大的荣耀，莫不喜悦之情溢于言表。

上述这些事情，都要在过年之前的几天完成。

太后收到了各地官员进贡的无数新年礼物。她一件件看过去，入得了眼睛的就留在身边用用，看不上的就放到库房去，很快抛在脑后，可能从此之后再不会看上一眼。

各地进贡的礼物琳琅满目、种类繁多，难以尽述，包括小件家具、古玩、珠宝、丝绸等等，甚至还有衣服。直隶总督袁世凯就进贡了一件黄缎袍，以颜色各异的珍珠玉石，制成很多牡丹花的图案，以翡翠做成花叶。

这真是一件极为华贵的礼物，价值连城。但是这件衣服也有一个缺点，就是分量沉重，穿在身上沉坠坠的会很不舒服。

太后见了这件衣服之后，非常高兴，很快就穿在了身上。然而，她很快又换掉了这件衣服，一直束之高阁，再无动静。

那么漂亮华贵的衣服就这样摆放起来，我觉得可惜，时常会建议太后穿起来。有一次，太后准备接见外国使节，我再次建议她穿上，她没有采纳也并不说明为什么。那件衣服我们再没有见到过，宫外的人则是更加没有瞻仰的机会了。

还有一件礼物引人注目，就是两广总督进贡的四袋子珍珠，每袋子起码有几千颗。每一颗珍珠都是精挑细选，形状与色泽均无可挑剔。这些珍珠若是拿到了欧美的市场上销售，价格一定会令人咋舌。可太后的宝贝尤其是珍珠之类堆积如山，哪里会在意这些呢，她只是随便看了看，礼节性地说了一句："很好。"也就作罢了。

过年的时候，皇后和女官们也都向太后进贡礼物。大部分的礼物都是她们手工精心制作的，例如，鞋子、手帕、围脖、手袋等等。我的母亲、妹妹和我进贡的是镜子、香水、肥皂和化妆品，这些都是我们从巴黎带回来的。我们赠送的礼物太后看上去很是喜欢，她很在意这些满足虚荣心的新奇玩意儿。太监和丫头们进贡的礼物，则是一些精美的糕饼点心之类。那些进贡给太后的礼物多得惊人，然而没有她的吩咐，谁也不敢动上一动。

女官们也在这个时候互相赠送礼物，因为赠送得太多太繁复，经常会闹出一些阴差阳错的笑话来。我收到了十几种礼物，我又把它们当做礼物，原封不动地送给了别人。

有趣的事情就这样慢慢发生了。第二天的时候，我收到一位女官赠送的绣花手帕，一眼就认出了那正是我之前送给她的礼物。

后来，我们闲聊说到此事，她笑道："真的吗？太有趣了。我也在纳闷呢，你怎么把我送你的鞋子又送回来了。"说到这里豁然开朗，大家哄堂大笑。

更有趣的事儿还在后头，我们最后清点各自收到的礼物时，发现竟然有一半左右都是自己送出去的东西。最后，大家干脆折中了一下，把所有的礼物都聚集起来，每个人平均分得一份，终于皆大欢喜再无话说。

新年到来之前的一个星期，宫中停止了早朝与召见活动，印玺也被封存起来，年后才会再度取出使用。

这段日子里太后也不再理政事。一切事物都清静平和下来。看得出来，从日理万机到平静安妥，太后也很是喜悦满足。我们也都悠闲自在，浑身轻松，直到除夕来临。

2

大年三十的早上，太后到菩萨和列祖列宗的神位前焚香祭拜，一如既往地虔诚。祭拜仪式结束之后，宾客们陆续入宫，一直持续到中午，到了五十人左右。

到来的宾客主要的有这些人：大格格（太后的干女儿），醇王福晋（光绪皇帝兄弟的妻子），洵、涛二贝勒之福晋（皇帝弟弟的妻子），恭王福晋（大格格之侄媳）和庆亲王的家眷。这些女士们都是宫里的常客，为我们所熟悉。

第二天,又来了很多的格格,她们并非皇族身份,都是先代得到了封号,故而亦是格格身份。另外,还有满族官员的女儿们,亦有很多生面孔。

中午的时候宾客们都到齐了。她们在女官的带领下向太后请了安,随后去各自的房间休息。

这天下午两点钟,宫中人员与宾客们都到大殿集中。在皇后的带领之下,来宾们按照身份的高低排成行,依次向太后叩头行礼。这就是前面提到过的除岁典礼,表达的是辞旧迎新之意。

除岁典礼结束之后,太后赏给每个人一个红缎做成的小钱袋,外面绣着金线,里面装着一些钱。这个被称为"压岁钱",也是中国一种古老的风俗,多少年来代代相继一直流传至今。

大年夜的娱乐活动,大都是欣赏丝竹、看戏、游戏、观光、谈笑等等,人们整晚不睡直至天明。

太后提议我们玩赌骰子游戏。她赏赐给我们不少钱,累计下来有白银二百两之多。太后让我们用心掷骰子,好好赢钱。我们自然都小心翼翼地生怕赢了太后。

玩了一阵子,太后没了兴致,就推开不玩了。她对我们说:"嗯,我把钱扔到地上,你们这些丫头们来抢吧。"说着,她撒出了钱。我们知道她是想得个乐子,就加倍热闹地争抢了一番。太后乐得哈哈大笑。

当日午夜时分,有太监搬进来一只很大的火盆,以黄铜制成,里面燃着旺盛的炭火。太后摘下了旁边早已准备好的常青树叶子,投入火盆之中。我们也照着样子做了。太监们又往火盆中投入了大块大块的松香。一阵香气慢慢弥漫开来,缭绕于整个大殿。这个仪式意味着能在新的一年里得到好的运气。

这之后的节目是包饺子。辞旧迎新的这一天,我们都是不准吃米饭的,只是吃饺子。饺子是面皮制成,里面包着肉馅。女官们做了分工,一些人包饺子,其他的人剥莲子,以备太后早餐之用。

已经快到大年初一早上了,太后觉得疲倦,对我们说要回房间去歇息一会儿。她并没有去睡觉的意思,我们便也没有任何顾忌,继续高声笑闹,异常兴奋。

我们玩闹了一阵子,就到太后房中去,发现太后已经在床上睡得很沉。我们都赶忙收了声,悄悄回到自己的房间梳洗打扮,迎接新年的第一天。

太后醒来的时候,我们马上到她的卧室,手里捧着几盘苹果(寓意为平平安安)、常青果(寓意为健康长寿)、莲心(寓意为万象更新),呈送到太后面前。这也是宫廷的老规矩。

太后对我们表示感谢,也祝我们在新的一年里有好运气。她问我们睡觉了没有,我们回答说整夜没有合眼。她连连点头说应该如此。她原本也只是想歇息一下,不想却睡着了,当真是年岁不饶人啊,不服老不行。

我们伺候太后梳洗完毕,才正式给她磕头拜年。然后,我们又去给皇上和皇后拜年。所有的礼节和仪式就基本完成了。

我们接着陪太后看戏。戏台子搭建在大院子里,太后坐在靠近走廊的地方。

戏一出接着一出上演,渐渐地我困意袭来,实在忍不住,竟然靠着柱子睡着了。睡得迷迷糊糊的,我感觉有什么东西进了自己的嘴巴,我感觉了一下,原来是一块糖。我太困了,就没管那么多,直接把糖吃了下去。

这时,太后走过来问我,糖好不好吃,还是不要睡了,开怀玩乐一番吧。我从未见到太后的心情这样好过,如小女孩一般和我们开玩笑,与原本威严的太后形象简直判若两人。宾客们也和我们一样玩得很快乐。

傍晚的时候,演戏告一段落。太后命太监们奏乐,自己唱了几曲。我们不时与她高声相和。

太后又令太监们唱曲儿。太监们有的训练有素,唱的跌宕起伏颇有气韵,有的却是完全不懂,为了取悦太后而尽力高唱,惹得大家笑得前仰后合。

这段时间里,只有皇上一个人木然坐在那里,脸上没有一丝笑容。我后来在外面遇见了他,终于忍不住问他为何总是这样闷闷不乐,他对我说了一句"Happy New Year",微微一笑,走开了。

第二天,太后很早起身,到大殿上去祭拜财神爷,我们都陪着参与了仪式。

后来的几天,我们每天还是玩乐,赌骰子和抢夺太后赢的钱,没有别的事儿。

有一天,大家在抢钱的时候,一位女官突然哭起来,说是我踩痛了她的脚。太后被扰了兴致,很是生气,命人把那个扫兴的家伙拖出去关上三天。太后愤愤地说,她连这点芝麻绿豆大的事儿都受不了,根本不配在这里享乐。

正月初十是皇后的生日,我问太后可不可以送礼物给皇后。太后说可以,送什么都可以,不必拘泥。

虽然得到了太后的准许,我们还是小心谨慎,选好礼物之后,都要请太后过目,不敢送她觉得太厚重的东西。于是,选择礼物成了一件难事,太后很可能会喜欢我们的礼物,并要求留给她,让我们再选其他的送去。

皇后的生辰庆典和皇上万寿庆典形式相同,不过略微简朴而已。

我们向皇后献上了如意,叩头庆寿。她原本可以端坐宝座接受我们的拜贺。不过,她还是彬彬有礼地站立起来。毕竟,我们是太后的御前女官,她便格外尊重一些。

皇后生辰这一天,与皇上万寿时一样,皇上、皇后和瑾妃一起用膳。平时他们吃饭都是各在一处,唯有这种庆典之中才破例。

太后派了我和另外一位女官去伺候他们。我感到很高兴,因为很想看看皇上和皇后一起用膳是什么样子。我们到了皇后的房里,向她禀明是太后命我们来的。她言简意赅地回答:"很好。"

随后,我们到膳厅布置餐桌和椅凳。这顿共餐与我的想象大为不同。他们用膳的时候,气氛很轻松自然,完全没有在太后面前的那种拘谨。我们也加入了交流,分享了饭菜。

在他们开席的时候,有一份很文雅的小小仪式,在皇帝、皇后坐下之后,瑾妃为大家斟满美酒,依次向皇上和皇后敬酒。

结束之后,我们回到了太后的寝宫,向她禀报一切安好,未发生特殊之事。我们当然心知肚明,太后派我们过去,不是为了什么伺候用膳,而是为了观察他们的一举一动而已。太后问我们,皇上是不是很严肃,我们回答她:"是的。"

新年庆典到了正月十五日元宵节就结束了。

"元宵节"又称"灯节"。宫中摆设出各种各样的花灯,有动物、鲜花、水果等等,都是用白色的薄纱糊制,外面涂上不同的颜色,绘上精美的图案。

有一只花灯,形状是一条龙,大约十五英尺长,身体固定在十根木棒上。十位太监每人手执一根木棒,在音乐的伴奏下舞动。龙的前面,有位太监手持一只巨大珍珠样的灯笼,让龙来追着吞下去,称之为"蛟龙戏珠"。

舞完了蛟龙戏珠,到了放焰火时间。烟花腾空而起,璀璨夺目,象征了历代中国的场景,还形成了葡萄藤、紫藤花以及许多别的花样,精巧而壮观。

靠近烟火表演的区域设置了一些活动木屋,太后和大家可以坐在里面观看烟花,不必在寒冷的空气里挨冻。

烟花燃放了几个小时,大概放掉了数千挂鞭炮,太后似乎很喜欢听这种声响。最后,这项活动圆满结束了,每个人都欣赏得兴高采烈。

第二天早晨,来宾们陆续离开了皇宫,生活再度回归日常。太后还是和往常一个样儿,在宾客们走了之后,对她们的服饰打扮、对宫廷规矩的无知等等,评头论足一番,多有鄙薄轻视之意。最后,她又换了个角度补充道,正是这些人粗俗的表现,反而让自己很是开心。她恰好不希望这些人太了解宫廷情况。

3

春天不知不觉就到了我们身边，这是百姓播种的季节。宫廷又有一项仪式要举行。

皇上先到农神庙去祭祀，祈祷五谷丰登，国安民乐。然后，他在农神庙旁边的地里亲手耕种，扶犁、翻耕、播下第一粒种子。他的这些举动是做给百姓们看的，表示从未有人会轻视他们的劳作，哪怕是贵为九五之尊的皇帝，也不会拒绝这些劳动。

这类祭祀和耕种活动是公开的，任何人都可以参加，当时，就有很多平民百姓在现场观看。

与此同时，皇后也去侍弄蚕桑，等待蚕卵的孵化。幼蚕孵化出来之后，皇后便去采集鲜嫩的桑叶，精心喂养它们，一天要喂上四五次，直到蚕儿成熟吐丝作茧为止。

夜晚的时候，几位女官被安排喂养这些幼蚕，并留神不让它们跑掉。

这些幼蚕长得很快，几乎一天一个样儿，不久就长大了。长大了的蚕吃得更多更频繁，我们采摘桑叶喂养它们，忙得手脚不停，陀螺一样旋转。

皇后把蚕儿在亮处照一照，就能看出它们会在什么时候吐丝结茧。那些肚子透明的，就说明要吐丝了。此时把蚕儿放在纸上，它们就开始吐丝。吐丝的时候，蚕儿不吃东西，我们就只需要看住它们别跑掉。

大概过了四五天，蚕吐丝完毕，此时它们一只只都蜷缩起来，如同僵死一般。皇后把这些蚕放进一只盒子，等待它们慢慢变成飞蛾。再把那些飞蛾放在厚厚的纸上产卵。

就这样，养蚕的循环过程完成了。

在吐丝结茧的过程中，若是由着蚕儿自由行动，它们就会用吐出的丝把身体裹起来，慢慢地形成厚厚的茧。

通常，确定蚕儿吐丝结束与否，有一种好方法。大家习惯于拿着蚕茧在耳边摇动，听其声音以作分辨。若是那只蚕体内的丝已经吐尽，就能清晰地听到蚕蛹碰撞茧壁发出咔哒咔哒的声音。

丝尽茧成，就要把它们放在沸水之中，慢慢软化下来，里面的蚕蛹死去。然后，以针头挑出丝头，一圈一圈地绕在线轴上，分丝完成，可用作纺线织布之用了。

这个程序之中，一小部分的蚕茧被保存下来，让里面的蚕蛹自然变成飞蛾，咬破蚕茧钻出来，在厚纸上产卵。产下的卵被小心放置于凉爽干燥之处，待到下一个春季到来，卵孵化成幼虫，如此周而复始一年又一年。

待到缫丝工序完成，我们把成果送去给太后看，期待得到她的赞许。

这个时候，太后命太监取来几束旧年的蚕丝，那是她还是年轻姑娘的时候纺成的。存放多年的旧丝与新丝对比之下，竟然没有明显差别，呈现了相同优良的质地和色泽。

皇上耕种、皇后养蚕、太后的缫丝手艺展示，这些行动无非都是在为百姓树立典范形象，鼓励百姓一如既往地辛勤劳作。

第十九章　西　苑

1

这一年的春天特别热，太后很想返回西苑居住。此时，俄日两国已经宣战，时机并不恰当，太后转念一想，还是留在紫禁城为好，先认真地观察时局走向，再做打算。

太后对于这场不期而遇的日俄战争始终忧心忡忡，为了缓解心中的焦虑，她花费了每天大部分时间焚香祷告，祈求各路神仙护佑大清王朝顺利渡过难关。我们也被要求与她一起祭拜祈祷。

这段日子平淡寡味，很是无聊，让人无端生出一种怅惘之情。二月初的时候，太后也终于对这种波澜不惊的生活忍无可忍了，她表示无论如何都要回到西苑去，着实是等不了了。在西苑正好可以完成画像，这工作拖延了快一年。

二月初六，我们回到了西苑。久别今至，放眼望去，一切都如新生。在明媚春光之中，鸟雀高飞，芳草吐绿，绿水盈盈，树上的花儿已经渐次盛开，芳香扑鼻。

太后带着我们，徜徉在湖光山色之间，大家都兴致勃勃，谈笑风生。太后戏说，看我们的样子，如同出笼的小兽一般。她的兴致也很不错，不过还是有些遗憾，因为她也说道，若是能回颐和园，会更加畅快。

阔别许久，卡尔小姐再次应召入宫。太后接见了卡尔小姐，表示想看看她所画的像。

太后再一次问我，画像要多久才能完成。我告诉她说，最好她能每天多一些时间摆姿势，要不然可能还要拖延很久。

她想了半天，总算同意每天早朝之后，在画家面前坐上五分钟。不过她也明确表示，除了画面部之外，她绝不会坐在那里。

好不容易坐了两个早晨，第三天的时候，太后就借口身子不舒适，不愿意再过来。

我告诉她，若是老佛爷不能坚持坐下来，画像是没有办法继续进行的。太后对此颇为不悦，却也无法可想，只得又勉强坐了几天，让卡尔小姐完成了面部的绘制。

到了这个时候，太后是无论如何也不肯坐下来了，她声称这画像完成与否，自己都绝对不会再做什么。无奈之下，只好再次由我代劳，让卡尔小姐画服装、珠宝首饰等。

经过了如此不易的一番努力，画像总算一天天接近完成。太后如释重负，很是高兴。我观察太后的情绪，觉得这是个重新讨论卡尔小姐报酬的好机会。太后正好也问起我："赏钱给卡尔小姐合适么？赏多少才合适呢？"

我回答太后说，卡尔小姐一直以绘画为业，若不是为太后画像，外面也有很多绘画工作给她做，能赚到不少的钱。故而，太后若真要赏钱，当更为丰厚，以显示太后的浩荡圣恩。

太后又问我能不能确定如此赏钱，卡尔小姐会不会生气，康格夫人会不会不高兴。

我向她解释说，美国和欧洲的女士们多有以绘画、教育或其他事情为业者，并以这些职业安身立命，都是很正常的事情。她们不会觉得有什么不好，反而觉得以此为荣。

太后很惊讶地问我："为什么卡尔小姐不能仰仗哥哥生活呢？"我说卡尔小姐不会愿意这样做的，况且，她的哥哥也有一家子人需要供养呢。

她议论了一番，说这真是奇怪的文明传统。若在中国，父母亲辞世了,必然是儿子供养自己的姐妹,直到她们各有归宿为止。况且,中国的女子若是自己谋生,定要遭人非议的。

说了半天,太后决定要和大臣们商量一下。我稍稍放下心来,心想起码有了一些希望。

2

二月十二日又是一个有趣的节日——"花朝节",意为百花生日。

早朝过后,我们都跟随太后到了御花园。太监们早已等在那里,捧着大匹的红色丝绸。女官们将红丝绸剪成二英寸宽、三英寸长的小丝带。

丝带准备得差不多了,太后取出红黄两条绸带,系到了一棵牡丹的茎上(在中国人观念中,牡丹花被认为是百花之王)。女官、太监和丫鬟们也都照着样子,个个拿起红绸带,装饰御花园内的花草树木。

大家整个早晨忙活得不亦乐乎,终于完成。此时,御花园内彩绸飞舞,花香袭人,树影摇曳,加上女子们衣裙飘飞,炫彩多姿,相映成趣,当真宛如画中风景。

我们又去看戏,这出戏是演的树神花神贺寿的故事。在中国人的观念里,花花木木都各有所属神灵,树神为男性,花神为女性。演员的衣装与戏台的布置都很应景,以百花为主题,美轮美奂。

荷花仙子的上装以粉红丝绸缝制而成,正是一朵莲花的样子;裙子以绿色丝绸制成,形似荷叶。那仙子款款而行,花瓣与荷叶如随风摆动,与真花无异。其他各种仙人仙女装扮大致亦如此。

戏台背景为美丽绝伦的茂密森林和幽幽谷底,嶙峋的山石环绕,岩石洞穴瑰丽奇特。渐渐地,岩穴内走出了许多小仙女,个个手持酒器。她们是一些花草、雏菊、石榴小仙。这些小仙缓步走出,真是有神秘奇诡的效果,妙不可言。

这些神仙聚集起来,伴随着曼妙清越的丝竹之声,喝酒唱歌,载歌载舞,尤显神仙乐事。

这出戏的结局是个大团圆。一弯七色彩虹从天而降,如华美的桥梁搭在巨岩之上,众位神仙歌舞升平之后,坐上彩虹飞天而去,直上九霄重返天庭。

"花朝节"的庆祝活动就这样结束了,我们返回了自己的房间歇息。

3

二月十四日(1904年3月2日)这一天,是我进宫的一周年。我竟完全忘记了此事,反而是太后提醒了我。

太后问起我有没有完全适应宫廷的生活,在这里过得是不是快活,还有去巴黎的想法没有。

我老老实实地回答她,虽然在法国生活也让我觉得快活,相比下来,我还是更喜欢宫里的生活。宫廷的生活更为有趣,还能和自己的亲友生活在一处,不必远走他乡,实在是再好不过。

太后笑着说道,怕是我迟早会厌倦这种生活的,到那个时候,我还是会到那异国他乡去,看来唯一的办法还是让我嫁人。

她随即又问起我,为什么那么拒绝嫁人,是不是因为对将来的婆婆有畏惧之心,或是有什么别的难言之隐。若真的是有这些顾忌,那么,她明明白白地告诉我,完全不用担心,只要她在世一天,就不会有什么让我为难的事儿发生。而且,哪怕是我嫁了人,也不必总待在家里,一样可以随时到宫中来玩耍。

太后又说:"去年的时候,我曾给你时间认真考虑婚事。我也知道,毕竟你接受的教育和其他女官们完全不同。不过我可没有忘记这件事儿,我总在留心,要为你配上个如意郎君。"

我依然坚称自己不愿意嫁人,若蒙太后不弃,愿意一直待在宫中伺候她。太后说,你现在这样固执已见,不过很快就会改变主意的。

二月下旬,卡尔小姐更为辛苦地工作,太后的肖像终于要完工了。

太后翻了皇历,选定了1904年4月19日这个黄道吉日,作画像最后的润色。

卡尔小姐提前接到了通知,她却告诉我说,太后指定的这个时间,画像是绝对无法完成的。我赶忙把这个信息告诉了太后,解释说画像还有很多细节尚待完善,稍等些时日为好。

太后却一口拒绝延长时限,她要求必须在四月十九日下午四点钟之前,全部完工,我也不敢再说什么。

画像完成前的一个星期,太后最后一次来到画室看画像。她看来还算满意,只有一点,她不喜欢卡尔小姐把自己的脸画成一半暗一半亮的样子。

我对她解释说,那暗的区域是阴影效果而已。然而,这种解释依然无济于事。太后坚持让我告诉卡尔小姐,务必将两边的脸色改成同样的颜色。

真没有办法,我只能照办。我和卡尔小姐激烈地争论了很久,让她知道太后乃是金口玉言,不依照她的指令做事是绝对不可能的。卡尔小姐只得答应稍作修改。

这时候,太后又注意到了画像下方的几个外国字,就问我是什么意思。我说那是卡尔小姐的签名。

太后说道:"哦,我也知道洋人常会做些有趣的事儿,想不到竟到了这个地步,把自己的名字写到我的画像上。别人若是看到了,必然会认为那是卡尔小姐的肖像。"

我对她说,这是外国画家们的职业习惯,自己的所有作品都要签名。

太后只得说,那也只能如此了,随她去吧。我观察她的神色,知道她心里并不满意。

4

卡尔小姐没白天没黑夜地赶制了多日,终于在规定时间完成了画像。

太后专门邀请了康格夫人和其他外交使节的夫人来宫里欣赏画

作。这次依然以非正式会见的形式举行，太后选择在一个小殿接见宾客。

经过了常规的外交礼节之后，我按照太后的吩咐，带着夫人们去画室。太后与她们礼貌地道别，随后回了自己的寝宫。皇后则以主人的身份作陪。在场的每个人都对栩栩如生的肖像赞叹不及。

欣赏之后，大家都去了膳厅。皇后坐了首席，让我坐在她的旁边。大家也都依序落了座。

一位太监走进来，说皇上有旨，请皇后转告客人，他龙体欠安，不能出来接见宾客。我翻译给来客听，大家似乎都并不在意。事实上，皇上的身体好得很。我们大家却几乎都把他忘掉了。

宾客们离开之后，我还是去向太后报告有关情况。太后问我，宾客们欣赏了肖像画感觉怎么样。我回答她，客人们一个个都赞不绝口。

太后说道："她们自然要说好，这画像正是她们外国人画的嘛。"听上去，太后对画像并不满意。卡尔小姐费尽心思才完成这部作品，却是这样的结果，对此我深感失望。

太后又埋怨说，卡尔小姐画这幅肖像的时间太长，宾客到来之前，也没有谁提醒自己让皇上也参加。她为此很生李莲英的气。她说自己一想起这个疏忽，就马上派出太监去说明，否则的话，还不知道宾客们会怎么猜测皇上的情况，要出去说些什么呢。

我告诉太后，在向客人解释皇上龙体欠安不能到场的时候，她们并没有谁多想。

第二天，宫里的木匠做好了画框，装好了肖像画。太后命我哥哥照一张相留念。照片的效果非常好。太后说，照片反而比画像好得多。

画像工作就这样彻底完成了。几天之后，卡尔小姐离开了皇宫。太后赏赐了她很丰厚的酬金，还额外赏赐了勋章和一些礼物。

卡尔小姐离开之后，我在很长的时间里都缓不过神来。我觉得很是寂寞难耐。我和卡尔小姐相处这很长的时间里，觉得她是个很谈得来的好伙伴，我们有很多的共同语言。

太后很敏锐,她注意到了我的闷闷不乐,就问道:"我猜,你是想念你的画家朋友了吧?"

她看穿了我的心事,我只有承认确实如此。我担心她会认为我忘恩负义胳膊肘儿朝外拐,赶紧向她解释说,每当有熟悉的人离去,我总是会有一段时间不适应,不过很快那种感觉就会烟消云散。

她对我的解释很满意,表示自己并没有觉得怎样。她还说,等我到了她的这个年纪,看待事情就会豁达得多。

5

有一天,太后问我:"卡尔小姐有没有向你问起过1900年拳乱的事儿?"我告诉她,卡尔小姐从来没有提及这个事情,何况,拳乱的时候我还在巴黎,也不知道个所以然。

太后说:"我非常忌讳提起拳乱之事,更不喜欢外国人问起。你应该知道,我自认为是前无古人的聪慧之人,无人能够比较。我曾听过很多关于维多利亚女王的事儿,也读过她的一些传记——当然,是汉文版的,却依旧认为,她一辈子经历的大事趣事,还不及我的一半多哪。我的一辈子还没有到头儿,谁知道将来会发生什么呢。也许有一天,我会用些不同寻常的事,或是和过去的做法完全相反的事,叫洋人惊讶一番。"

她接着说:"公允地说,英国成为世界上的强盛国家,这并不

义和团民

能都归功于维多利亚女王的才能。她所依赖的，还都是身后那些国会的人们。国会的人讨论所有的大事，等到有了最好的结论，再请女王签字同意即可。国家大事么，女王也不消多说什么，多管什么。你再回头看看我，我有四万万的黎民百姓。每件事情都是靠我一个人的分析和决断。确实，我们也拥有军机大臣可供商量，而这些人最关心的不过是仕途进退，有什么重大的事情，还都是要我亲自定夺。而咱们的皇上，他又能知道些什么呢？"

她越说越激动起来："一直以来我都做得很好。可是，我做梦也没有想到，庚子年的拳乱能把中国搞成那么混乱的样子。这算是我一辈子最大的过失，很多事情令我追悔莫及。我本可以及时下旨禁止拳匪们妖言惑众，搅得人心不宁天下大乱。可是，端王、澜公二人却言之凿凿地对我说，拳民都是上帝的使者，能够让我们摆脱那些可恶的洋人。他们所说的洋人，指的就是那些传教士。你也早就应该看得出来，我是无比虔诚的佛教徒，多么地痛恨那些传教士。这样考虑之下，我就想自己暂时不做明确的态度，干脆作壁上观，看看到底事态会往哪里发展。

"后来的事情发展得太过严重。有一天，端王带着拳民的头领进入了颐和园，召集所有的太监在大殿的院子里聚齐。他们一个一个地检查，看大家的头上是不是有一个十字形。那个头领告诉大家，那些十字形普通人看不出来，他却能够看出来，由此判断对方是不是基督教徒。随后，端王才来到我的宫中禀报这件事，还说那个头领已经查出了两位太监是基督徒，问我准备如何处置。听到他竟然说出这等话来，我当即勃然大怒，呵斥他说，没有我的准许，他没有丝毫权利把拳民带到宫中来。端王却说这位头领着实法力无穷，超出常人的想象，有足够的力量杀光该死的洋人。而且，这头领有天神护佑，可刀枪不入。

"端王还对我说道，拳民那些神妙之处他都曾亲眼目睹。曾经有一个拳民用火枪向另一个拳民射击，对方被子弹击中了却毫发未损。端王建议我还是少些麻烦，将那两位太监交给拳民处置。我想了想，只得应允了。我后来得知，那两位太监被他们拉到附近的村子里杀掉了。"

"这还不算,第二天,端王、澜公又领着那个拳民头领到了宫里,下令所有的太监都沐浴焚香,叩头祭拜,以行动证明自己不是基督教徒。后来更加厉害,端王建议拳民头领每天来宫里,教太监们修习各种各样的法术。整个儿京城差不多都在学这些乌七八糟的东西。第三天,太监们都换上了拳民的装束,实在是令我惊讶不已。那装束很奇怪,都是红马甲、红头巾、黄裤子。我所有的奴才们也都作如是装扮,又是滑稽又是令人难过。澜公甚至送了我一套拳民的衣服。

"那个时候的军机大臣是荣禄,因病告假,我给了他一个月时间休息。每一天,我都会派一位太监去探望他。有一天,太监回来禀告说荣禄的病已痊愈,准备明天进宫。当时,离他一个月的休息时间还有十五天,我有些想不通,他为何放弃了休养提前回宫。我当然也很急于召见他,拳民的风潮让我忧心如焚,急于与他商量对策。荣禄进了宫,听说了拳民的所作所为,显得颇为忧虑。在他看来,那些拳民除了混迹其中的革命党和煽动者之外,别的都一无所用,不知所谓。拳民鼓动百姓同去杀灭洋人,恐怕迟早会招来祸患。我觉得他的考虑不无道理,问他可有应对之策。荣禄表示,自己马上去找端王交涉此事。

"第二天,端王禀报我说,昨日曾因拳民的事情,与荣禄大吵了一通。他说明眼人都看得出,现在整个北京都成了义和团的宣教范围,若要驱散他们,他们势必报复,杀光北京百姓,甚至连宫中人也难以幸免。他们已定好日子,集结起来杀光外国代表。那个思想保守的将领董福祥,已经与一位义和团分子商量妥当,答应到时候带领骑兵冲锋陷阵,帮助拳民攻打外国使馆。

"这番话让我大惊,感到大事不好了。我当机立断,留住端王,又立即差人叫来荣禄。荣禄过来了,看上去同样地心急如焚,坐立不安。我告诉他拳民准备攻打外国使馆,他听了更显忧心忡忡,建议我即刻下旨,声明义和团乃是地下帮会,令百姓不可听信煽动,作为缓兵之计,或可限制义和团的迅速发展。同时,命令九门提督立即派兵马驱散京内拳匪。"

右手持枪的义和团民

太后一刻不停:"端王听了荣禄的建议,大为震怒。他恐吓荣禄说,若老佛爷真是下了这样的旨意,拳民无立锥之地,必然会杀进宫来,恐怕到时候,无人能得幸免。我听端王这么一说,心里也着实没有根底,就想不如干脆把所有的事交由端王处理。我这样安排了。等到端王离宫,荣禄对我说,此人已经走火入魔,如此盲目不知深浅地对待拳民,必然惹下无可挽回之大祸。荣禄还分析说,以眼下之形势,端王肯定会帮助拳民攻打使馆。拳民不是贫困草民便是乌合之众,没有读过书,鼠目寸光。他们以为世界上的洋人极少,只有中国人眼前的这么区区几个,杀光了,就算得上是斩草除根了。他们哪里知道,现在的外国是多么强大,同胞被中国人杀了,他们势必前来报仇雪恨。一个洋人,可以不费吹灰之力地杀掉一百个拳民。

"荣禄请求我马上下旨,令聂将军领兵保护外国使馆——后来,聂将军被拳民们杀掉了。我考虑了一下,觉得他的担忧是有道理的,就马上下了旨。与此同时,我命人去传来端王和澜公,与他们分析事态的严重性,吩咐他们千万不可以草率行事,当依照荣禄的建议行事为好,以免耽误大事。尽管如此安排,事态却依然越来越糟,唯有荣禄极力反对拳民,如倾盆之雨陷马之泥,哪有回天之力呢?后来的情势更是难以遏制地急转直下。"

她一口气地说下去,好像要说完心中所有的话来:"有一天,端王和澜公前来让我下令,让拳民们先去杀光使馆里的洋人,再一鼓作气,消灭其余的。我怒不可遏,拒绝下诏。我们商讨了好久依然拿不定主意。

端王最后说，无论如何不能再等了，拳民也都准备好了攻打使馆的准备，明天是必然要动手的了。对于他这样的态度，我怒不可遏，让几位太监速速把他赶了出去。他走的时候嘴里兀自说着，若是太后依然固执己见，拒绝下诏的话，我会代老佛爷做这件事情。他后来竟真的这样做了，着实胆大妄为啊。后来的事情发展，你大概也知道了。他背着我发布了诏书，白白葬送了多少无辜的性命。后来，端王的计划落了空，又听说洋人已准备来围困京城，战火即将燃起，他此时才大惊失色，无计可施。我们不得不离开京城，远走避祸。"

太后说到伤心处，忍不住哭了起来。我也是心情沉重，对她深表同情。

她说道："你倒也不必为我的这些经历感到难过。可话说回来，我的一世声名，的确就这样晚节不保了，着实痛心不已啊。这算是我一辈子唯一的一次错误抉择。当初的我，好比是一块无瑕的美玉，我一心忧国忧民，诸事处理妥当，人所共瞻，百姓莫不称颂。可是，等到那拳乱之后，美玉也难免染瑕，或许穷尽一生，都无法洗得清白。我经常为此懊恼不已，我也是个很有主心骨儿的人，那一次却无端信了端王的逸言，这该死的东西真是害人不浅，整个无法收拾的场面，都是因他而起。"

三月底，太后厌倦了西苑的生活，又带着所有人搬到了颐和园。这一天，晴空万里，阳光明媚，众人分清主次，井然有序地乘船而返。得闲时间匆匆过，转眼到了大殿的水门，放眼望去，桃花盛开，风景如花，一切都那么地赏心悦目。

太后的心情好了起来，忘却了战争之类的烦心事，获得了暂时的心理安宁。

第二十章 尾 声

1

时光飞逝,我在宫中已是第二个年头,与第一年的生活没有什么区别。各类庆典、庆祝活动和以前一样。一如既往的早朝,依然是太后主持。早朝之后,正式开始一天的享乐生活。

别的事儿里,太后对她的菜园灌注了最大的热情。她亲自吩咐大家种这种那,在收获的季节,吩咐女官们拿着小剪刀,收割那些作物。

太后很喜欢并欣赏我们劳作的场景,若是哪一天兴致来了,也会亲自加入劳作的队伍,干上一阵子。她为了鼓舞我们劳作的干劲儿,常会赏赐卖力者一些小礼物。大家果然更为卖力了,既为了取悦太后,也为了获得奖赏。

太后还爱好养鸡,她吩咐下去,给每位女官相同数量的小鸡,大家亲自照管,等到生蛋了,我们须每天早上都拿去给太后过目。

这个时候出现了很奇怪的事儿,我的鸡蛋总是比别人的少些。有一天,我的太监向我报告说,他亲眼看到,另一位太监从我的鸡舍里面偷鸡蛋,想要帮自己主子拿到嘉奖。

太后最不喜欢女官们懒散或者粗心大意。有一次,她命我打开一个包裹。我准备随手剪开,她叫住了我,让我把它慢慢解开。那绳子捆得很牢,我费了九牛二虎之力才解开。这样解开了还不算,太后又让我把包裹纸小心地叠好,和绳子一起存放在抽屉里。她对我说,这样放好了,等到再用的时候,她就随手可得了。

　　有些时候,太后赏赐我们一些零花钱,供我们向丫鬟们买些头花、手帕、鞋子、丝带之类的东西。丫鬟们经常制作这些东西卖给大家。

　　我们的每一笔支出,都被要求记录下来,用的是太后专门发放的本子。每个月到了月底的时候,太后会检查我们的记录,若是认为谁花费过多,她就会责骂;另一方面,若是觉得哪个人会精打细算过日子,就会夸奖一番。

　　如此这般,在太后的教导和考察之下,我们慢慢养成了处世谨慎、注重细节、操持有度的优点。这些优点渗透到生活之中,可能对一些人的一辈子都会产生影响。

　　大概也就在那个时候吧,我父亲的病情越来越严重了,身体状况越来越糟糕。他叩请开缺。太后没有恩准,只是又给了他六个月的假期,让他回家休养。

　　其实,父亲当时的真正想法,是要乘此机会到上海去,请他的私人医生好好诊治。太后听了却是很不以为然,她还是原来的观念,觉得宫廷的太医远比洋医生高明得多。

　　于是,那段日子里,父亲的病都是由太医们诊治。他们每天都开出不同的药方。这样过了一段日子,父亲看上去好了一些,只是因为慢性风湿病的原因,仍然寸步难行。

　　无奈,我们只得再次恳求太后,准许我父亲到上海看医生,毕竟,那医生跟踪诊治,对父亲的病症更加心中有数,可以更好地对症下药。

　　太后却还是没有恩准,她认为我们当下最需要的,就是一点点耐心,太医们或许慢一些,但是毫无疑问,他们肯定会治愈父亲的病症。

　　说到底,太后不过是担心,若是我父亲去上海诊治,必定要带着我们同去,她不希望我们离开。没有办法,我们只好决定,只要父亲的疾病没有恶化的迹象,我们就不离开北京。

2

春季游园会又到来了，前一年的情景依然历历在目。按照惯例，第一天接待的是外国公使、参赞和使馆随员，第二天接待的是上述人员的夫人们，还有一些其他的人。

这一年的游园会宾客很少，有几位是第一次参加。六位日本使馆的夫人，陪着内田夫人一起参加活动。太后一直对内田夫人颇有好感，对她的注重礼节很是赞赏。

经过了常规的外交礼节之后，我们带着夫人们去用餐，用餐之后是参观、告别、启程、离去。我们再去向太后报告情况，她依然要问很多细节问题，如此等等。

众位来宾中，有一位女士（我觉得应该是位英国人），身着笨重的斜纹软呢旅行服装，上面有很多大口袋，头戴一顶相同材料的帽子。她双手抄在口袋里，一副怕冷的样子。

太后问起我，有没有注意到那位女士，身着"米袋子"制成的衣服。她说，穿成那样子出现在宫廷正式场合，未免太过特立独行了罢。

她很想知道那是何许人也，从何处而来。我对太后说，此人肯定不是使馆里的人，因为那些人我都是认识的。

太后说道，不管她是何许人也，以这副尊容出现在这种高贵的场合终归不合礼仪，就算是在欧洲宫廷，也未必能够受得了这种形象。

她补充说道："我一看便知，这些宾客里面，哪些人是真的在对我表示尊崇，哪些人认为我不值得尊重。外国人好像都有这种想法，认为中国人无知得很。他们因此觉得不必像在欧洲社交场合那样，需要特别注重形象和礼节。我觉得，以后还是要告知大家，应该在什么时候，选择什么样子的穿戴。以后在邀请宾客的时候，也要考虑一番，以便把那些教会人员和其他不受欢迎的人，通通排除出去。我愿意召见高雅的人士，而非粗俗的家伙。"

我建议说，在这件事儿上，日本人的礼节就很值得借鉴，即：在发出的请柬上面，注明属于什么场合，该穿什么服装。太后觉得这方法很好，并决定在中国也用上这样的方法。

天气好的时候，太后就会到外面去，看太监们在园子里面挥汗如雨地劳动，与我们漫步闲聊，以此打发无聊的时光。

3

早春是移栽荷花的大好时节。太后很喜欢这项劳动。荷花的老根必须去掉，再把新的球茎栽进新鲜的淤泥。虽然荷花都长在湖西边的浅水里，太监们却也要时不时地趟到齐腰深的水中，清理老根，栽植新茎。

这个时候，太后就会一连几个小时坐在玉带桥上，指挥太监们劳动，还会对栽植新茎提上点儿建议，她乐此不疲。

栽植荷花大概需要三四天时间，太后大部分时间都在桥上观看。女官们在身边服侍着，有的时候也会编织造型各异的穗子流苏，或是做别的什么事儿，手里不闲着，以打发流速缓慢的春日时光。

袁世凯再次觐见，重点与太后谈论俄日战争的话题。他对太后说，事态的发展令人担忧，从长远来看，中国难免要成为主要的受害者。

会见外宾的袁世凯（中）

这个糟糕的信息让太后担忧不已,她提到有一位御史曾建议为日本提供大量的米,可她已经决定暂时不会轻举妄动。袁世凯对太后的决定深表赞同。

我一如往常,每天为太后翻译和战事有关的各类报道和电报。一个早上,我看到一则消息,说的是康有为(1898年中国维新运动领袖)从巴达维亚抵达了新加坡。我猜想太后可能对这个信息有点兴趣,就和其他的消息一同译了出来,转告了太后。

太后听了这条消息,突然间作出了强烈的情绪反应,那种反应前所未有。我很惊慌,不知道出了什么事情。她定下神来告诉我说,康有为此人给中国惹了无数的麻烦。见到康有为之前,皇上始终奉行祖宗的规矩,向来心无旁骛。可自从召见了康有为之后,皇上极快地对所谓的维新变法热衷起来,甚至开始宣扬起基督教义来。

"有一次,"太后接着对我说,"康有为竟然怂恿皇上下诏,派出人马围困颐和园,把我羁押起来,一直到实行新政为止。好在军机大臣荣禄和直隶总督袁世凯忠诚无二,帮助我挫败了他们的阴谋诡计。我得知了信息,立即赶到紫禁城兴师问罪。皇上正待在那里,我们进行了正面交锋,他承认了自己的过错,开始恳求我继续代为执掌朝政。"(那件事的最后结果是,1898年,皇上发布训政诏书,慈禧太后再次临朝"训政")

当时,太后即刻下令逮捕康有为及其同党。康有为等人却逃走了,太后再也没有任何关于他们的消息了。一直到我翻译了这篇报道,太后才终于知晓康有为现在何处,稍稍放下了心,并想进一步了解康有为还在做些什么。旋即,太后又一次发作了,她问我:"外国政府为何要给这些中国的政治煽动者和罪犯提供保护?为何不愿意把中国的臣民交给本国处理,为何不能只管好他们自己的事儿呢?多么荒诞无稽的事情啊。"

太后让我时刻留心,一旦再看到康有为的任何信息,即刻向她报告。

康有为在芝加哥

我却暗自打算,不管怎么样,再也不提起这个人了。渐渐地,太后也忽略了此事,就这么不了了之了。

4

在一次游览西苑的时候,太后指着一大块空地对我说,这个地方,以前有一座大殿,拳乱的那年毁于大火。她解释说,大殿的毁掉是因为一场意外,而非洋兵有意为之。

她始终不喜欢那座大殿,觉得它很难看。她决定在原址重修一座大殿,眼下的大殿太小,新年的时候接待外来宾客都很困难。太后下诏,令工部依照自己的设想,准备新建筑的模型,然后送给她批准建设。

一直以来,宫里的建筑都是不折不扣的中式传统建筑模式,在新殿的建设方面,太后有意多少参照一些外国的设计理念,在方方面面都做到最新。

大殿的模型很快完成了,工部呈送太后御览。那虽然只是小小的木质模型,却是细微纹理面面俱到,精确无比,甚至连窗子上的图案、屋顶上镶嵌的细致雕刻都毫发毕现,清晰可见。

然而,我也是清楚的,没有任何东西能够完全达到太后的要求,这一次当然也不会例外。她觉得模型做得简直一无是处，不是这间屋子要大十寸，就是那间屋子要小三分，或者是这个窗子要挪到那个地方去，等等等等。

模型被工部拿回去重新制作，再次呈送过来的时候，每个人都觉得明显改变了，太后也终于很满意。

紧接着，就是要为新建筑取名字，这名字必须大气精当，令人耳目一新、心头一震才好。经过了一番极其严肃和充分的讨论，这建筑取名为"海晏堂"。

新建筑很快破土动工，太后对进度相当关注。按照规划，大殿之内的陈设全部采用西式风格，唯有御座例外，依然是保持满族特色风格。

太后参考了我们从法国带来的那些陈设图录，她一一看去，反复对照比较，最终决定选用路易十五式样。有些变动的是，家具都漆成明黄色，窗帘地毯之类陈设也都选用明黄色，无一例外。

选好了合适的家具之后，我母亲提出，让她来买下这些家具，献给太后做礼物。太后恩准了母亲的请求。

我们向巴黎一家著名公司下了订单，我们从前曾经从那里定过货。大殿竣工的时候，家具也送到了宫中，很快就安放完毕。

太后巡视了整座大殿，一如既往地挑出了很多毛病。她似乎不是很满意，她表示，中国的建筑么，毕竟还是应该如从前的那样，更加庄严肃穆、宏伟壮观的才好啊。不过事已至此，板上钉钉，生米煮成了熟饭，多说也无益。

5

夏天的几个月里，生活比较空闲。我就每天用一个小时帮助皇上学习英文。皇上聪明过人，记忆力很好，学得很快。不过，他的发音不是很准确。

学了没多久，皇上就能够阅读一些普通英文教科书中的短故事了。他的英文听写能力很好，英文书写更是出众，在英文古体和艺术体书写上，更是堪称专家。

太后很高兴看到皇上保持这种学习状态，并表示自己也有兴趣学习这些，相信很快便能学会。我就开始教太后英文，结果仅仅学了两次，她就完全没了耐心，再也没有提起过此事。

英文教学的过程，为我提供了与皇上交流的机会。有一次，皇上冒着被监视的风险和我谈起变法维新的话题。他说我在推动太后维新上，似乎没有什么进展。

我对皇上说，自我进宫之后，宫中也着实完成了不少事情，那新近竣工的大殿就是个例子。皇上显然对大殿之类的完全没有兴趣，并让我不要再为此费神了。

皇上说道，或许到了某一天，会充分发挥我的价值。当然了，前提是真的有那么一天到来。他对那一天会不会到来，没有什么把握。

他询问了我父亲的病情。我告诉他，若是父亲的病总也不见好转，我们将不得不离开宫里一段时间。皇上说他虽然会对此觉得遗憾，但也认为未必不是好事。

他又说道，可以肯定的一点是，我在国外度过了这么多年，绝对不会那么容易完全融入宫廷生活。若是我有离开宫廷的打算，在他这里是不会受到任何阻碍的。

太后准许我每个月出宫探望父亲两次。有一天，太后身边的一位小丫鬟过来告诉我，老佛爷又在为我安排婚事了。这事儿八字还没有一撇，我并没有放在心上。谁知道没过多久，太后告诉我说，婚事事宜均已安排妥当。

她亲自为我挑选了一位王爷，让我嫁给他。太后说完这些，盯着我的脸看着，仿佛在等待着我说些什么。我就说道，在父亲病重的这个时候，我着实心神不定，恳求太后将此事搁置一段时间。

太后听了很是生气，她认为自己为我考虑了这么多，做了这么多，我却毫无感激之意。我不敢说什么，也不知道说些什么才好，只是沉默。太后也便不再说什么。

我努力想忘掉这件事儿,却发现根本是徒劳。我回家探视的时候,将这件事告诉了父亲,他和从前的态度一样,坚决反对这种形式的婚姻安排。

父亲交待我,返回宫中之后,把我当下的境况等都告诉李莲英,寻求他的帮助。当下在宫中,唯有李莲英能够让太后改变主意。我得了主意,返回宫中之后,马上前去拜访李总管,说明了来意。

开始的时候,李莲英面露难色,认为我应该无条件地接受太后的美意。我依然坚称自己尚无意婚配,心甘情愿地长久留在宫中,尽心尽力服侍太后老佛爷。

见我这样坚持,李莲英才答应想想办法。

后来,太后和李莲英都再没提起我的婚事,李莲英也没有明确表示过什么。我没有多问,只在心里揣测,应该是李莲英暗中帮我解决了这个大难题。

6

这个夏天,再没有什么特别重要的事儿发生了。转眼进了八月份,到了砍伐竹子的季节了。我们这些女官们再次上手,帮助做些力所能及的事情。我们的主要工作就是在砍伐下来的竹子上雕刻文字和图案。太后也参与了这项雕刻活动。

这之后,竹子就被制作成桌椅板凳和其他日常用品,摆放在太后的茶室之中。

秋叶永昼,天高月朗,无限漫长。在那些无聊的夜晚,太后教我们中国历史知识和诗词歌赋之类。她每隔十天对我们进行一次考试,以检验我们的学习效果。考试成绩优秀的,她会给予奖励。

那些年轻的太监们,也参加这项学习和考试活动。他们回答太后的提问时,总是千奇百怪,妙趣横生,令人忍俊不禁。

太后心情好的时候,我们都跟着笑上一阵,若是太后不高兴了,则会下令责罚这些不用功的人,让大家都引以为戒。然而,对于这样不痛不痒的责罚，太监们早已习以为常，根本不放在心上，当面佯装悔恨不已，转眼又喜笑颜开了。

时光飞逝，太后的七十岁大寿快到了。皇上提议说，这普天同庆的日子，一定要举办盛大的庆祝典礼。

太后思考良久，终于还是没有恩准。她认为，当下国家如风中巨树，欲静而实不止。如此大操大办恐百姓议论。

这一次万寿庆典与往年唯一不同之处，除了以往的礼物往来之外，太后还广施隆恩，为一些功勋卓著、表现卓越的人晋级增俸。

此次太后封衔，我和妹妹也受封郡主衔位。按照惯例，以往郡主衔位唯有宫人方有机会获封。此次我们能够有幸得到这样的待遇，真是太后的特别眷顾。外臣们的晋官授爵，则都是皇上亲自封赏。

本来，万寿庆典准备在紫禁城举行，那里的环境更适合举办如此盛大的活动。太后却不愿意这样，她下旨言明，等到十月初十万寿的前三天，再搬到紫禁城去。

这个决定让我们需要额外做很多事情，颐和园和紫禁城两个地方都需要布置妥当。那段日子，宫中到处都是忙忙碌碌的景象。

慈禧太后赏雪照

此外，还有些事儿更增添了忙碌。在初十的前几天，天上下起了雪。太后本就最喜欢在雪天外出观光赏景，这次当然也不会错过。她想在山坡上面照相。我哥哥接到旨意，马上带着相机进宫，按照要求为太后照了几张相，效果非常理想。

7

十月初七，我们都移至紫禁城。庆典活动随着拉开帷幕。宫中五彩缤纷张灯结彩，一派辉煌亮丽风景。院子以特制的玻璃屋顶罩住，美观独特又便于遮风挡雨，一切人等均能行动无碍。戏院里面每天都是好戏连台，掌声不断。

初十的时候，万寿大殿与以往没有任何区别。所有事儿都有条不紊地进行着，概不赘述。万寿庆典结束之后，我们所有人又回到了西苑。

返回西苑之后，我接到了信息，父亲病重，他为此再一次恳请开缺。太后先没有表态，而是派了太监到我家以探望为名打探虚实。

太监看到我父亲确如所说，当即禀告了太后。太后终于恩准父亲开缺养病，并且同意他到上海去看外国医生。

太后认为，我母亲陪同父亲前往上海医治即可，我们姐妹没有必要一并跟随。我再三向太后解释，陪侍父亲乃是我们做子女的责任，万一父亲病况转危回天无力，我们岂不是要抱憾终生。

在我们的再三恳求之下，太后先是想出种种理由拒绝，到了最后，她见我们着实去意已决，只得说道："好啦，我知道，他是你们的父亲，你们理所当然去陪侍左右。不过你们要牢记，事情办好之后，须是即刻回宫为要。"

她并没有恩准我们立即出宫，而是坚持为我们安排制作新衣等事宜，打算到了十一月中旬，才让我们出宫。我们心急如焚，但是除了耐着性子等待太后心情好的时候放行，别的一点儿办法也没有。

终于，所有事情都准备完毕。太后翻起了她的皇历，为我们选定了十一月十三日这一黄道吉日出宫。

我们在十二日离开皇宫。离开之前,我们向太后叩头辞行,对她两年来的恩宠表示由衷的谢意。大家都哭了,太后也忍不住落泪。

我们又去向皇上辞别,他表情如旧,只是摆了摆手,对我们说:"Good luck."

马上就要离开,每个人都很难过。我呆呆地站在那里,久久不忍离去。太后见状说道,你们又不是从此不再回来,再等下去也没有什么意义,还是早些动身吧。

在宫廷门口,李总管也来向我们道别。我们坐进了马车,一路马不停蹄回到家中,我们的太监们从始至终陪着我们,为我们忙前忙后。

家里的一切所需物品均已经准备停当,第二天,我们一大早乘着火车到了天津,恰好赶上最后一班开往上海的轮船。

刚到了上海,父亲马上去看自己的私人医生,检查诊治取药,很快就完成了。事实证明,这次到上海来,对父亲的身体有明显的好处。

没过多久,我就开始怀念宫廷的生活了。上海的朋友们经常邀请我参加一些宴会舞会,我却总是有些心不在焉,闷闷不乐。上海的一切都和北京大不相同,我无时无刻不想着尽快回到太后的身边。

我们刚到上海两个星期,太后就曾经派出特使到上海来看望我们,询问我们过得怎么样,有什么需求等等。特使带来了很多漂亮的礼物,还为父亲带来了药物。我们全家人着实感激不尽。

我们见到宫里的特使,都发自内心地高兴不已。特使告诉我们,宫里的人都很惦念我们,希望我们能早日完成上海的事情,返回宫中。

这个时候,父亲在医生的诊治和我们的悉心照料之下,病情大有好转。他认为我没有必要再在上海待下去了,让我返回京城去,尽心尽责服侍好老佛爷。

我在新年这天的早晨动身去京城。此时正是河流冰冻时期,我先乘船到了秦皇岛,再转乘火车到北京。这趟旅程着实艰苦,到了北京的时候,我如释重负,心情好得不得了。

太后早已派了太监在车站接我。我下了火车立即赶往宫中。与太后相见,我们都忍不住高兴得流泪。我告诉太后,父亲的病已见好转,当下的我真希望能永远留在宫中服侍老佛爷。

一切都恢复到了从前的模样,我再次过上往日的生活。然而,这一次我是孤身入宫,没有妹妹和母亲的作伴,一切却又和原来完全不同了。太后依然对我如母亲般慈爱,关照有加,我却老是高兴不起来,又开始想念上海的生活。

8

我就这样待在宫中,日复一日做着重复的事情,安安稳稳地度过了很长一段日子。这年的卯月(1905年3月),我接到了一封电报,告诉我父亲病危,想要见我,让我立即赶往上海。

我把电报内容给太后看过,等待她的决定。她思忖了一下,对我说道:"你的父亲年事已高,实在是比不得青年人那般容易恢复了。"

太后恩准我再次去上海,我又一次向每个人道别。他们都希望我能早日返回宫廷。然而,这一次天不遂人愿,我再也没有机会回到宫中。

此时的父亲已是弥留之际,捱到了1905年的12月18日,终于医治无效驾鹤西归。我们为父亲守孝百日,从此,再也未能回到宫中。

在上海生活期间,我结交了很多新的朋友,熟识了很多人。渐渐地,我经过反思,也认识到了一个事实,那就是:宫廷

老年裕德龄和丈夫怀特

生活的吸引力,依然还是不能消除欧洲生活对我的深刻影响。我的潜意识里早已把自己当成了外国人,更倾向于接受外国的教育。而且,我也遇到了现在的丈夫,毫无疑问,我注定要成为一名美国公民了。

我总是回想起我在太后身边的日子,那在宫廷深处度过的两年时光,我那少女时代最宝贵的、也是最幸福的时光。

尽管在维新变革思维方面,我没有能够给太后更多积极的影响,我却依然抱有热忱的希望,那就是:在我有生之年,能够亲眼看到中国的觉醒和自强,在世界强国之林里,赢得自己应有的位置。

后记　天朝末世的侧影
许海峰

本书的作者德龄，笔名德龄公主，满洲汉军正白旗人，旅美作家。1886年生于武昌，在荆州、沙市度过童年及青少年时代。1895年（光绪二十一年）起，随父亲裕庚先后出使日本和法国，且在法国巴黎留学。

当年民间曾有夸张的传闻，说德龄精通八国语言。从她的书中可以看出，这些传说未必真实，然其确实受西方思想影响至深。她回国入宫后，迫切希望能影响慈禧太后，支持中国的改革维新，让中国以强盛的姿态，屹立于世界民族之林。她的想法顺应历史趋势，极具进步意义，与其父裕庚、光绪皇帝等人的思想保持了高度一致。

1903年春，17岁的德龄随父回到北京，与妹妹容龄一起，被慈禧太后召入宫中，留作御前女官，同时担任慈禧太后的专职翻译，深得慈禧太后宠爱，后被慈禧封为郡主衔位。

1905年3月，德龄因父病重离宫到上海照顾。同年12月，裕庚卒于上海，德龄从此再未返回宫中。

1907年5月，德龄与美国驻沪领事馆的副领事迪厄斯C·怀特结婚，德龄开始结合亲身经历，撰写清宫题材的文学作品。后随夫远赴美国定居。

1911年，德龄的第一部英文著作《TWO YEARS IN THE FOKBIDDEN CITY》出版，在国内掀起了一阵阅读与品评的浪潮。学贯中西的"清末怪杰"辜鸿铭先生也读过此书，亦曾专门撰写英文书评，大为赞赏，广为推介。

美国报纸上刊登的裕德龄情况，以及托马斯·F·米勒德撰写的介绍文章

美国报纸专版刊登的裕德龄照片集

后来，德龄的《清末政局回忆录》《御苑兰馨记》《瀛台泣血记》《御香缥缈录》等多部回忆录和纪实文学作品相继出版，总字数达到七八十万字，使她成为当时美国的最为著名作家之一。这些著作后来被顾秋心、秦瘦鸥等译为中文，在《申报》等媒体刊载，在中国人群中也引起了强烈反响。

1944年11月22日，德龄在加拿大不幸死于车祸，终年63岁。

本书正是德龄的处女作与代表作。全书以一个十几岁小姑娘的视角，记述了作者在清代宫廷两年间的所见所闻所思所想。通读下来，波澜不惊，客观真实，如一本少年笔记，非以故事或情节取胜，而如高手工笔画，深入细致地描摹了人物形象、皇族性格、宫廷礼仪、节日庆典、人情世故等等，从风云变幻暗流涌动，到柴米油盐酱醋茶，无不涉及。有如她笔下所写的慈禧太后，有"母亲一般的慈祥"，又虚荣、多疑、爱窥伺、不自信、心思细密、对新玩意儿兴趣极高，在对作者袒露心声的时候,尽显其对不公平命运的偏执观念,对悲催经历的怨愤难平;她所描写的光绪皇帝,既郁郁寡欢又有少年之心,无力自主又心存不甘。这些人物都被作者刻画得力透纸背,入木三分。

德龄的描述力图真实朴素,避免了以猎奇性吸引人的低俗套路。德龄以当时自由平等的西方思维方式,审视中国人观念的落后保守;以客观的描述,很有主见的评论,令人信服。她给我们陈述了一个鲜活的历史,具象的历史,立体的历史,不遮不掩的历史。而在此之前,人们所认知的往往是教科书的历史,抽象的历史,平面的历史,闪烁其词的历史,可能仅仅简单化地将晚清宫廷定型为"没落"、"腐朽"、"阴森"、"险恶"、"自大"、"闭塞"、"勾心斗角",将慈禧太后定型为昏庸暴虐,将光绪皇帝定型为屈辱哀怨等。

真正的历史,哪怕是早已尘埃落定盖棺定论的历史,都应该是这样一部"活"的历史,从而为后人留下更丰富的信息含量,更大的思考空间,更全面的思辨视角,更多的教益。可喜的是,德龄为我们提供了这样一个好机会,她为摇摇欲坠的晚清宫廷注入了生活气息,注入了人情味儿,真实地反映了一个末代王朝后宫的生活细节,也侧面反映了当时的世界与中国发生的一些大事件。让读者对那个早已归为尘土的封建王朝有了直观的认知和深刻的体验。

无边落木萧萧下,不尽长江滚滚来。末代王朝终被雨打风吹去,而这本展示王朝历史侧面的书,得以留存下来。在全书十五万字空间里,读者可以读出的,是一个晚清宫廷的生活全景,足够了。

译者在翻译过程之中,力图最贴近地再现当时的那段历史生活,保证翻译与原著的气息相连,气脉相通。例如,这本书里不同的场合下,什么人用"午膳"、何人用"午餐";一句话上,什么人谦卑,什么人倨傲,什么人表面谦卑内心倨傲;女官之间相互嫉妒,说出来的种种怪话,什么人用什么语气,什么人持有什么姿态;慈禧太后怎样口是心非,李莲英怎样谦卑之下暗藏凶狠,袁世凯如何顾左右而言他,如此等等,均必须如自己写小说那样费心思揣摩,才能保证落在纸上的每一句话,更加精准到位。

　　我翻译这一本书,面对着另一种语言形态,耐下心来,字字揣摩,句句斟酌,有烦恼,有焦虑,更多是有趣。在翻译过程中,为了能取得最佳效果,我根据实际需要,广泛收集和研读清代的正史,野史,不间断地补充当时的历史知识。大到清王朝所处的世界格局,国家之间的争斗,小到女官的梳妆打扮,太监的抬轿姿势,丫鬟们的闲言碎语,都尽量搞清楚弄明白。与负责组稿的陶林先生,共同探讨、研究,互通有无,也各有增益。在书中,我对于一些不太为今人所知的风俗习惯等内容,适当加了一些译者注,对于原文行文不畅通的地方,亦略作一点过渡,便于读者参考和理解。

　　翻译的过程就是和作者对谈的过程,我也跟随作者到清代后宫走了一遭,再展示给国内读者,让读者朋友们在铺天盖地清宫戏那些人为的浓妆艳抹和刻意的机关算尽之中,窥见末代皇宫点点滴滴的真实存在,体味一番完全不同的味道。这多雨凉爽的天气里,我完成了本书的全部翻译工作,心情为之舒畅,雨打窗棂半沉醉,身居斗室乐逍遥。这个日子本身就值得纪念。

亲历中国·第一辑
陶 林 统 筹

慈禧统治下的中国

【英】约翰·奥特维·布兰德、
艾特豪德·拜克豪斯 著

一个拥有至高皇权的女人，
有着怎样不为人知的面孔？

李鸿章回忆录

【美】曼尼克斯 著

畅销近一个世纪的传记经典
史上极富争议的李鸿章传奇

李提摩太在华回忆录

【英】李提摩太 著

从精神救赎到肉体救赎，再到精神救赎
一个英国传教士的晚清轨迹

我在慈禧身边的两年

德龄公主 著

一个接受西方文化熏陶的王朝公主
如何看待末代清廷的深宫内帷？

美国女画师的清宫回忆

【美】凯瑟琳·卡尔 著

一位美国女画师眼中的西太后

中国人的性格

【美】明恩溥 著

鲁迅生前多次推荐，
引爆民族劣根性百年大讨论